约克家族的伊丽莎白

玛格丽特·都铎 —— 詹姆士四世·斯图亚特
苏格兰国王
1488—1513

詹姆士五世·斯图亚特
苏格兰国王
1513—1542

法国的玛德琳
第一任妻子

洛林的玛丽
第二任妻子

玛丽·斯图亚特

致亲爱的读者朋友：

您也许会感到惊奇，在书的每个页面上都标记了两个页码。
一个是黑色的，即拿在您手中的这本书的页码。
另一个是浅色带括号的，对应的是《玛丽·斯图亚特》那一本的页码。

原则上，这两部作品可被看作互不相干，可以分别阅读。

然而，当二者结合在一起时，便构成了双部曲。它们通过镜像的方式来反映玛丽·斯图亚特与伊丽莎白·都铎截然相反的人生和性格，从而形成一个鲜明的对照。好奇的读者可以凭借这些设计巧妙的双重页码在两本书中找到相互呼应的页面，从而（或许可以）品味这其中的文字、图像或剧情游戏。如果在早高峰的地铁中做这项练习，会格外有意思的。

# 伊丽莎白·都铎

## 蓟与玫瑰

NICOLAS JUNCKER

[法] 尼古拉·容克 著　谢昱 译

广东旅游出版社
中国·广州

伊丽莎白。

我的女儿。

您以为我这么做容易吗?

可我得统治一个王国呀,我!

**亨利八世,英格兰国王及父亲。**

我就是为这才砍了她母亲的头。

伊丽莎白那时有,呃……

三岁吧,我想。

还是个毫不起眼的小虾米。

一个私生女。

而且还长得不好看。

对,说这话的正是她的亲生父亲!

我想要一个儿子。

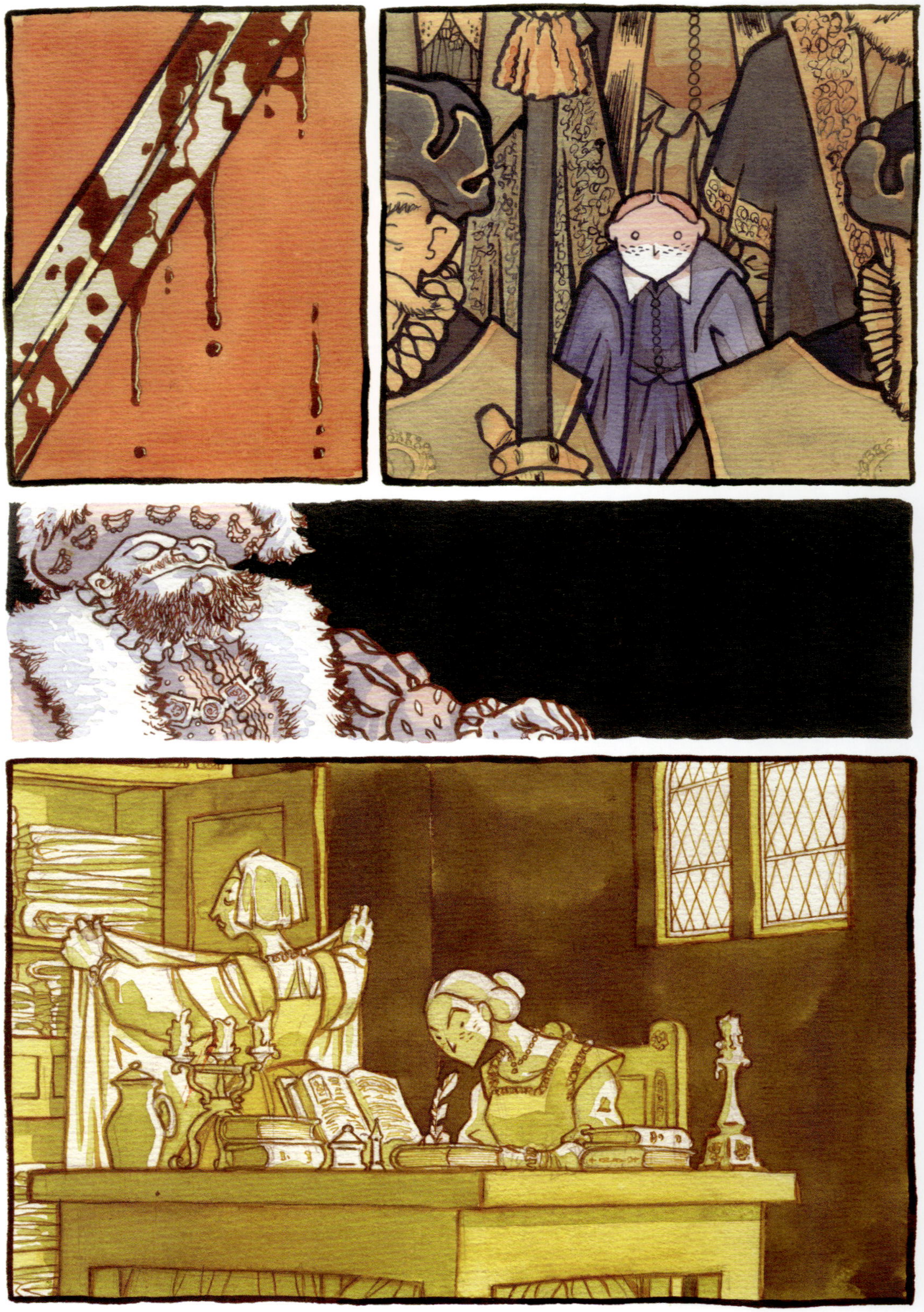

呃……

您真的相信我母亲在炼狱受刑吗?

当然。

西摩小姐?

怎么了?

上帝是不容许通奸和淫荡的。

您要当心男人,伊丽莎白。

男人都是无耻之徒。只会带来耻辱和罪孽。

哟嚯嚯嚯!

伊丽莎白!

托马斯叔叔来啦!

哈！哈！哈！

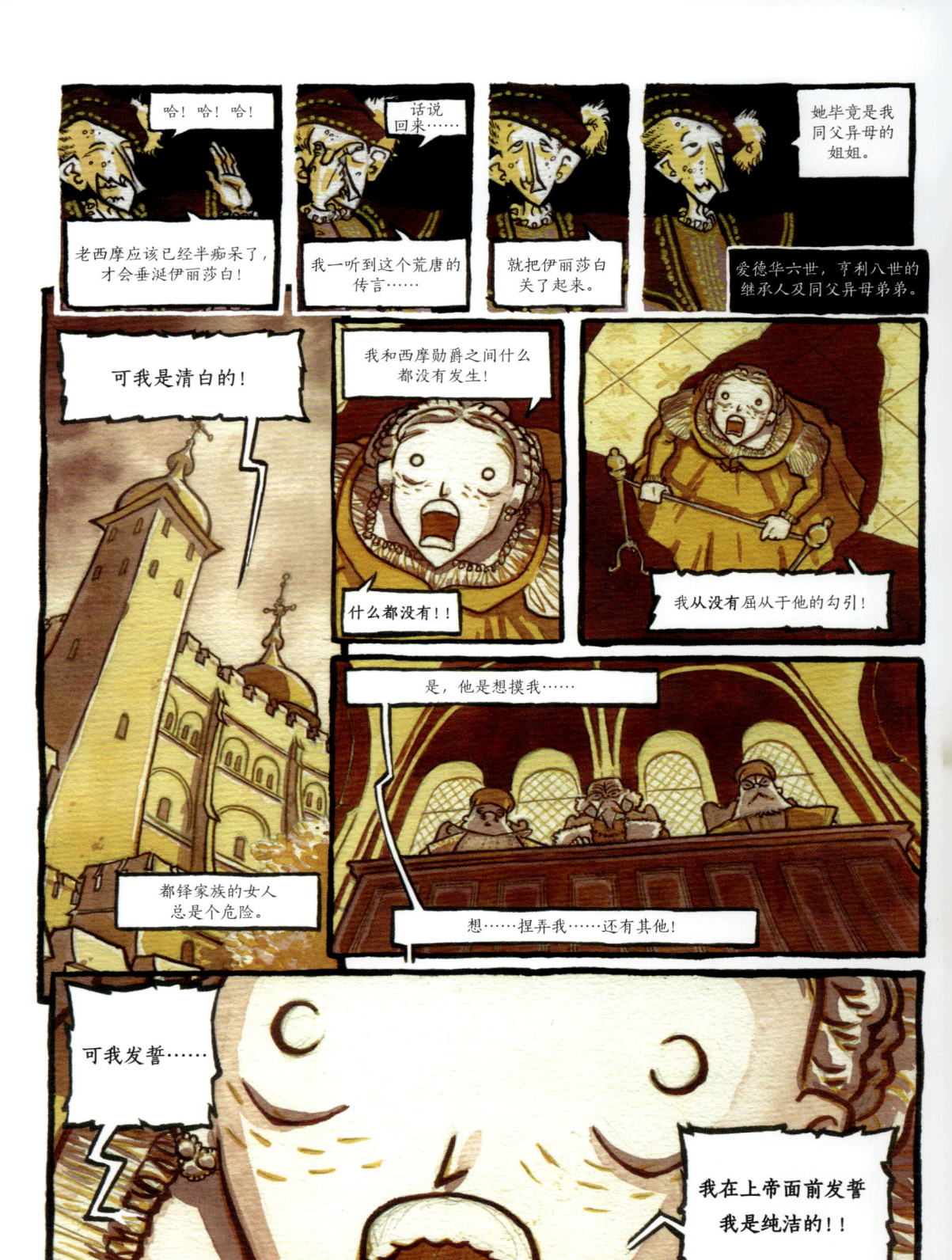

老西摩应该已经半痴呆了，才会垂涎伊丽莎白！

话说回来……

我一听到这个荒唐的传言……

就把伊丽莎白关了起来。

她毕竟是我同父异母的姐姐。

爱德华六世，亨利八世的继承人及同父异母弟弟。

可我是清白的！

我和西摩勋爵之间什么都没有发生！

什么都没有！！

我从没有屈从于他的勾引！

都铎家族的女人总是个危险。

是，他是想摸我……

想……捏弄我……还有其他！

可我发誓……

我在上帝面前发誓我是纯洁的！！

纯洁，纯洁……

关于这点，
都铎小姐……

这正是您需要向我们证明的。

哈！哈！哈！

我能想象当时的场面！

可我是处——女呀！！！

这个疯婆子应该是在此时有了处女情结吧。

就算能证明她是处女……

我还是会把她关起来，严加看管。

伊丽莎白一直有些，呃……"特别"。

不管她是不是处女。

哈！哈！哈！

爱德华……这个浑蛋在1553年7月6日死了……

随后是简·格雷，她的统治很短，再以后是玛丽·都铎，伊丽莎白同父异母的姐姐。

她才是个名副其实的疯子！

本来可以有不少人出来作证，可惜他们都做不到了。

可最糟糕的还是她的婚姻……和腓力二世！一个西班牙天主教徒！

腓力，英格兰的国王！哦，不会吧？

简言之，1554年1月26日，我和四千人到了伦敦。

我们只想着一件事：

推翻玛丽，

把伊丽莎白推上宝座。

玛丽是个魔鬼！

托马斯·怀亚特，叛乱首领。

只有伊丽莎白才有真正的信仰……

她也很了解宗教的那些东西！

她是圣女。

您疯了！

这个怀亚特毫无胜算！

您为什么要参与其中呢？

他要做的可是弑君呀！

您这是用性命在冒险！！

伊丽莎白……

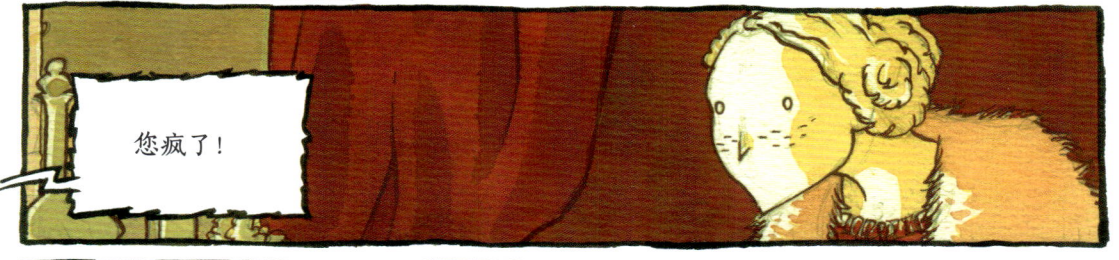

BOMBOMBOM
咚咚咚

伊丽莎白·都铎，

请随我们来。

叛乱失败。

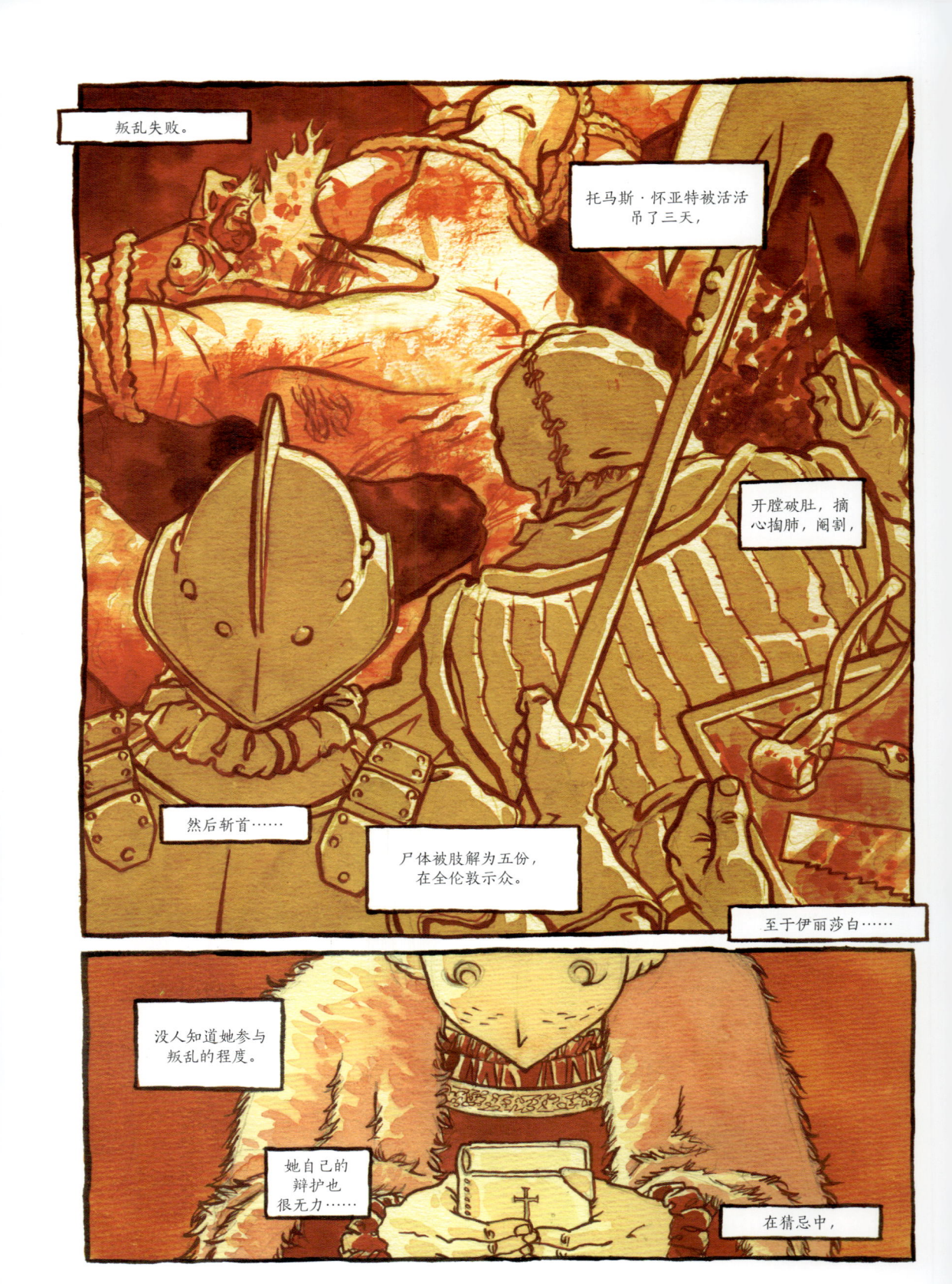

托马斯·怀亚特被活活吊了三天，

开膛破肚，摘心掏肺，阉割，

然后斩首……

尸体被肢解为五份，在全伦敦示众。

至于伊丽莎白……

没人知道她参与叛乱的程度。

她自己的辩护也很无力……

在猜忌中，

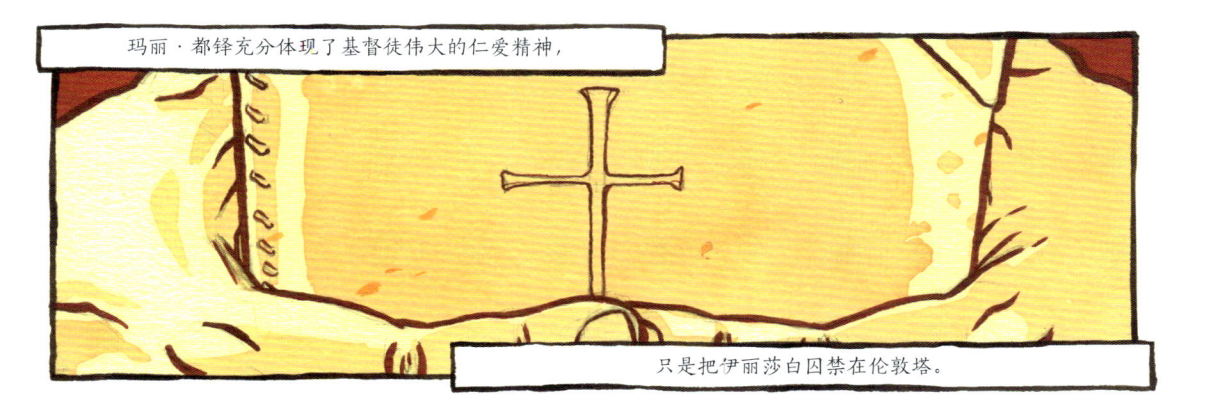

玛丽·都铎充分体现了基督徒伟大的仁爱精神，

只是把伊丽莎白囚禁在伦敦塔。

终身囚禁。

孤儿。

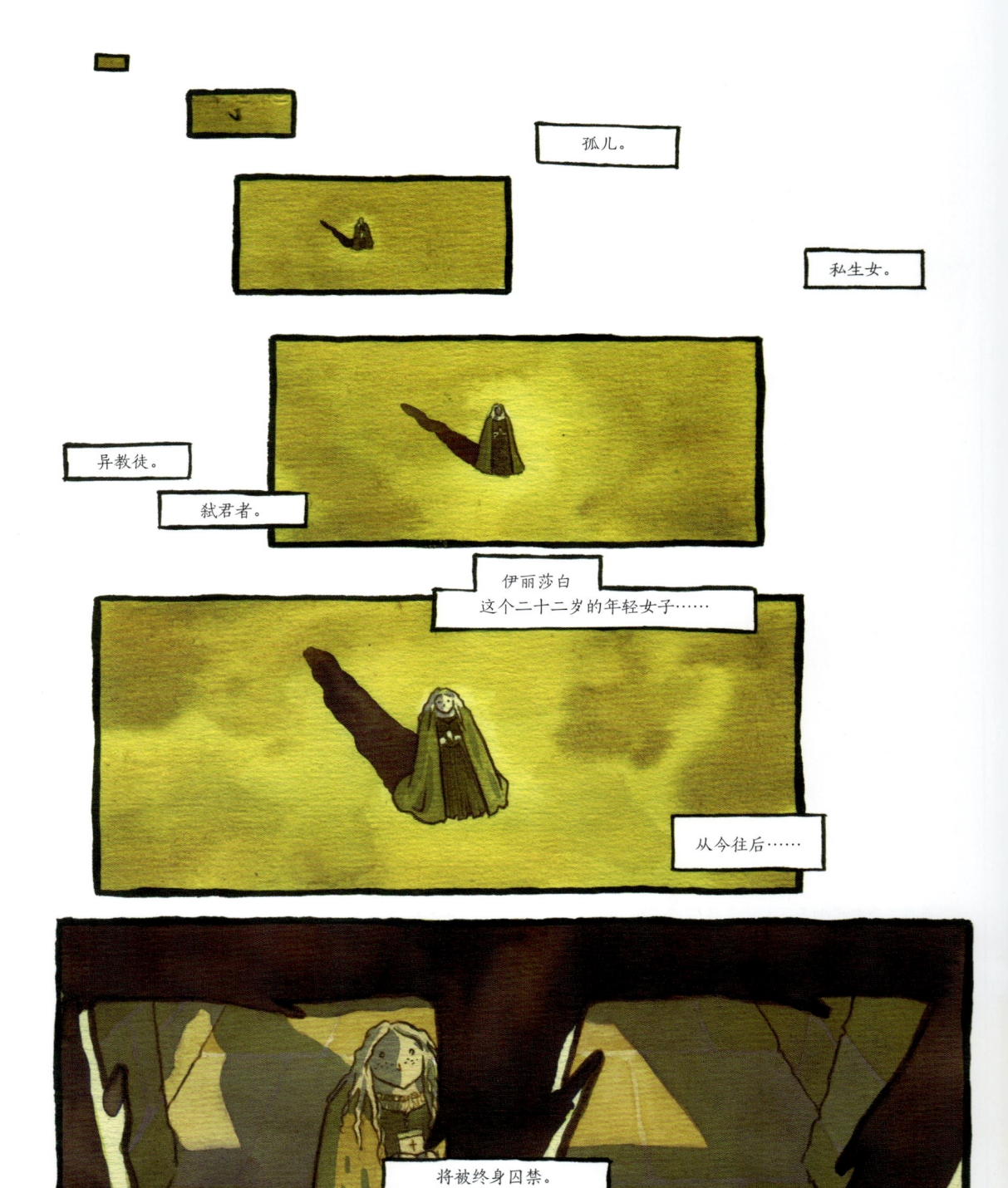

私生女。

异教徒。

弑君者。

伊丽莎白
这个二十二岁的年轻女子……

从今往后……

将被终身囚禁。

玛丽·都铎几次提议伊丽莎白嫁给外国的王子……

作为她重获自由的条件。

每次伊丽莎白都重申她要保有贞洁，

拒绝结婚。

玛丽是个异教徒！

约翰·诺克斯，牧师、苏格兰宗教改革创始人。

她是个女人！

上帝创造女人是为了服从！

臣服于女人脚下的男人……

都是撒旦的奴隶！

可是……如果玛丽·都铎死了……

呼，

呼，

伊丽莎白继承王位，从而把英格兰重新引向真正的信仰呢？

您不会臣服于她吗？

嗯？

伊、伊丽莎白？

呼，

什么？

1558年11月17日，玛丽·都铎死于一种鲜为人知的疾病。

没有留下一儿半女。

我这一生……

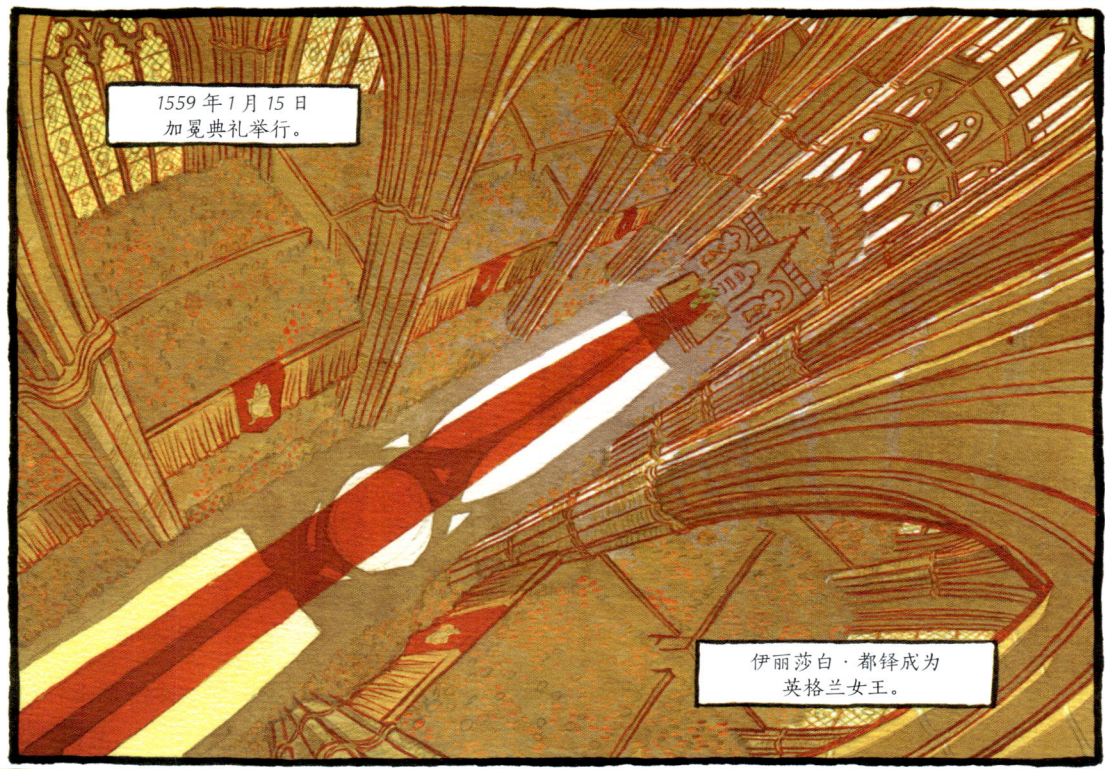

我这一生都记着两件事，塞西尔勋爵……

我能当上女王完全是天意。

而保住王位就只有靠我个人的意志了。

1559年1月15日加冕典礼举行。

伊丽莎白·都铎成为英格兰女王。

1月25日，她第一次召集议会。

她的前任使天主教和新教互相残杀,划下一道血腥的鸿沟,苏格兰在旁指责,法国和西班牙等待教廷出面……

我的勋爵们!

这个女孩能做什么呢?

这个一直被囚禁、只会读《圣经》的女孩?

没有人相信她能接替她的父王。

她必须要设法树立威信。

即使没有你们,我也能独自统治这个国家,但我不希望这样。

上帝的尊严与荣耀是我们国家的力量源泉。我要求你们制定一套全新的、统一的礼拜仪式。

**统一的仪式,为了统一的国家!**

上帝让我成为你们的女王!

你们唯一的女王!

是上帝,而不是教皇!

我,伊丽莎白,将是你们唯一的最高统治者,

世俗和精神的领袖!

毫无疑问……

她找到了树立威信的方法。

伊丽莎白身上有一种……

**力量,**

不可思议的力量。

威廉·塞西尔,伯利勋爵,内政大臣。

可她毕竟是个女人。

她需要结婚。

这是当务之急。

只不过……

腓力、瓦卢瓦家族的查理、莫里勋爵……

结婚！生育！

谁将会统治我们？

谁将是我们未来君主的父亲？

我的议会就只关注我的屁股吗？

还是赶紧在这个国家重建和平,为全体基督教徒制定一套共同的礼拜仪式吧……

SEMPER EADEM

我的个人生活可以先放一放！

总有一天您是要结婚的。

只有您生儿育女才可以保护您自己……您可是都铎家族最后一个人了。

伊丽莎白……

威廉爵士，我知道您把我当亲生女儿看待。

可如果您还想我把您看作父亲，那就请您听好……

我的王位也许还不稳固，但它属于**我**。

我不会让任何一个男人夺走它。

不管他是丈夫还是儿子。

我……

我请您自己对您的勋爵们讲吧。

啊！这点您倒是……

可以对我放心！

你们不用责备我没有丈夫！

因为我已经结婚了！

我嫁给了英格兰王国。

你们也不用责备我没有子女!

因为你们所有人,只要是英格兰人……

都是我的孩子。

对,我应该给塞西尔勋爵写封信……

我!

约翰·加尔文!

约翰·加尔文,神学家、宗教改革的主要创始人。

为了,呃……使约翰·诺克斯神父的理论相对柔和一些,

指出从严格的**神学**角度出发……

并且作为,呃,**特例**……

女人也是可以统治国家的,为了上帝的荣耀。

呃……

当然,只是暂时的。

总之,伊丽莎白统治初期的情形众所周知。

# 1559年革命!

枢密院三分之二是改革派,女王是最高统治者,统一的祈祷书……

从而打下英国国教的基础。

然而,伊丽莎白时代真正的革命却主要是……

针对性生活的。

"关于她的贞洁什么的,都是胡扯!"

"这些,都是为了更方便地去勾引王宫里的男人!"

"不对,实际上她好像有些性冷淡,哈!哈!"

"因为她从来都没有过性高潮!"

"不——!我的一个表亲在王宫服侍女王,所以我知道!"

"她发育畸形!那个,那个……呃,总之,她不能,呃……"

"都是谎话!这些完全出于政治目的!"

"我们的女王不能生育,这是国家机密。"

虽然这都是关于女王的种种幻想……

玛丽·斯图亚特!

可是继承人这个关键问题的的确确存在。

"这个荡妇竟敢把英格兰纹章加到她自己的徽章上!"

"呃,这……对于天主教徒来说,她才是名正言顺的英格兰女王。"

"我是女王,是不是?!"

"当了法国皇后她还不知足?"

"您一直被教皇认定为非法。"

"这……"

我也不记得是哪个笨蛋说过:

"一座岛上两个女王,实在是太多了。"

"只有一个继承人才能稳固伊丽莎白的地位。"

"避免他人觊觎王位。"

"不管她自己愿不愿意……"

"她必须有个孩子。"

"她原以为用不着,"

"只要玛丽·斯图亚特还是法国皇后。"

"可问题是过了还不到一年,"

"玛丽·斯图亚特就成了寡妇。"

难道我说得还不够明白吗?

我的性生活是我自己的事!

别再用我的表亲来烦我!

请您原谅,可是……

玛丽·斯图亚特长,玛丽·斯图亚特短的!

这个笨蛋都已经不再是法国皇后了!她拿我毫无办法!

陛下!

我们刚刚得到消息……

玛丽·斯图亚特已经回到了苏格兰。

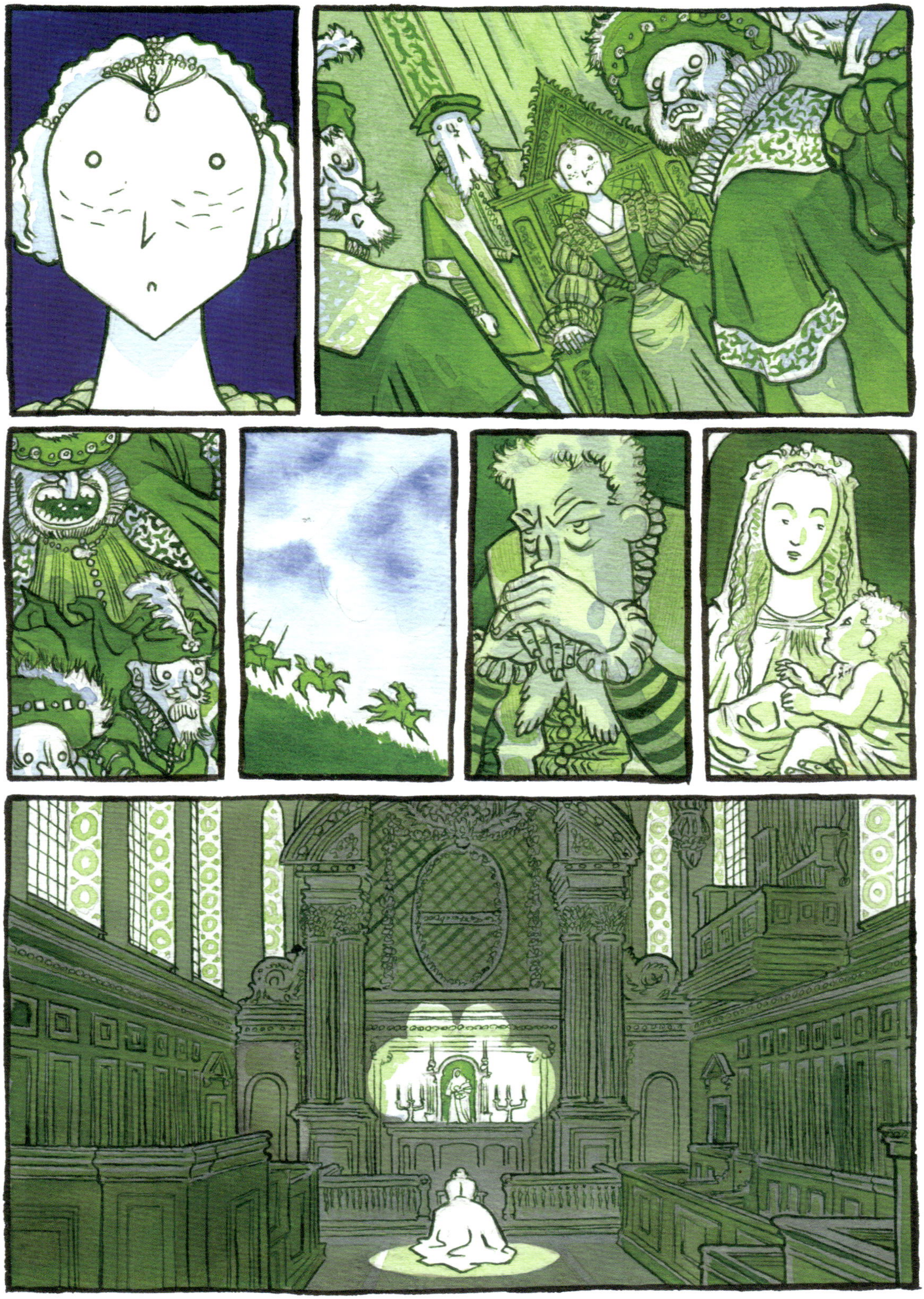

英格兰大使阁下，

　　您经常对我说希望女王和我建立友谊，这对双方都是有利的。我对她别无所求，只需要她的友谊。我不会给她的王国带来动荡，也不会去游说她的臣民改变信仰，虽然我知道，在我的王国有大量臣民都接受我的主张。不管怎样，您都不能否认我的祖母是她父王的妹妹，而且是他几个妹妹中最年长的一位。

　　我希望长风助我，让我顺利回到我的苏格兰王国，而不需要在英格兰登陆。如果我在英格兰登陆，大使阁下，我就处于您女王的掌握之中，她可以对我行生杀予夺之权。如果她残忍到想杀死我，那就随她的便吧，我就牺牲自己。也许这样的命运对我来说比活着更好。

　　听从上帝的安排！

玛丽·斯图亚特

你们想得到吗?

玛丽·斯图亚特回到了苏格兰。

相信我!

伊丽莎白被吓坏了。

哈!哈!哈!

女人哪。

莫里勋爵,苏格兰摄政王、玛丽·斯图亚特的同父异母哥哥。

这不是完全没有道理的。

她好不容易才登上了王位,

现在又陷入了最大的危险之中。

玛丽·斯图亚特。

而且很清楚她的地位岌岌可危……

**最大的危险。**

我的同父异母妹妹,法国国王的寡妇,决定重返她的故土,她的第一个王国,苏格兰。

她也是都铎家族第一代亨利七世的后代,

反正比亨利八世的私生小女儿要更名正言顺!

她的背后可能有梵蒂冈、法国人、西班牙人、信奉天主教的英格兰人……

因此对英格兰的王位有公认的、完全合法的继承权。

而且她并不是一个人。

天主教占据了苏格兰岛。

她的岛国!

莫里勋爵。

我无论代价如何。

缠住她。

使她没有丝毫的权力、自主和自由。

如果需要,可以利用诺克斯那个老疯子!

您自己想办法吧!

毁灭她。

钳制住在苏格兰孤身一人的玛丽很容易。

我操控着实际权力。

可这个笨蛋塞西尔没有料到……

她这么快就想要再婚！

第一个到的笨蛋就有可能成为苏格兰国王！

那是我的苏格兰！

欧洲所有的贵族都争先恐后。

唐·卡洛斯、弗朗索瓦·阿朗松、哈布斯堡皇室……

想想吧！成为苏格兰国王……

甚至是英格兰国王，如果伊丽莎白遭遇什么不测的话。

面对这一危机，伊丽莎白想出了一个，呃……"别出心裁"的主意。

为什么不给她的表亲"指定"一个丈夫呢？

一个由我们精心挑选的人……

一颗棋子。

这是一个巨大的错误……

主意倒是好，

可人选错了。

罗伯特·达德利！

这个平庸的引诱者连贵族都不是！

而且他是新教徒，因此……对玛丽·斯图亚特来说无异于一种侮辱。

他的征战生涯也是一连串的失败。

更有甚者：公众舆论认为他是伊丽莎白的情人，甚至是杀害自己妻子的凶犯！

伊丽莎白过于自信了。

她还需要学习呀。

陛下……

詹姆斯·梅尔维尔，苏格兰大使，就是一个出色的老师。

怎么样，梅尔维尔勋爵？

我亲爱的表亲认为我做的媒不好吗？

当然不是，绝对不是！

陛下！

但她需要时间考虑，您是知道的……

而且，罗伯特·达德利勋爵受勋也只有两天时间。

唔。

请您相信，我们的女王非常感谢您的关心！

这正是我来参见陛下的原因。

因为我们的女王希望能答谢您。

比如……

若是与达德利勋爵的联姻诞下了孩子,

请您做那孩子的教母。

还有比这更能体现两位女王相互友好的证明吗?

这可是关系到这个对我们两个王国都至关重要的孩子呀!

因为您会把这个孩子当作您的直接继承人吧?

不是吗?

无论如何,

我都不愿意娶她!

苏格兰国王!

苏格兰!

多可怕呀!

摆脱掉达德利并不难。

可我的**另一个**任务……

找到一个合适的丈夫……

一个配得上玛丽·斯图亚特的丈夫……

呼!

非常艰巨!

| 我们很清楚梅尔维尔在找新的人选…… | 我们把英格兰贵族细细地梳理了一番。 | 可……其中一个好像溜了过去…… |
|---|---|---|

呃……

从我们的指缝之间。

| 这些蠢货! | 啊! | 梅尔维尔算是找到了最帅的一个! |
|---|---|---|
| 塞西尔这个笨蛋!! | 说到找个小丑…… | |

贵族!

亨利七世的后代!

俊美风流!

天主教徒!

圣母啊!

这一局是注定失败了。

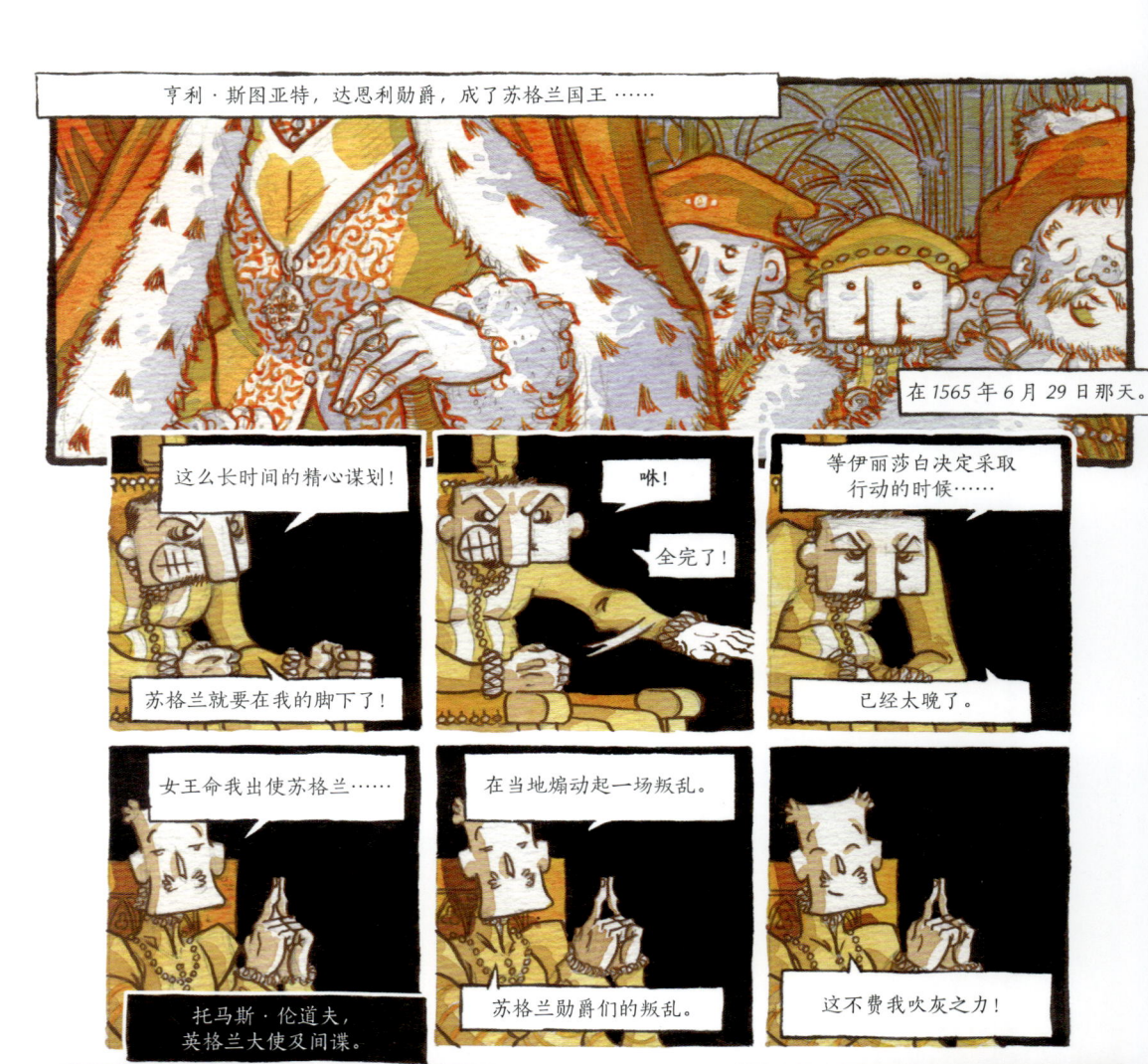

亨利·斯图亚特,达恩利勋爵,成了苏格兰国王……

在1565年6月29日那天。

这么长时间的精心谋划!

咻!

等伊丽莎白决定采取行动的时候……

苏格兰就要在我的脚下了!

全完了!

已经太晚了。

女王命我出使苏格兰……

在当地煽动起一场叛乱。

这不费我吹灰之力!

托马斯·伦道夫,英格兰大使及间谍。

苏格兰勋爵们的叛乱。

8月26日……

杀死那个婊子!

为了上帝!!

为了苏格兰!

呜啦!

打倒那个娼妇!

莫里向爱丁堡进发。

够啦,托马斯爵士!

我一分钱都不会再给莫里了!

只不过是推翻我的表亲而已!

民众恨她!
勋爵们恨她!
教士们也恨她!

她又毫无外援。
只是孤身一人!

好啦!
叫莫里勋爵别再瞻前顾后,下决心进攻吧!

但要谨慎。我提醒您,我们表面上,和他可没有任何瓜葛。
陛下!

玛丽·斯图亚特正向斯特灵①进发!

什么?!

她正在进攻莫里!

你们……你们疯了!这不可能!
是我亲眼所见!他们至少有一万人!!

托马斯爵士!
您还在这儿做什么?

去找莫里这个无能之辈!
一定要打败她。

我……当然,女王陛下。
一定会如您所愿。

① 斯特灵(Stirling),苏格兰中部城市,在英国历史上,有多场重要的战役都发生在这里。

事情很敏感……

我们不能与玛丽·斯图亚特正面交战，这会引起和法国人的矛盾。

事实上，整个欧洲都可能向我们宣战！

而她只不过是个柔弱的寡妇，是个弱小国家的女王，却让我们担惊受怕。

呃，陛下……

您知道玛丽·斯图亚特并不一定是个威胁……

我是说，呃，只要您同意结婚……

呃……

特别是，

您要是有子嗣。

正好,您看有位王子……

出去!

所有人!

出去!

出去!

所有人!

所有人……

都出去。

莫里五天后回到了英格兰。

失败是惨重和彻底的。

**拙劣的无能之辈！**

**连个小娼妇都对付不了！**

我们还有其他需要担心的事情！

荷兰、法国……

特别是……

陛下！

整个西班牙都感到愤慨！

您的弗朗西斯·德雷克又劫掠了我们三艘船！

而且据说是您的命令！

是您让他进献这些财宝的！

可这是我们的财宝！

我们不能接受您的无动于衷，对这个……这个……

这个海盗！

您会处置他的,是不是?

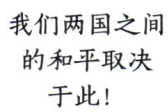

像您这样的一位女王!

陛下!

我们两国之间的和平取决于此!

因为我们……

谢谢阁下您。

请您相信,我自己也很吃惊贵国的武装商船会如此不堪一击。

我一定会和这位德雷克先生讨论此事。

可……

可……

有好消息了。

这次肯定无疑!

玛丽·斯图亚特完了!

她不断在公开场合贬低她的丈夫!使他受到羞——辱!

她和达恩利的婚姻是一场灾难!

他恨她!

简言之,这个达恩利随时准备起来造反!

而且并不只他一个人!

事实上,苏格兰人早就愤愤不平了!

她让一个叫戴维·里齐奥的意大利人做私人秘书,据说是她的情人……

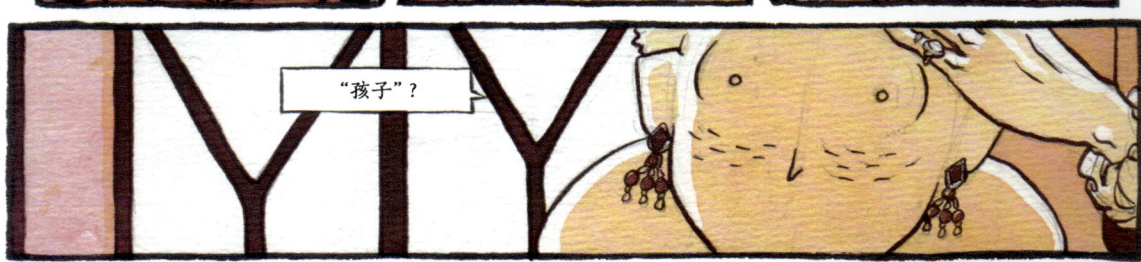

有些人甚至说她怀的孩子是这个人的!

打垮玛丽·斯图亚特易如反掌!

"孩子"?

呃……是的,玛丽·斯图亚特,呃……

怀孕了。

杀了这个里齐奥，废黜玛丽·斯图亚特，把权力给这个傀儡达恩利……

可我们忽略了一个小细节。

把玛丽交给她的丈夫看管……

这个达恩利!

陛下!

玛丽·斯图亚特昨晚逃跑了!

是她的丈夫把她放跑的!

她的丈夫?

她的丈夫……

你们这些没用的东西!

玛丽又重新掌权了!

这个博思韦尔又是谁?!

事实上,情况真的是糟糕透顶。

玛丽·斯图亚特不仅还在,

苏格兰民众,以及越来越多的勋爵,

我们所有的支持都白费了,

而且比以前更强大。

都支持她。

达恩利这个笨蛋已经毫无用处。

现在,在玛丽背后,有这个……这个……

或称作赫伯恩勋爵,玛丽以前的大元帅。

而且成了国家的掌控者。

博思韦尔!

是他把玛丽·斯图亚特重新扶上宝座,

苏格兰人很快就认识了他……

但更糟糕的还在后面!

玛丽·斯图亚特怀着孕。

又一个斯图亚特家族的人将要诞生。他将统治苏格兰……

甚至英格兰。

除非伊丽莎白自己决定结婚并生儿育女。

她以为自己是谁，童贞女王？

嗯？

她还敢训斥我们！

有什么用，我们拼死推翻了母亲，

却又让她儿子做国王？

他妈的！

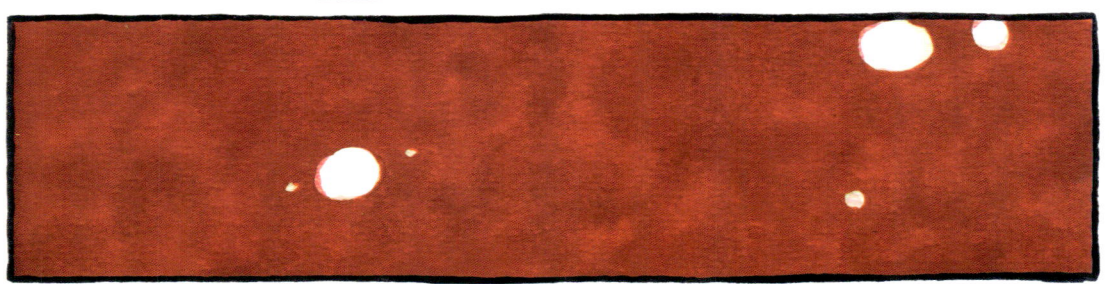

| | 我们至少知道父亲是谁吧？ | 反正…… | |
|---|---|---|---|
| | 传言说这个里齐奥…… | 如果真是这样……那又有什么要紧的？ | |

玛丽产下一子……叫詹姆士。

得让伊丽莎白出嫁！勋爵们从各方面给我施加压力。

我们倒是有个人选……哈布斯堡皇室的……

绝不！！！

你们听到了吗？

嫁给一个外国王子？

而我的表亲却在炫耀她的丈夫是亨利七世的后代？

别再不惜代价地把我嫁出去！

这个国家不是用来出卖的！

一群伪君子！

你们才不在乎继承人是我亲生的还是另一个女人生的。

只要他支持改革并保障你们的利益。

现在都退下吧。

> 您害怕了，塞西尔勋爵？

> 害怕一个女王没有继承人……

> 还是害怕一个女人根本不想要孩子？

> 您已经猜到了,是不是?

> 我不会生育出任何孩子,

> 来延续我的姓氏。

> 没有孩子会伸开双臂拥抱我。

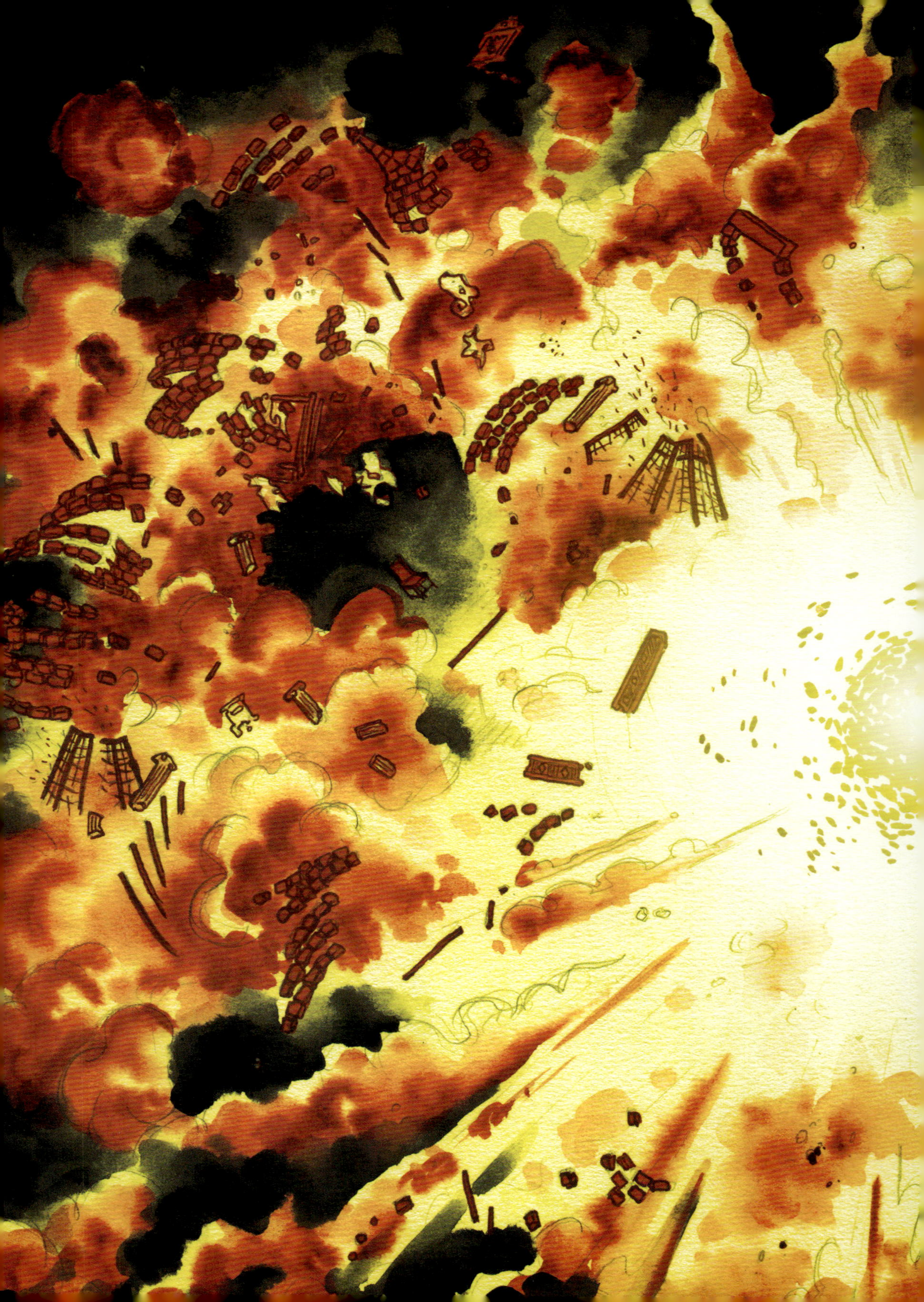

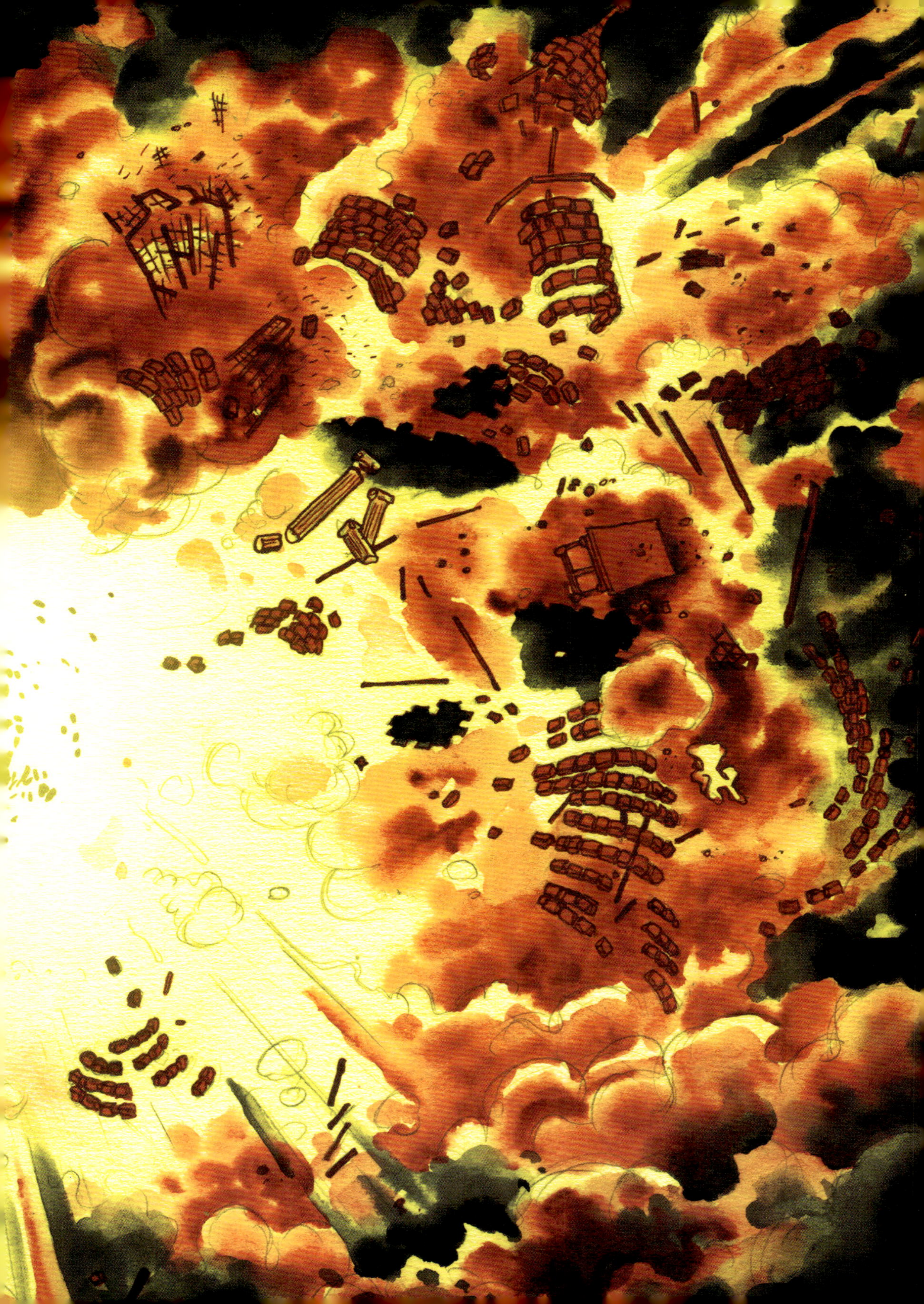

什么……

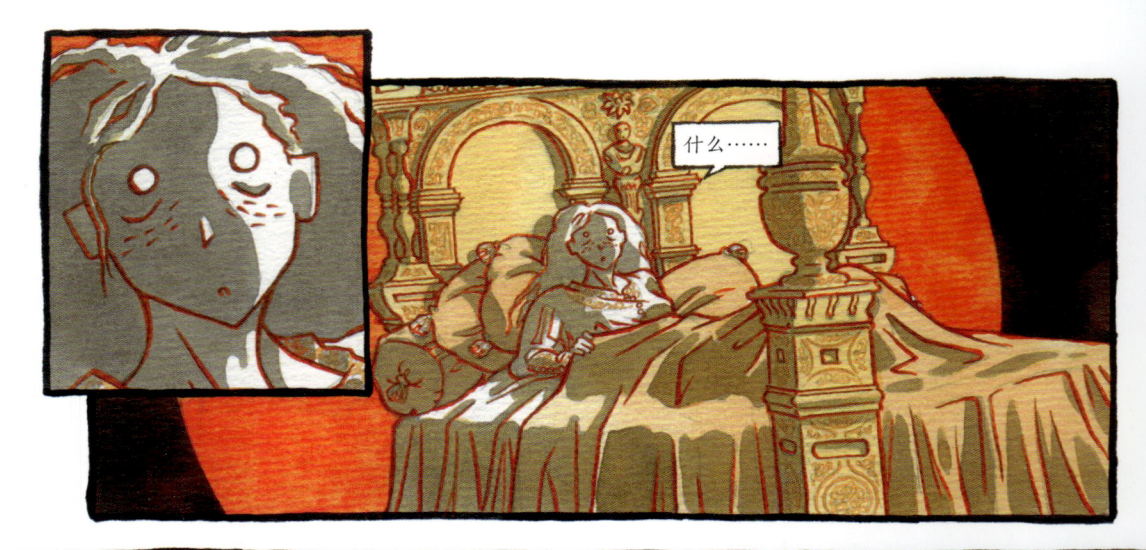

达恩利勋爵死了。

被谋杀了。

苏格兰国王被谋杀了。

一颗炸弹。

他的住处被夷为平地。

这还不是全部。

人们都说玛丽·斯图亚特和博思韦尔勋爵是幕后指使。

天啊！我们花费了大量的金钱，在整个欧洲安插我们的大使、间谍……

| 尽管我们做了这么多努力…… | 整个欧洲都义愤填膺了。 | | 只需考虑如何利用此事大做文章。 |

没想到玛丽·斯图亚特却自掘坟墓！

弑君哪！

这个博思韦尔…… 可以为我们所用吗?

收买他?

让他背叛玛丽?

我觉得不可能,陛下……

他,呃……

他离不开她。事实上,呃……

他们俩结婚了。

而且在全国实行军事独裁统治。

她疯了。

托马斯爵士！

您带上三千英镑去见我的表亲玛丽。

您告诉她，她的勋爵们谋逆作乱，对弑君者我不会坐视不管，让她去治服那些叛乱者。

然后，您带上三万英镑去见莫里勋爵。

您告诉他，我不能容忍弑君者。让他组织一支军队，逼玛丽·斯图亚特逊位给她的儿子詹姆士。

苏格兰人总是能用钱收买的，不是吗？

让他们接受我的条件。

詹姆士·斯图亚特。

的确……

和詹姆士的比起来。

她的儿子。

我们要在法国人之前把他弄到手里……

让他改变信仰。

伊丽莎白说得对……

无所谓是谁生下了她的继承人。

这是我资助的第四次战役了,伦道夫勋爵。

我期望您这次可以马到成功。

这次不仅关系到玛丽·斯图亚特,

而且关系到改革的未来。在苏格兰,在英格兰,在整个欧洲!

我要这个孩子。

轰 隆 隆 隆 隆 隆

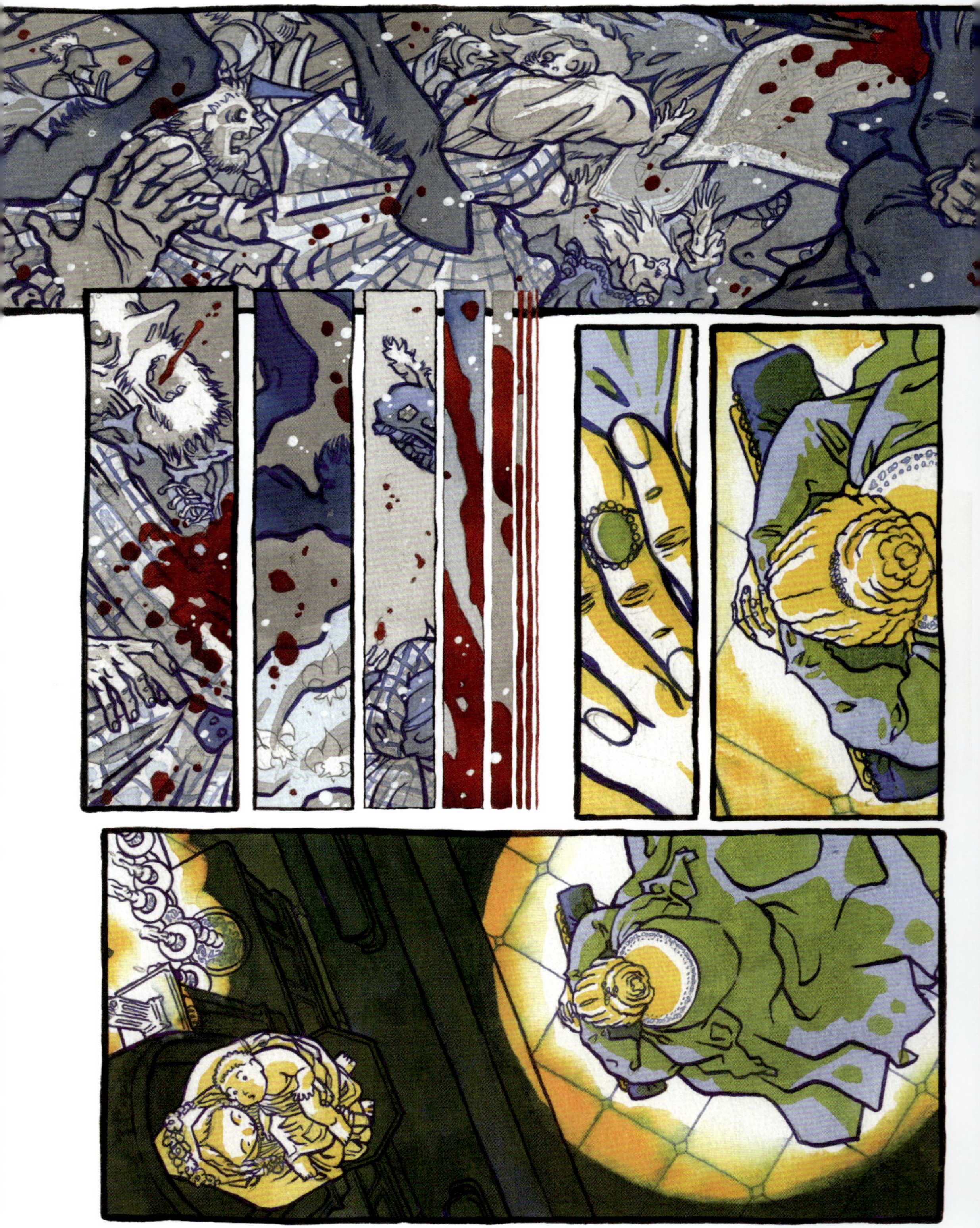

陛下！

陛下！

大功告成！

玛丽·斯图亚特退位了。

伦道夫勋爵……

我命您从今以后看护小詹姆士……

把他当成我的亲生儿子。

如果伊丽莎白一直拒绝生养……

詹姆士·斯图亚特……

那么这个孩子将在我们岛国完成前所未有的伟大使命。

这个孩子！

英格兰人已经有一位母亲了……

他们很快会有……

就像苏格兰人一样……

一个儿子。

1567年7月29日,苏格兰詹姆士六世举行加冕典礼。

让莫里这个蠢货来做摄政王也无所谓。

哈!哈!哈!

威廉爵士,您觉得如何?

大功告成!

玛丽·斯图亚特最终……

陛下!

玛丽·斯图亚特逃跑了!

很多勋爵都归附于她!

她正向爱丁堡进发!

带领着六千人的军队!!

当然……

说玛丽不屈不挠一点儿都不为过。

简直是破釜沉舟!

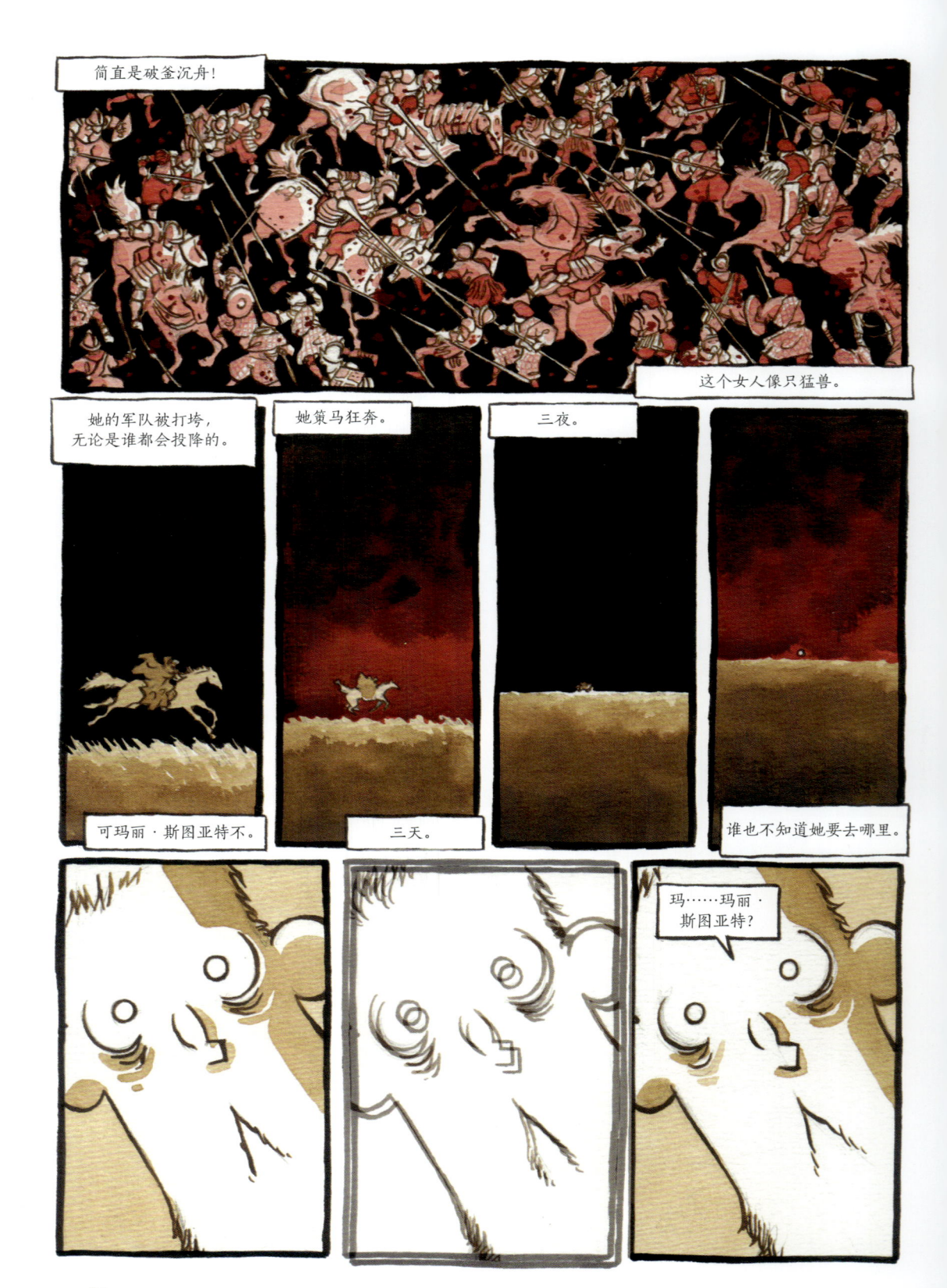

这个女人像只猛兽。

她的军队被打垮,无论是谁都会投降的。

她策马狂奔。

三夜。

可玛丽·斯图亚特不。

三天。

谁也不知道她要去哪里。

玛……玛丽·斯图亚特?

| 玛丽·斯图亚特到了英格兰？ | 她要求我们的支持和援助。 | 是，呃……以使她重登王位。 |

| 是，爵士。在卡莱尔港。 | 支持和援助？ | 并且镇压叛乱分子。 |

| | | 我……<br>我去通知女王。 |

什么？！ 这简直太可笑了！

| "支持和援助"！<br>我要踩死她！<br>可这，呃……我们无权动她。 | 她毕竟是实实在在的女王。<br>恐怕您的天主教勋爵们也会利用这一点。 | 我的那些小教皇派们？<br>得了，塞西尔爵士！他们还能拿我们怎么样？ |

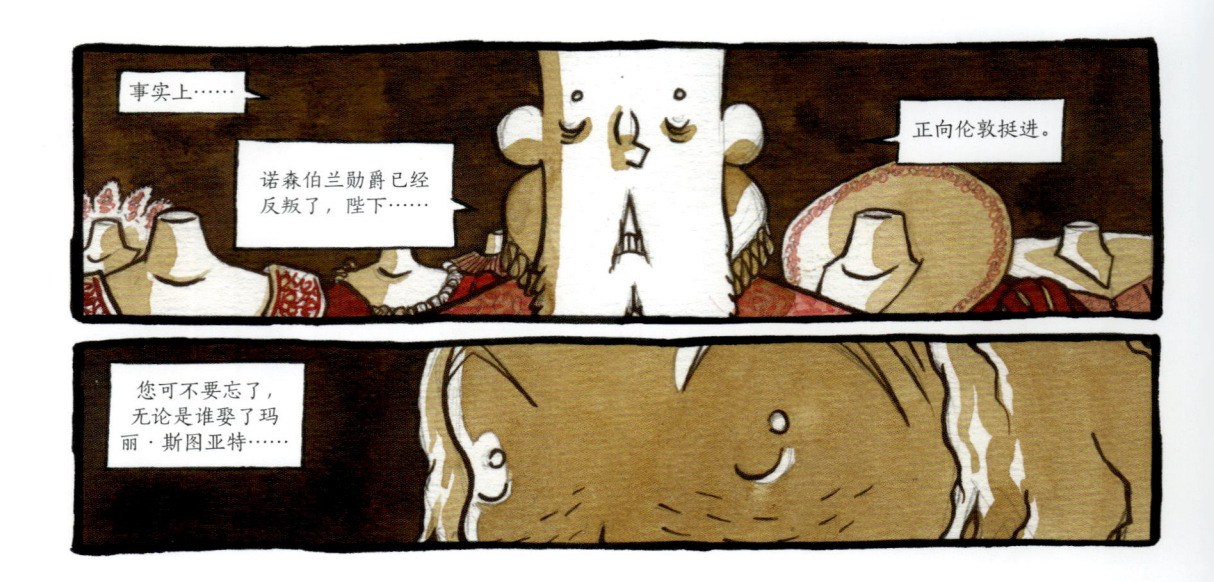

事实上……

诺森伯兰勋爵已经反叛了，陛下……

正向伦敦挺进。

您可不要忘了，无论是谁娶了玛丽·斯图亚特……

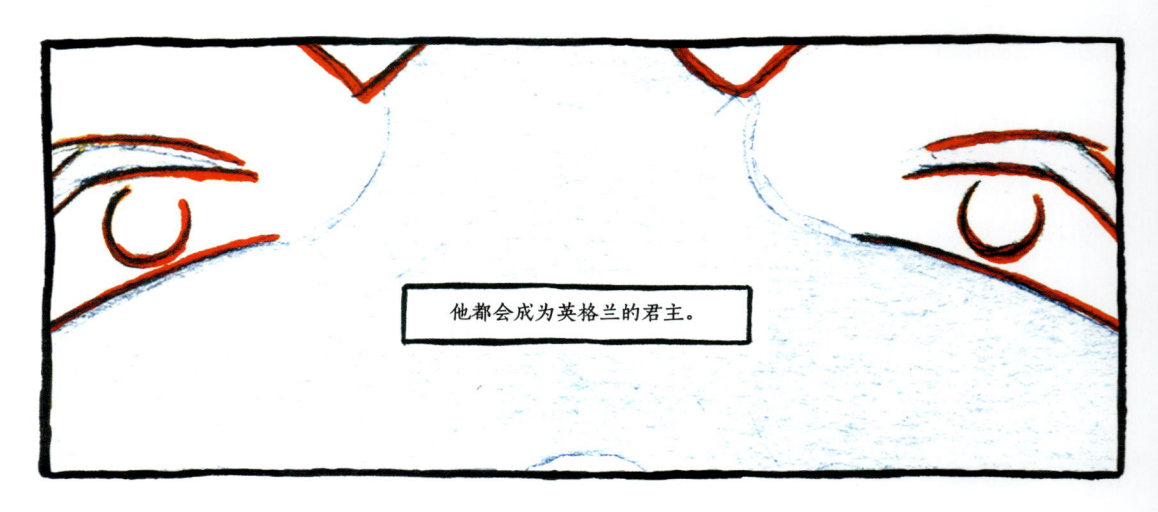

他都会成为英格兰的君主。

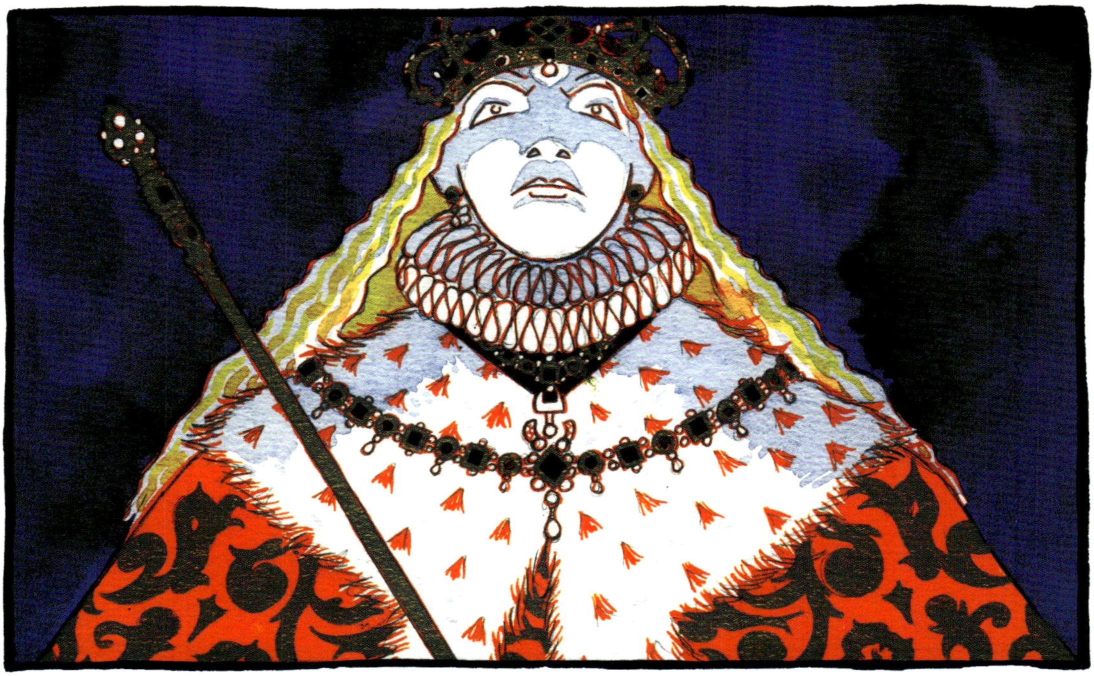

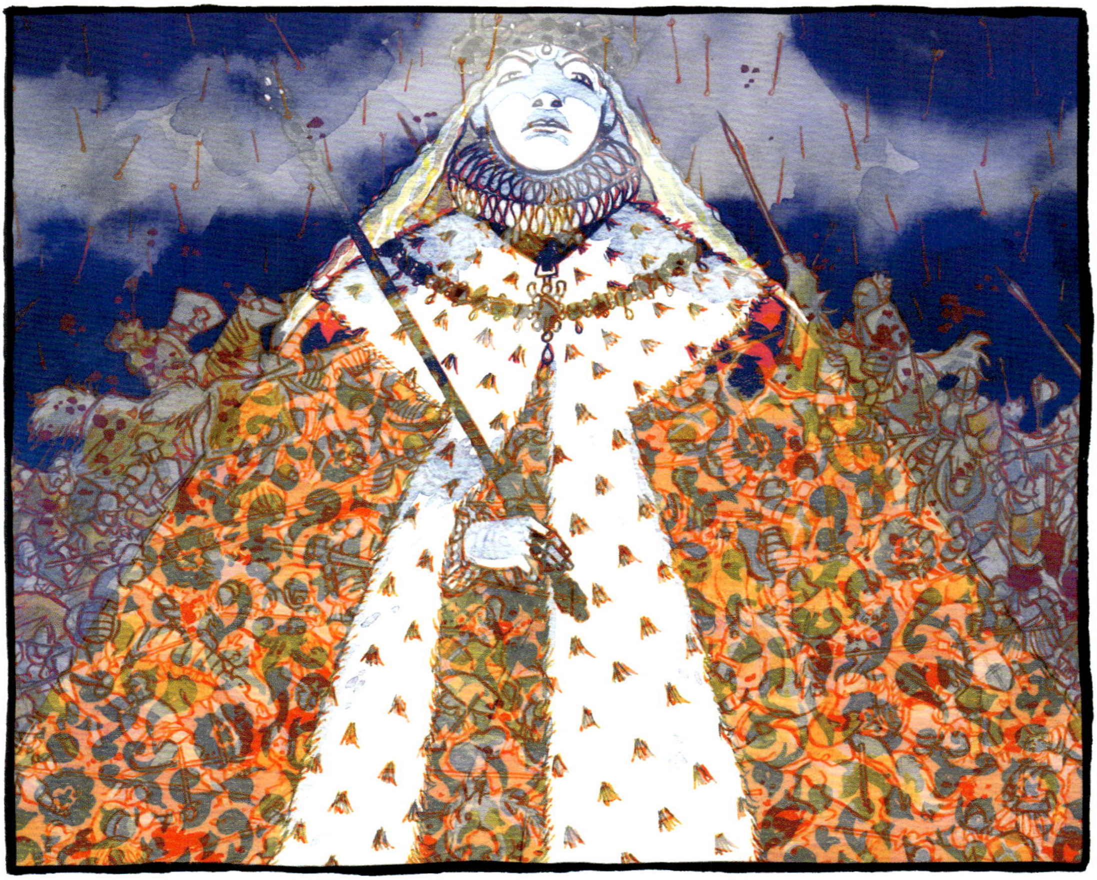

当然，是在您百年之后。

给玛丽写信，爵士。

夫人，

我听说您希望在我面前澄清所有对您的怀疑。哦，夫人，在这世上没有人比我更希望看到您青白无辜！没有人比我更愿意听到能使您重获荣誉的辩解。可是，我也必须要注意我自己的名誉。跟您实话实说吧，人们已经觉得我过于维护夫人您，而忽视了您的臣民指责您所犯下的过错。我不让您见我，您觉得很奇怪？但请您设身处地为我想想，您就会理解，在证明您青白无辜以前我不能见您。而一旦您洗清了罪名，我向上帝发誓，能够拥抱您是我在这尘世上最大的快乐。

伊丽莎白·都铎

怎么样?

她的勋爵们都恨她。如果我们帮助她复位，这些勋爵就会投向法国人。

如果我们什么都不做，她自己就会向法国寻求帮助。

如果我们继续关押她，西班牙人又会趁机向我们宣战。

还有法国人，他们想要夺回加来①。

一个敌对的女王被赶下台……

整个欧洲都在等着看我们的反应。

我上了她的当。

可整个欧洲都知道她是有罪的，陛下。她谋杀了自己的丈夫，**苏格兰国王**。

只需坐实她的罪名，

我们要想摆脱她……

在法律上。

① 加来（Calais），法国离英国最近的港口，曾被英国占领长达两个多世纪。

[35]

只需她同意,她,一个君主,接受一个所谓的……"会议"的审判。

一个勋爵大会。

当然是为了证明她的清白。

然后……

就看我们怎样得到相反的结论了。

用一种方式或另一种方式。

信……

玛丽·斯图亚特!

信?

什么信?

就是那些信!

您有什么要说的吗……

关于那些信?

信，对……那是无可辩驳的证据！

她写给博思韦尔的。密谋弑君。

非常好！可是……那些信？它们是真的吗？

呃，这个……我想应该由我们的会议来决定真伪。

塞西尔勋爵，您在开玩笑吧！一位女王怎么可能由普通人来审判！

我明白，大使先生，我很明白……可就是这样！

是玛丽·斯图亚特自己想要开这个会议的。

嗯，是这样，当然，当然！

我……我会向我们国王汇报此事。

查理国王当然应该知道！法国人是我们的好朋友啊！

哼！

显然，法国人是不会有所反应的。他们一惯如此，本性使然。

问题来自其他方面。

伊丽莎白被逐出天主教会。

那就这样啦?

天主教徒是想开战吧?

我要让他们知道我的厉害。

梵蒂冈因此引发了英格兰内战。

教皇庇护五世把他的信徒变成了恐怖分子。

然而这并不是全部……

每个英格兰人必须在教皇和女王之间做出选择。

相信我,我们所做的一切都是有充分理由的!

原先还被几个国王"容忍"的伊丽莎白现在什么也不是了。

在法律上,对于整个欧洲来说,英格兰只有一位君主:

玛丽·斯图亚特。

怎么样，塞西尔勋爵？

我们还能关押她多久？

哦，已经发生了好几起令人恼火的事件。

一个勋爵野心太大……

一个外国王子过于多情……

还有一个狂热的天主教徒。

然而总体来说……

没有什么大不了的。

然后呢，塞西尔勋爵？

多久？

十七年就这样过去了。

这个国家经历了十七年前所未有的最负盛名的统治……

可总在同一个问题上受阻。

这次是诺福克勋爵试图帮助她逃跑……

然后娶她为妻，推翻您的统治！

玛丽·斯图亚特已经成为我们越来越沉重的负担，陛下。

长此以往，她会使我们的勋爵一个个都掉脑袋的。

当然除非您能找到个丈夫！

说到结婚，奥地利的唐·胡安好像很感兴趣……

显而易见,这场联姻没有成功。

伊丽莎白是永远的童贞女王!

圣女贞德再世……

为了英格兰。

现在是危险时刻，
陛下。

西班牙建造了成百上千的武装商船。

还有史无前例的无敌舰队。

他们只有一个目的……

就是消灭您。

让玛丽·斯图亚特取代您。

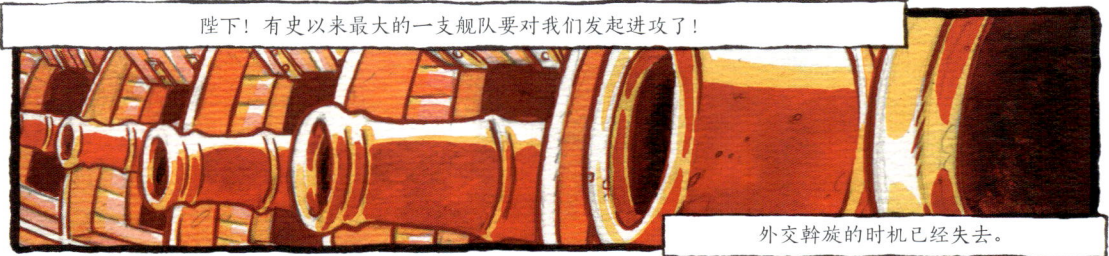

即使被关押，她对您仍是一个巨大的威胁。

您是建议我处决一位女王吗，塞西尔勋爵？

对我来说这可是一个非常棘手的先例呀。

陛下！有史以来最大的一支舰队要对我们发起进攻了！

外交斡旋的时机已经失去。

他们刚谋害了纪尧姆·奥兰治①。

① 威廉一世，奥兰治亲王（荷兰语：Willem van Oranje，1533 – 1584），尼德兰革命中反抗西班牙哈布斯堡王朝统治的主要领导者。

仅仅是伊丽莎白·都铎的大名已经阻止不了他们了。

——那法国呢?

——法国很软弱。他们不会有所动作的。最坏的情况下,我们还可以博得其中一个法国皇室成员的好感。

——弗朗索瓦·阿朗松,国王的弟弟……他可一直在寻找配偶。

——喊!

——哼!

星期五,我到了这个可笑的国家。

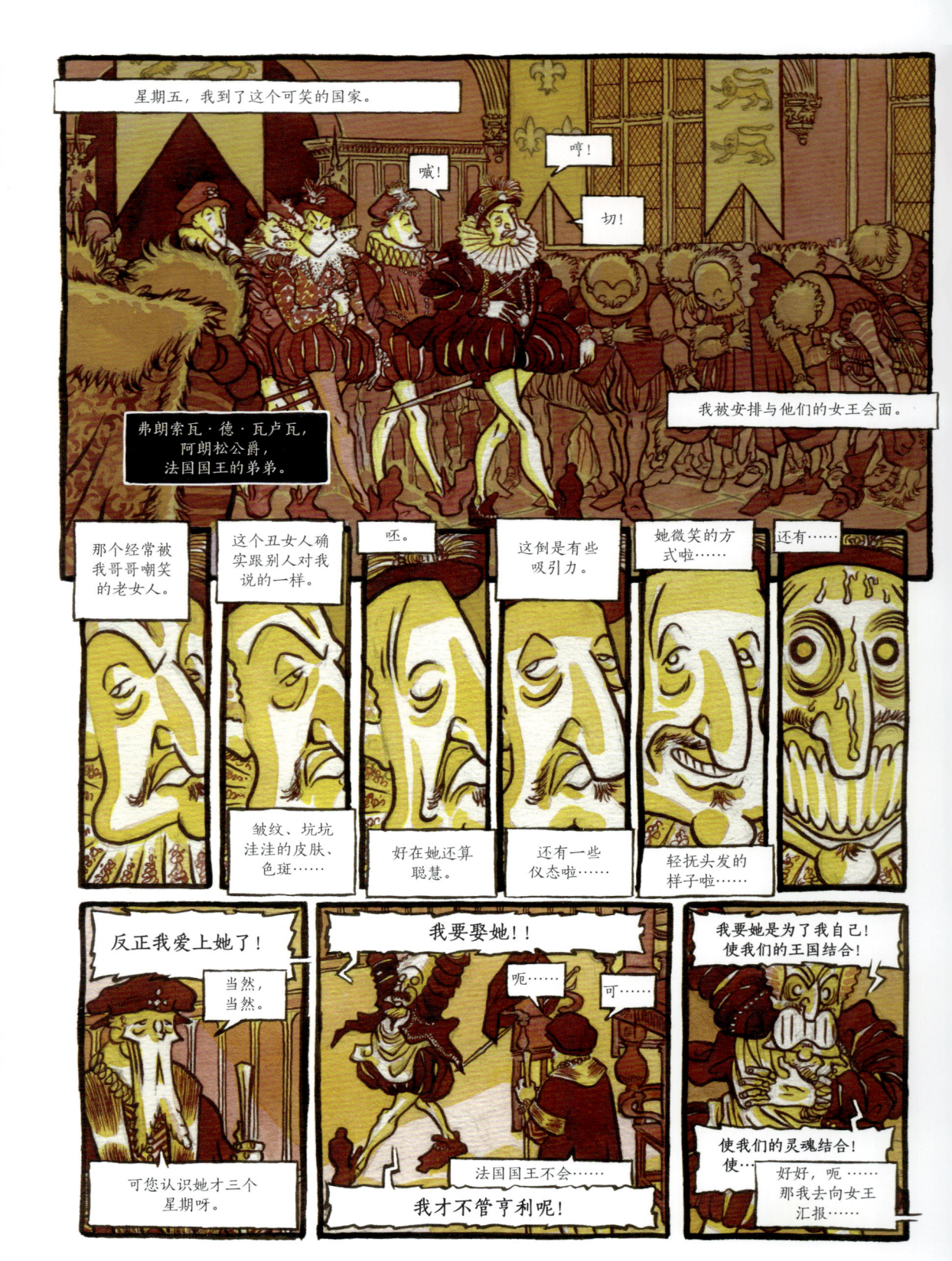

喊!

哼!

切!

弗朗索瓦·德·瓦卢瓦,阿朗松公爵,法国国王的弟弟。

我被安排与他们的女王会面。

那个经常被我哥哥嘲笑的老女人。

这个丑女人确实跟别人对我说的一样。

呸。

这倒是有些吸引力。

她微笑的方式啦……

还有……

皱纹、坑坑洼洼的皮肤、色斑……

好在她还算聪慧。

还有一些仪态啦……

轻抚头发的样子啦……

反正我爱上她了!

当然,当然。

可您认识她才三个星期呀。

我要娶她!!

呃……

可……

法国国王不会……

我才不管亨利呢!

我要她是为了我自己!使我们的王国结合!

使我们的灵魂结合!使……

好好,呃……那我去向女王汇报……

可……您自己想办法!

我就是要她!!

我认识她都五十年了,她还是会让我惊奇。

三个星期的时间,她就能让法国国王的弟弟对她痴如狂,一个比她小二十岁的男人!

怎么样,我们的法国皇室成员上钩了吗?

还不只如此呢,陛下。

与其说是温情款款,不如说是激情洋溢……

那是自然。

裤裆永远是法国人唯一的财富。

订婚没有任何问题。

这总归是一种保证。

但是,至于婚姻嘛……

您得找个有力的理由取消掉。

现在么……

我请您告知他我的好消息。

您确定?!

她接受了我的求婚?

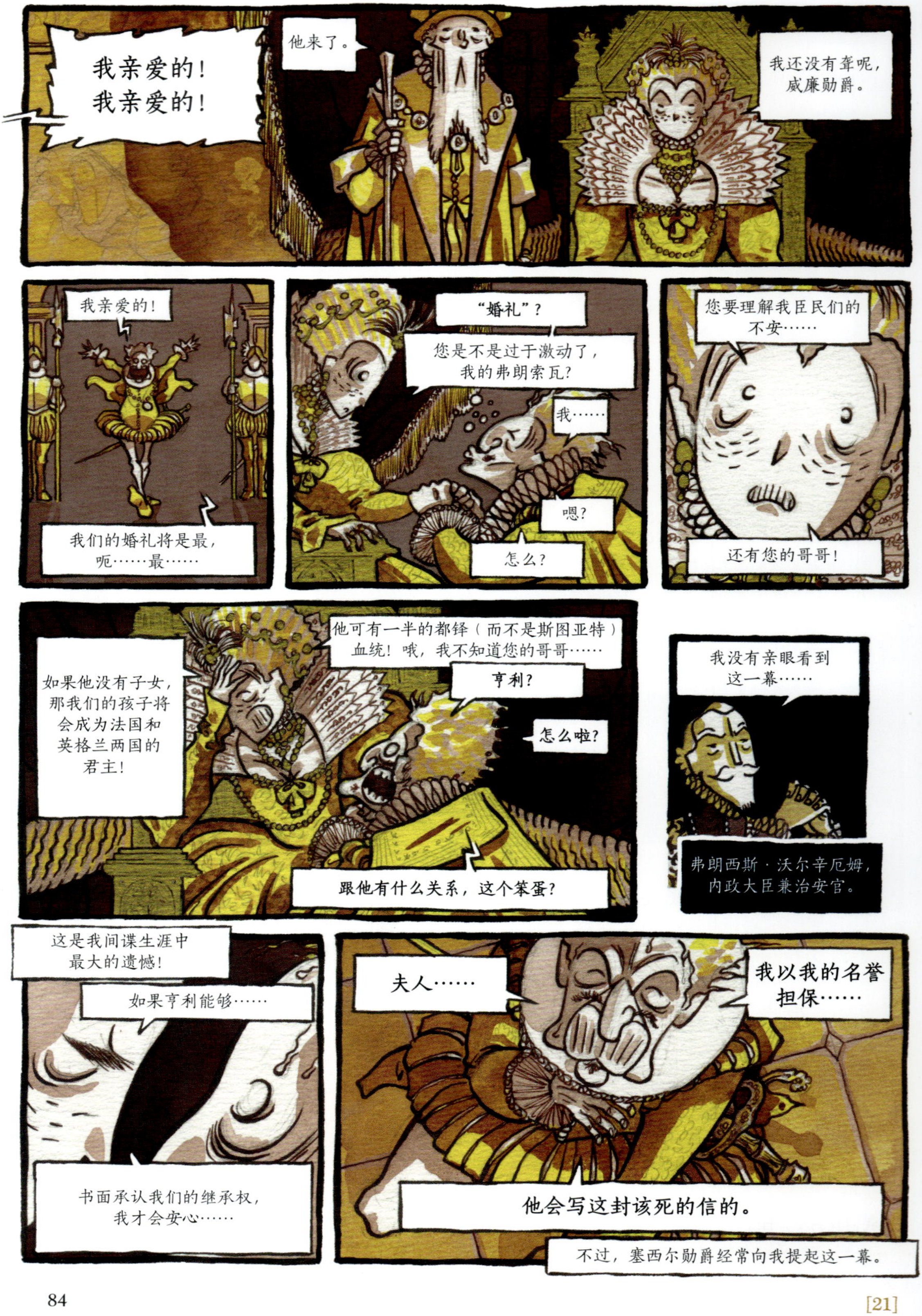

我亲爱的！我亲爱的！
他来了。
我还没有聋呢，威廉勋爵。
我亲爱的！
我们的婚礼将是最，呃……最……
“婚礼”？
您是不是过于激动了，我的弗朗索瓦？
我……
嗯？
怎么？
您要理解我臣民们的不安……
还有您的哥哥！
如果他没有子女，那我们的孩子将会成为法国和英格兰两国的君主！
他可有一半的都铎（而不是斯图亚特）血统！哦，我不知道您的哥哥……
亨利？
怎么啦？
跟他有什么关系，这个笨蛋？
我没有亲眼看到这一幕……
弗朗西斯·沃尔辛厄姆，内政大臣兼治安官。
这是我间谍生涯中最大的遗憾！
如果亨利能够……
书面承认我们的继承权，我才会安心……
夫人……
我以我的名誉担保……
他会写这封该死的信的。
不过，塞西尔勋爵经常向我提起这一幕。

相反地，当消息在议会宣布的时候我是在场的。

伊丽莎白向这些总是催着她结婚的议员们介绍了她自己的人选：法国人、天主教徒、圣巴托洛缪大屠杀①始作俑者的亲弟弟！

当然，婚礼是永远不会举行的。

重要的是让弗朗索瓦留在英格兰。

好了。

我们计划的第一步：塞西尔勋爵刚刚促使议会通过了一个法案……

任何人，只要有谋害伊丽莎白的企图……就可以被判处死刑。

现在就只等玛丽·斯图亚特密谋刺杀。我们拿出证据就可以了。

这就是我的工作啦。

一个各方面都很理想的年轻人。

一个月后他就会彻底消失。

我们找到了，陛下。

天真，天主教徒，狂热激进，对玛丽·斯图亚特仰慕至极。

① 圣巴托洛缪大屠杀是法国天主教暴徒对国内新教徒胡格诺派的恐怖暴行。

安东尼·巴宾顿！

只有这样的笨蛋才会使玛丽·斯图亚特一败涂地。

我让他相信我是为亨利三世工作的……

我说服他推翻伊丽莎白……

我还为他提供联络方法……

让他秘密地与玛丽通信。

别忘了,对我们至关重要的是……

玛丽·斯图亚特与他密谋的书面证据。

我们没有等多久。

这封信一到了我们手里……

我们就不再需要安东尼·巴宾顿了。

我们只要依法办事就行了,陛下。

这个巴宾顿被活活吊了三天。

然后被阉割、开膛破肚、摘心掏肺。

最后尸体被肢解为五份。

挂在五个城门示众。

那玛丽呢?

法律从现在开始已经生效了,陛下。

她写给这个巴宾顿的信证明她有意图推翻您的统治。

玛丽·斯图亚特是有罪的。

在这次辩论中，
我持谨慎态度。
玛丽·斯图亚特当然
是对我们王国的一个
巨大威胁……
可是依法处死一位君主
毕竟是一场革命……
伊丽莎白和我都不太想
见到将会出现的结果。
把戴维森叫来。
女王陛下？
戴维森，您马上给在佛斯林费堡的
保莉特勋爵传达此命令……
明天黎明处决
玛丽·斯图亚特。
去吧。

可惜……

这个戴维森是个不错的侍从。

那又如何？
他又不是唯一的一个，至少我希望。

他不是第一个也不会是最后一个错误理解君主命令的人。

至于我们……

至少我们可以合上"玛丽·斯图亚特"这一章了。

不错……

如此这般，就没有人……

会说伊丽莎白残忍了。

她毕竟拯救了
他们的王国。

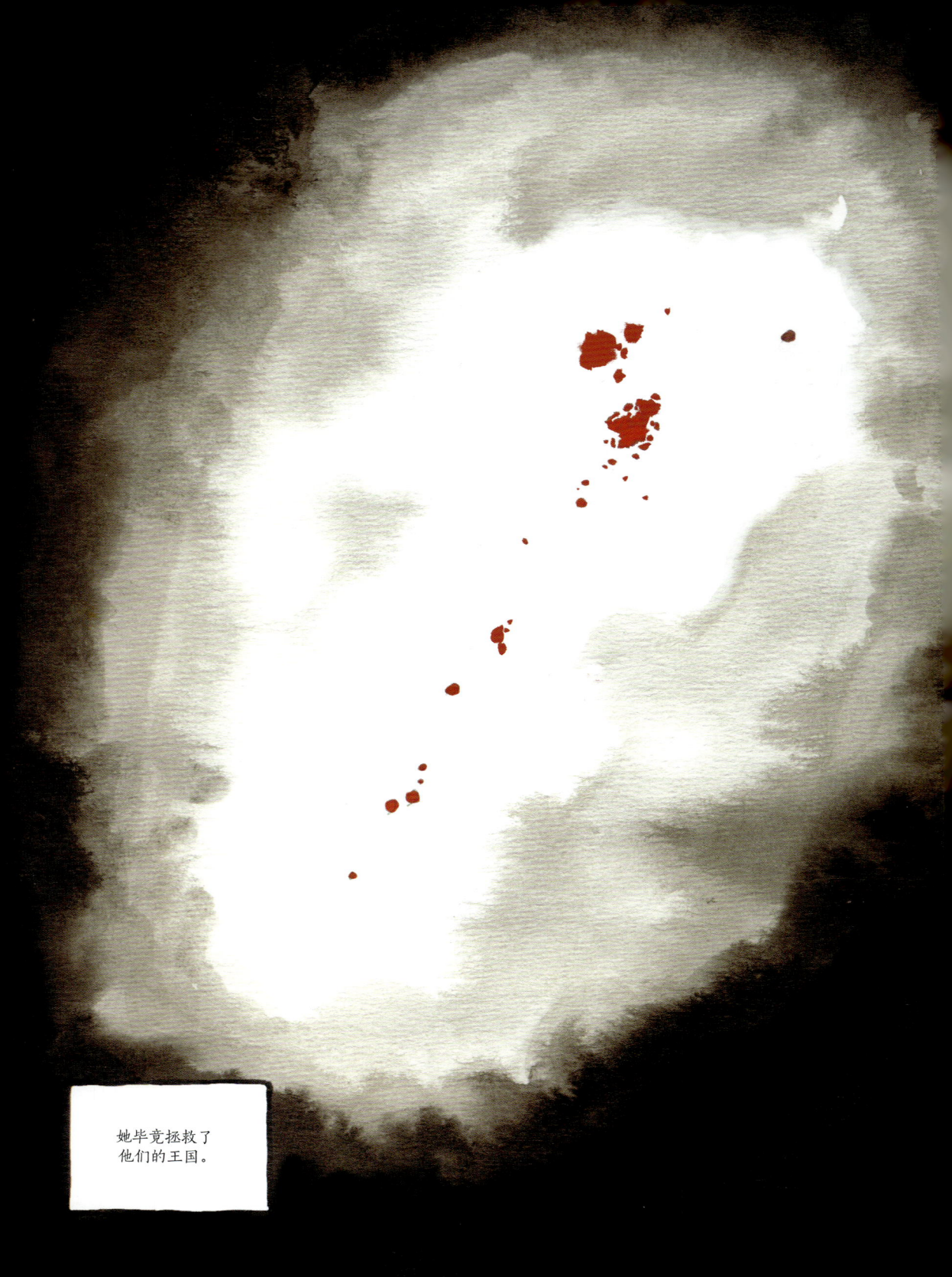

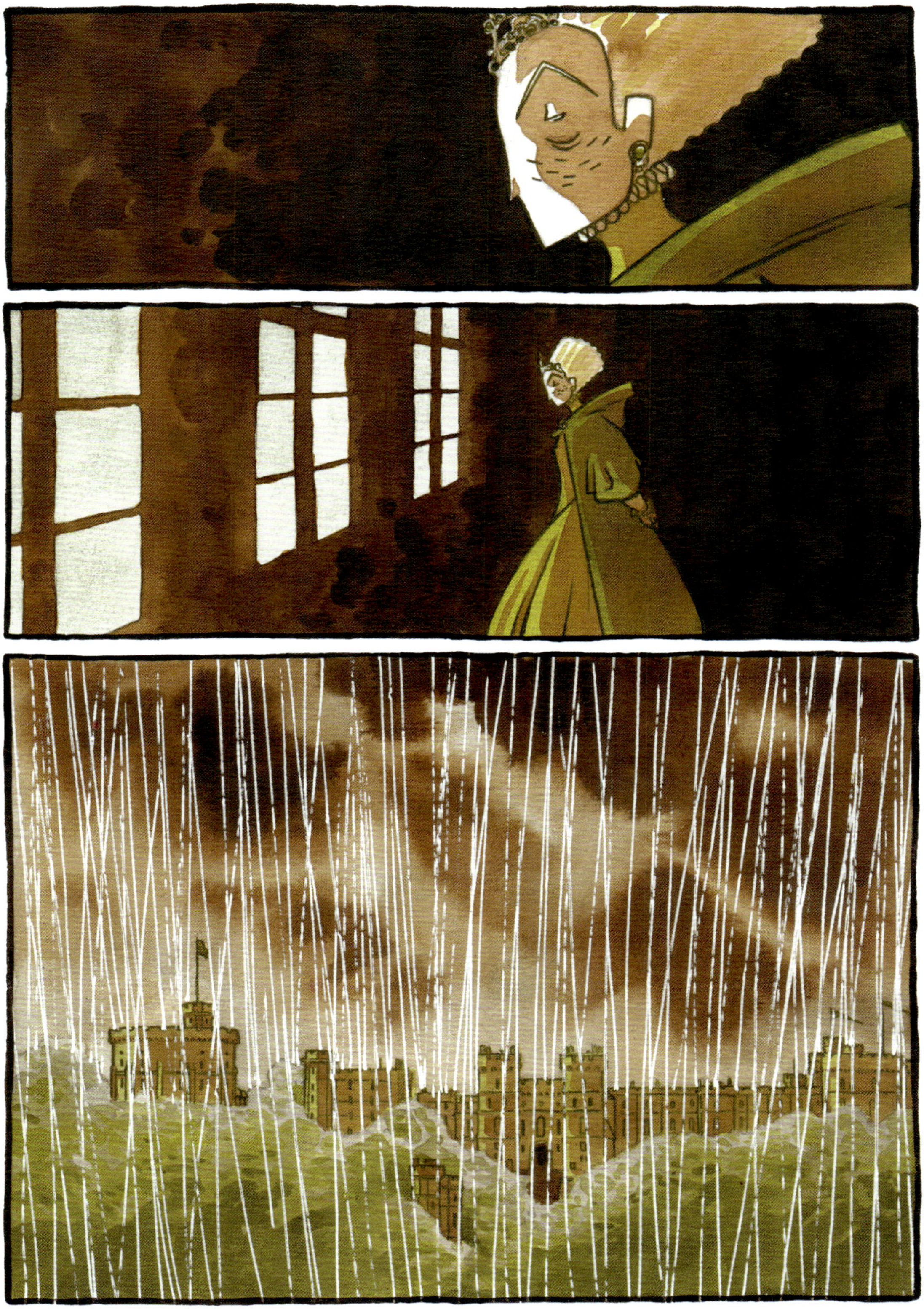

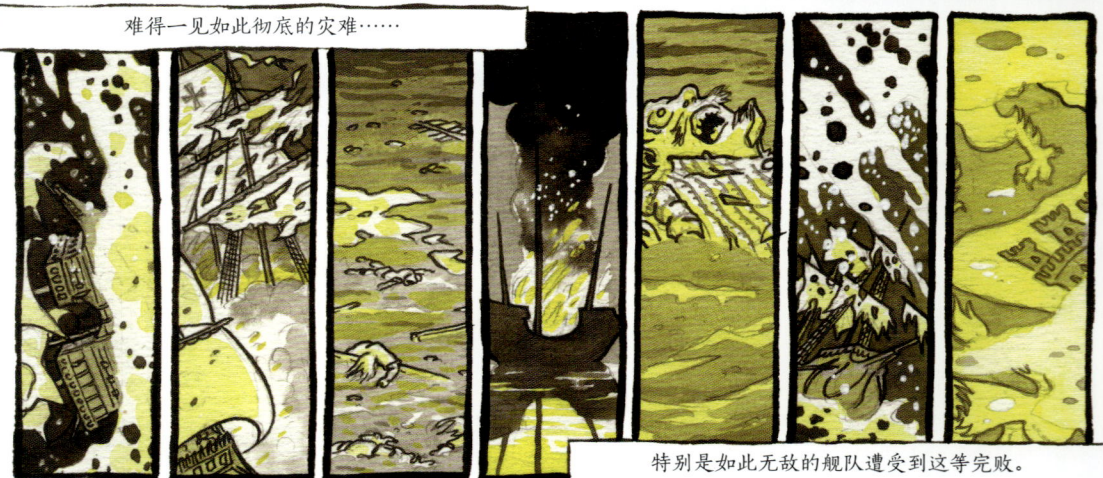

法国没有什么反应。

只是写了几封信。

但是一年后……

西班牙派出了无敌舰队,顶着风暴,穿越英吉利海来攻打我们。

难得一见如此彻底的灾难……

特别是如此无敌的舰队遭受到这等完败。

英格兰……

英格兰成为当时欧洲最强大的王国。

而英格兰女王的神话……

也达到了顶峰。

只是都被最后一个蠢货给败坏了……

埃塞克斯！

老家伙塞西尔两年后死了，那是 1590 年。

伊丽莎白身边出现了巨大的空白。

塞西尔的儿子、莱切斯特和我……

我们不能让一个花花公子骑到我们头上。

罗伯特·德弗罗，埃塞克斯伯爵！

呸！

弗朗西斯·培根，哲学家、政治学家兼宫廷顾问。

埃塞克斯因为战胜无敌舰队声名鹊起，

后来又从西班牙人手里夺取了加的斯①，

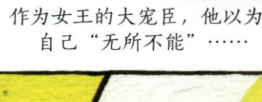

镇压了诺森伯兰叛乱。

两年后他又负责平定爱尔兰，

作为女王的大宠臣，他以为自己"无所不能"……

竟想同叛乱者直接谈判，这就铸成了大错！

哈！哈！把他牵扯进一场针对伊丽莎白的假谋反中，毁了他，简直是易如反掌……

这还是我们跟她学的呢！

① 加的斯（Cadiz），西班牙西南部的一座滨海城市。

伊丽莎白！

她最终使整个王国信奉了她的宗教……

她还开启了持续几个世纪之久的……

她征服了整个欧洲。连法国国王都诞生于宗教改革！

确立了君主立宪制度的雏形。

**英国殖民帝国时代。**

伊丽莎白统治时期也是艺术和文化的黄金时代！

她的统治却在一个方面遭遇惨败：

感情。

然而……

罗伯特·德弗罗，埃塞克斯伯爵！

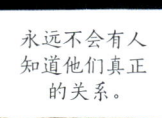

永远不会有人知道他们真正的关系。

这都无关紧要。

没有**任何**一个男人可以自认为有权触碰我们所有人的母亲。

埃塞克斯伯爵被处死了，陛下。

依照您的期望，也为了国家的利益，

2月25日星期四。

八点钟。

在伦敦塔。

斩首在今天早上被执行。

呃……

刽子手好像遇到了些困难……

他不得不砍了三次……

才让犯人身首异处。

哦……

还有……

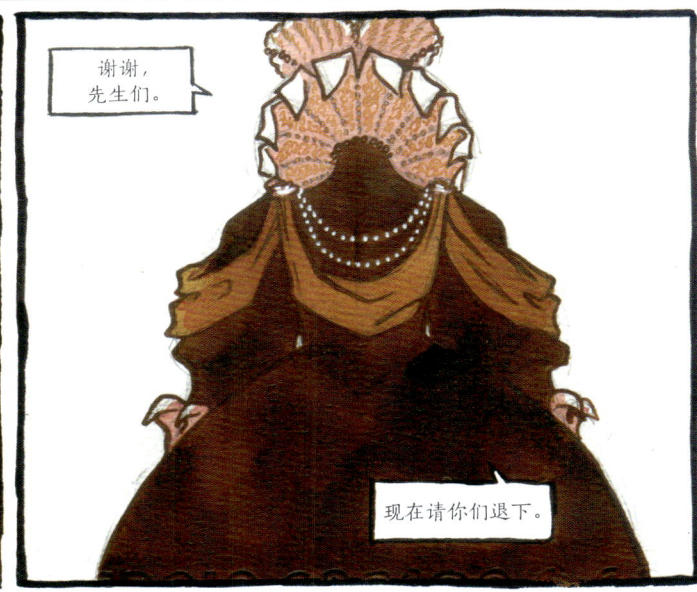

埃塞克斯伯爵在临死前对您有大不敬的言语。

话大概是这样的……

"如果女王愿意，这具躯体本可以为她更多地效力。"

谢谢，先生们。

现在请你们退下。

| | | | |
|---|---|---|---|
| 毫无疑问…… | 埃塞克斯的死…… | 她的王国的终结。 | 童贞女王，因爱而殇！ |
| 詹姆士六世，苏格兰国王及英格兰王位继承人。 | 也是她自己的终结。 | | 真讽刺！不是吗？ |
| 啊！啊！ | 伟大的伊丽莎白女王…… | 她的灵魂呢？ | 她的王国呢？ |
| 透——明——的！ | 变成透明的了！ | 一片虚无。 | 一片荒漠。 |
| 所有人！ | 他们来见我， | 来证明他们对我的敬爱！ | |
| 都离她而去。 | 都对我表示忠心！ | | 你们想听我说吗？ |
| 她希望自己死去…… | 她也不是唯一这么期盼的人。 | 只是时间太长了…… | |
| | | 上帝啊！ | 太漫长了…… |

直到 1603 年 3 月 24 日这值得庆幸的一天！

终于等到啦！

老女人死了！

哈哈！

我是国王啦！

这个蠢货一直拒绝生养孩子！

她让我成了她的继承人！

我，斯图亚特家族的人！苏格兰国王！

这是我母亲一直做不到的事！

我没有忘了她，我的母亲……

哈！哈！

玛丽！

她一直拒绝把她那可怜的苏格兰王位传给我！

去议会！

立刻，马上！

歹毒的老女人！

该死的弑君者完蛋了！

性冷淡的不孕者也完蛋了！

哈！哈！

男人又成为这个国家的君主。

詹姆士。

我。

苏格兰及英格兰联合王国的第一位国王。

陛下……

议会在等您。

您要对他们说什么呢?

女人的时代已经过去了。

我要对他们说什么?当然是最重要的事啦,我的朋友!

伊丽莎白的继承人?

他是个不折不扣的笨蛋。

相信我。

哈!哈!

威廉·莎士比亚,诗人及剧作家。

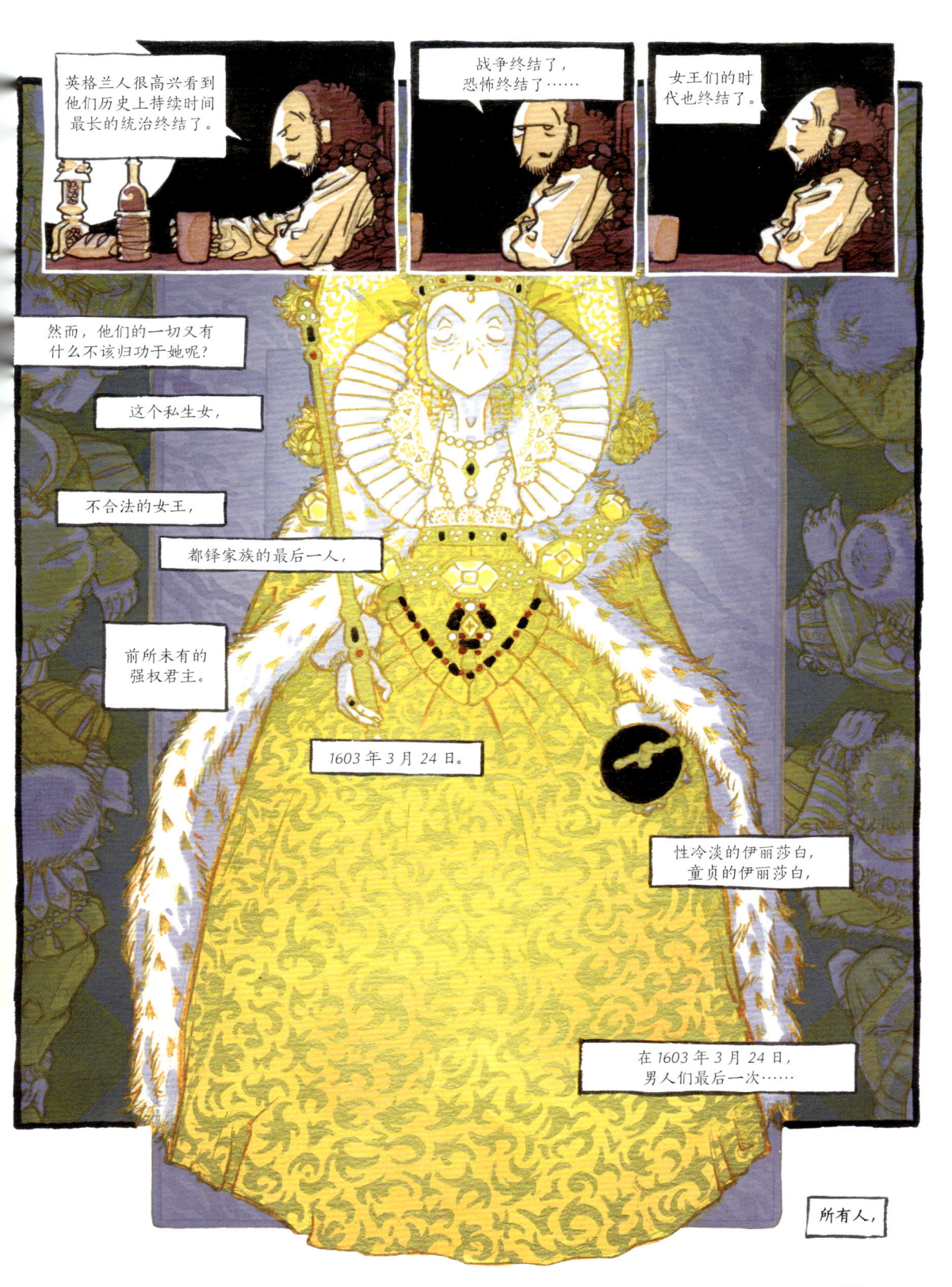

英格兰人很高兴看到他们历史上持续时间最长的统治终结了。

战争终结了，恐怖终结了……

女王们的时代也终结了。

然而，他们的一切又有什么不该归功于她呢？

这个私生女，

不合法的女王，

都铎家族的最后一人，

前所未有的强权君主。

1603年3月24日。

性冷淡的伊丽莎白，童贞的伊丽莎白，

在1603年3月24日，男人们最后一次……

所有人，

拜倒在她脚下。

## 图书在版编目（CIP）数据

蓟与玫瑰. 伊丽莎白·都铎 /（法）尼古拉·容克
(Nicolas Juncker) 著；谢昱译. — 广州：广东旅游
出版社，2020.11（2021.12 重印）

ISBN 978-7-5570-2329-4

Ⅰ. ①蓟… Ⅱ. ①尼… ②谢… Ⅲ. ①历史小说—法国—现代 Ⅳ. ① I565.45

中国版本图书馆 CIP 数据核字 (2020) 第 176220 号

Original Title : *La Vierge et la Putain - Coffret*
Authors: Nicolas Juncker
© 2015 Editions Glénat by Nicolas Juncker - All rights reserved
Simplified Chinese Edition arranged through Dakai Agency Limited
本书中文简体版权归属于银杏树下（北京）图书有限责任公司

著作权合同登记号：图字 19-2020-091

| | |
|---|---|
| 出 版 人：刘志松 | |
| 著　　者：[法] 尼古拉·容克 | 译　　者：谢昱 |
| 校　　对：后浪漫 | 选题策划：后浪出版公司 |
| 责任编辑：方银萍　蔡筠 | 出版统筹：吴兴元 |
| 责任校对：李瑞苑 | 特约编辑：蒋潇潇 |
| 责任技编：冼志良 | 营销推广：ONEBOOK |
| 装帧制造：墨白空间·何映晨 | |

## 蓟与玫瑰：伊丽莎白·都铎
## JI YU MEIGUI: YILISHABAI DUDUO

广东旅游出版社出版发行

（广州市荔湾区沙面北街71号）
邮编：510130
印刷：华睿林（天津）印刷有限公司
字数：22千字（全2册）
版次：2021年12月第1版第2次印刷

开本：720毫米×1000毫米　　16开
印张：13（全2册）
定价：138.00元（全2册）

读者服务：reader@hinabook.com 188-1142-1266
投稿服务：onebook@hinabook.com 133-6631-2326
直销服务：buy@hinabook.com 133-6657-3072
网上订购：https://hinabook.tmall.com/（天猫官方直营店）
常年法律顾问：北京大成律师事务所周天晖 copyright@hinabook.com
未经许可，不得以任何方式复制或抄袭本书部分或全部内容
版权所有，侵权必究

本书若有质量问题，请与本公司图书销售中心联系调换。电话：010-64010019

感谢"请来两大杯"的曼努埃尔,没有他就没有这部作品。
感谢鲍里斯和弗朗索瓦,感谢他们不知疲倦的帮助。
感谢我的家人。

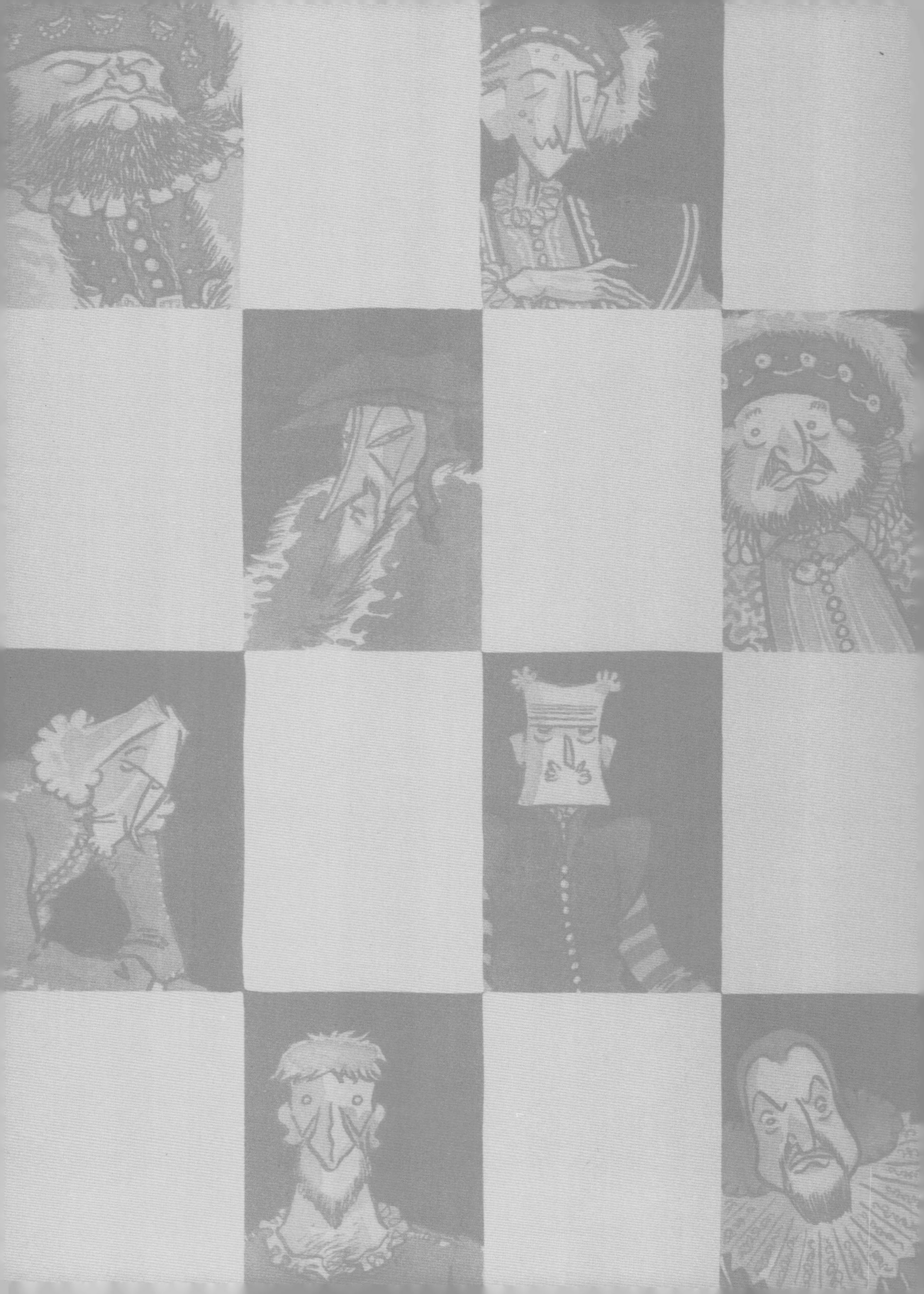

## 权威·前沿·原创

皮书系列为
"十二五""十三五""十四五"时期国家重点出版物出版专项规划项目

澜湄合作蓝皮书
BLUE BOOK OF THE LANCANG-MEKONG COOPERATION

# 澜沧江－湄公河合作发展报告（2022）
REPORT ON THE DEVELOPMENT OF THE LANCANG-MEKONG COOPERATION (2022)

主　编／卢光盛
副主编／邹春萌

社会科学文献出版社
SOCIAL SCIENCES ACADEMIC PRESS (CHINA)

图书在版编目(CIP)数据

澜沧江-湄公河合作发展报告.2022/卢光盛主编;邹春萌副主编.--北京:社会科学文献出版社,2023.3
(澜湄合作蓝皮书)
ISBN 978-7-5228-1467-4

Ⅰ.①澜… Ⅱ.①卢… ②邹… Ⅲ.①澜沧江-流域-国际合作-区域经济合作-研究报告-2022 ②湄公河-流域-国际合作-区域经济合作-研究报告-2022 Ⅳ.①F127.74 ②F125.533

中国国家版本馆 CIP 数据核字(2023)第 032081 号

澜湄合作蓝皮书
## 澜沧江-湄公河合作发展报告(2022)

主　　编/卢光盛
副　主　编/邹春萌

出　版　人/王利民
责任编辑/郭白歌
文稿编辑/林含笑
责任印制/王京美

出　　版/社会科学文献出版社·国别区域分社(010)59367078
　　　　　地址:北京市北三环中路甲29号院华龙大厦　邮编:100029
　　　　　网址:www.ssap.com.cn
发　　行/社会科学文献出版社(010)59367028
印　　装/天津千鹤文化传播有限公司
规　　格/开　本:787mm×1092mm　1/16
　　　　　印　张:16.25　字　数:242千字
版　　次/2023年3月第1版　2023年3月第1次印刷
书　　号/ISBN 978-7-5228-1467-4
定　　价/158.00元

读者服务电话:4008918866

版权所有 翻印必究

教育部国别区域研究（备案）中心
云南大学澜沧江-湄公河次区域研究中心

教育部-云南省省部共建协同创新中心
云南大学中国周边外交研究中心

云南大学国际关系研究院·区域国别研究院

# 澜沧江-湄公河合作蓝皮书
# 编委会

顾　　问　张蕴岭　庄国土　林文勋

主　　编　卢光盛

副 主 编　邹春萌

编　　委　(以姓氏笔画为序)
　　　　　卢光盛　毕世鸿　刘　稚　李晨阳　吴　磊
　　　　　邹春萌　罗圣荣　翟　崑

# 主编、副主编简介

**主　编**

**卢光盛**　云南大学国际关系研究院院长，云南大学周边外交研究中心首席专家，教授、博士生导师，中国东南亚研究会副秘书长。主要研究领域为东南亚国际关系、周边外交、澜湄合作。

**副主编**

**邹春萌**　云南大学国际关系研究院东南亚研究所所长，云南大学周边外交研究中心研究员、硕士生导师。主要研究领域为东南亚经济、东南亚国际关系、澜湄合作。

# 摘　要

　　同饮一江水，命运紧相连，澜沧江-湄公河合作（简称"澜湄合作"）是由流域六国于2016年创建的新型合作机制。新机制致力于打造更为紧密、互利合作的澜湄国家命运共同体，为该区域的合作与发展注入新的活力。2020年以来，在全球疫情和百年变局交织叠加的复杂背景下，澜湄国家认真落实澜湄合作第三次领导人会议、第五次外长会和第六次外长会共识，积极推进《澜沧江—湄公河合作五年行动计划（2018—2022）》，围绕政治安全、经济和可持续发展、社会人文三大支柱及互联互通、产能合作、跨境经济、水资源、农业和减贫五大优先领域的合作"全面开花"，推动澜湄合作持续保持高水平发展态势，为六国民众带来了实实在在的福祉。近两年，澜湄六国齐心抗疫情，合力谋发展，六国之间政治互信明显加强，经济合作保持良好发展态势，人文交流扎实推进，为进一步推进澜湄合作奠定了坚实的基础。当前，在疫情防控常态化的背景下，澜湄合作面临地区经济和社会发展的新挑战，同时也面临深化合作的新契机，为澜湄国家命运共同体构建增添新的战略内涵和新的合作路径。在新形势下，澜湄国家更应秉持合作共赢理念，在深化抗疫合作、共促疫后复苏的基础上，充分利用中老铁路通车、《区域全面经济伙伴关系协定》正式生效等有利条件，以强化国际陆海贸易新通道合作为重要抓手，全面推进基础设施互联互通，积极扩大相互贸易投资，不断完善区域产业链供应链，提升水资源合作水平，促进可持续发展，推动六国形成全方位、高质量、协同联动的发展格局，共同开启澜湄合作新的"金色5年"，加快构建面向和平与繁荣的澜湄

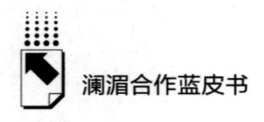

国家命运共同体。

**关键词：** 澜沧江-湄公河　澜湄合作　澜湄国家　经济合作

# Abstract

Created by the six countries in the Lancang-Mekong basin in 2016, the Lancang-Mekong Cooperation (LMC) is a new cooperation mechanism committed to building a closer and mutually beneficial community with a shared future, injecting new vitality into the cooperation and development of the region. Since 2020, against the backdrop of the COVID-19 pandemic and the major changes unseen, the Mekong countries have implemented the consensus reached during the 3rd LMC Leaders' Meeting, the 5th LMC Foreign Ministers' Meeting and the 6th LMC Foreign Ministers' Meeting, as well as the *Five-Year Plan of Action of the Lancang-Mekong Cooperation (2018 - 2022)*, which focuses on three cooperation pillars, namely (1) political and security issues, (2) economic and sustainable development, and (3) social, cultural and people-to-people exchanges, as well as five key priority areas, namely connectivity, production capacity, cross-border economic cooperation, water resources, agriculture and poverty reduction. Such efforts have maintained a high-level development, bringing real benefits to the people of the six countries. Over the past two years, the six Mekong countries have made concerted efforts to fight the pandemic for common development, significantly improved mutual political trust, maintained good economic cooperation and advanced people-to-people exchanges, laying a solid foundation for further progress of the LMC. At present, amidst the pandemic and normalization of epidemic control, the LMC is faced with new challenges in regional economic and social development, as well as new opportun-ities to deepen cooperation, which will bring new strategic significance and new cooperation paths for the building of the Lancang-Mekong community with a shared future. Under the new circumstances, the Mekong countries should uphold the notion of win-

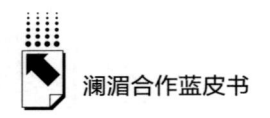

win partnership, deepen cooperation in the fight against the pandemic, promote post-epidemic recovery, give full play to favorable conditions such as the opening of the China-Lao railway and the official entry into force of the Regional Comprehensive Economic Partnership (RCEP), strengthen cooperation in building new international land-sea trade corridors, enhance regional infrastruc-ture connectivity, expand mutual trade and investment, continuously improve regional industrial chain, and step up water resource cooperation level for sustainable development, so as to shape an all-round, high-quality and synergistic development pattern among the six countries, jointly usher in another "Golden 5 Years" of the Lancang-Mekong Cooperation, and accelerate the building of a Lancang-Mekong community with a shared future of peace and prosperity.

**Keywords**: Lancang-Mekong River; Lancang-Mekong Cooperation (LMC); Lancang-Mekong Countries; Economic Cooperation

# 目 录

## Ⅰ 总报告

**B.1** 澜湄合作的新进展与发展趋势（2020~2022）
　　　　　　　　　　　　　　　　　　　　　卢光盛　金　珍 / 001

## Ⅱ 专题篇

**B.2** 澜湄地区合作机制及深化区域治理的思考……徐秀良　刘　稚 / 023
**B.3** 《澜沧江—湄公河合作五年行动计划（2018—2022）》的
　　　回顾和展望……………………………………卢光盛　田家嫚 / 040
**B.4** 湄公河国家中资企业发展现状与前景
　　　……………………………………张偲艺　于　婷　孔建勋 / 061
**B.5** 澜湄合作视域下的日本—泰国互联互通的现状与特点
　　　…………………………………………………安祎凡　罗圣荣 / 078
**B.6** 疫苗援助与澜湄区域卫生合作………………………张　蕾 / 096

## Ⅲ 国别合作篇

**B.7** 2020~2021年中国对澜沧江-湄公河合作的参与　……陈松涛 / 110

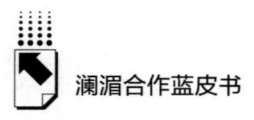

**B.8** 2020~2021年柬埔寨形势及其对澜沧江-湄公河合作的参与
　　…………………………………………………… 李　涛　李　雪 / 128

**B.9** 2020~2021年老挝形势及对澜沧江-湄公河合作的参与
　　…………………………………………………… 方　芸　何秀云 / 151

**B.10** 2020~2021年缅甸形势及其对澜沧江-湄公河合作的参与
　　…………………………………………………… 张　添　孟姿君 / 173

**B.11** 2020~2021年泰国政治经济形势及对澜沧江-湄公河合作的参与
　　………………………………………… 邹春萌　唐志捷　封雪梅 / 193

**B.12** 2020~2021年越南形势及其对澜沧江-湄公河合作的参与
　　………………………………………… 毕世鸿　李　根　李灵晟 / 214

皮书数据库阅读 **使用指南**

# CONTENTS

## I General Report

**B**.1 New Progress and Development Trend of the Lancang-Mekong Cooperation(2020-2022) *Lu Guangsheng, Jin Zhen* / 001

## II Special Topics

**B**.2 Thoughts on Lancang-Mekong Regional Cooperation Mechanisms and Deepening of Regional Governance *Xu Xiuliang, Liu Zhi* / 023

**B**.3 Review and Prospect of the Lancang-Mekong Cooperation Five-year Plan (2018-2022) *Lu Guangsheng, Tian Jiaman* / 040

**B**.4 Status and Prospect of Chinese Enterprises in Mekong Countries *Zhang Siyi, Yu Ting and Kong Jianxun* / 061

**B**.5 Status and Characteristics of Japan-Thailand Connectivity within the Lancang-Mekong Cooperation Framework *An Yifan, Luo Shengrong* / 078

**B**.6 Vaccine Aid and Lancang-Mekong Health Cooperation *Zhang Lei* / 096

# Ⅲ  Countries and the LMC

**B**.7　China's Engagement in the LMC during 2020-2021　　*Chen Songtao* / 110

**B**.8　Cambodia and Its Engagement in the LMC during 2020-2021

*Li Tao, Li Xue* / 128

**B**.9　Laos and Its Engagement in the LMC during 2020-2021

*Fang Yun, He Xiuyun* / 151

**B**.10　Myanmar and Its Engagement in the LMC during 2020-2021

*Zhang Tian, Meng Zijun* / 173

**B**.11　Thailand and Its Engagement in the LMC during 2020-2021

*Zou Chunmeng, Tang Zhijie and Feng Xuemei* / 193

**B**.12　Vietnam and Its Engagement in the LMC during 2020-2021

*Bi Shihong, Li Gen and Li Lingsheng* / 214

# 总报告
General Report

## B.1 澜湄合作的新进展与发展趋势（2020~2022）*

卢光盛　金　珍**

**摘　要：** 2020年以来，在全球疫情和百年变局交织叠加的复杂背景下，澜湄六国齐心抗疫情，合力谋发展。澜湄国家政治安全合作稳步推进，经济和可持续发展不断深化，社会人文交流日益密切，为促进各国经济复苏和区域繁荣奠定坚实基础。在疫情防控常态化的新形势下，澜湄合作面临地区经济和社会发展的新挑战，同时也面临深化合作的新契机。澜湄国家应同舟共济，共克时艰，在深化抗疫合作、共促疫后复苏的基础上，以深化澜湄合作与"国际陆海贸易新通道"对接合作为重要抓手，加快地区互联互通建设，促进相互贸易和投资，推动六国形成全方位、高质量、

---

\* 本报告为2021年国家社科基金一般项目"美国对湄公河水资源问题的干预及中国的应对研究"（批准号：21BGJ022）的阶段性成果。
\*\* 卢光盛，云南大学周边外交研究中心教授、博士生导师；金珍，博士，云南师范大学马克思主义学院副教授。

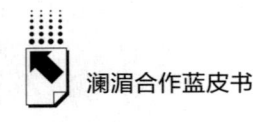

协同联动的发展格局,加快构建面向和平与繁荣的澜湄国家命运共同体。

**关键词:** 澜湄合作  新冠肺炎疫情  周边命运共同体

同饮一江水,命运紧相连,澜沧江-湄公河合作(简称"澜湄合作")于2016年正式启动,是中国与柬埔寨、老挝、缅甸、泰国、越南共同发起和建设的新型次区域合作机制。2020年以来,在新冠肺炎疫情起伏反复、世界经济艰难复苏的背景下,澜湄国家携手开展抗疫合作,共同促进经济发展,丰富发展人文交流,推动澜湄合作取得丰硕成果,为地区民众带来了实实在在的福祉。在新的发展形势下,澜湄国家应秉持互利共赢的理念,共同应对新挑战,持续拓展合作新领域,积极构建区域合作新格局,共同开启澜湄合作新的"金色5年"。

## 一 澜湄合作的新进展

2020年以来,澜湄国家认真落实澜湄合作第三次领导人会议、第五次外长会和第六次外长会共识,稳步实施《澜沧江—湄公河合作五年行动计划(2018—2022)》,聚焦"政治安全、经济和可持续发展、社会人文"三大支柱,围绕"互联互通、产能合作、跨境经济、水资源、农业和减贫"五大优先领域展开合作,均取得突出进展和丰硕成果。2020年初新冠肺炎疫情突袭而至,面对这一危难时刻,澜湄六国患难与共、守望相助,为澜湄国家命运共同体建设增添新内涵和新路径。

### (一)三大支柱领域稳步推进

**1. 政治安全领域紧密合作**

澜湄六国高层往来密切,政治互信不断增强,共同引领和推动澜湄合作的发展。2020年2月20日，澜湄合作第五次外长会在老挝万象举行，为年内举办第三次领导人会议做好认真筹划和准备，会议通过了《澜湄合作第五次外长会联合新闻公报》。[1] 2020年8月24日，澜湄合作第三次领导人会议通过视频举行，会议主题为"加强伙伴关系，实现共同繁荣"。六国领导人共同回顾合作进展，规划未来发展，为本地区疫后复苏和发展繁荣提供了新动力，向国际社会发出了澜湄六国团结合作、共谋发展的积极信号。会议发表了《澜沧江—湄公河合作第三次领导人会议万象宣言》，以及《关于澜湄合作与"国际陆海贸易新通道"对接合作的共同主席声明》。[2] 2021年6月8日，澜湄合作第六次外长会在重庆举行。会议以"团结战胜疫情，共促疫后发展"为主题，总结了5年来的有益经验，规划了下一阶段合作重点。此次会议通过了《关于在澜沧江-湄公河合作框架下深化传统医药合作的联合声明》、《关于加强澜沧江-湄公河国家可持续发展合作的联合声明》和《关于深化澜沧江-湄公河国家地方合作的倡议》等重要文件。[3]

澜湄国家领导人、政府和政党往来频繁，政治互信不断增强。2020年1月17日至18日，中国国家主席习近平对缅甸进行国事访问。此次访问恰逢中缅建交70周年，双方签署29项各领域合作文件，达成构建中缅命运共同体等共识，推动中缅关系不断迈上新台阶。[4] 中柬、中老、中缅命运共同体建设相继提出并且持续走深走实，进一步夯实了"澜湄国家命运共同体"的发展基础。2021年，中国国家主席习近平主要通过视频会晤、互致信函和通话等多种方式，与湄公河各国的领导人保持密切沟通，增进交流与合作。1月21日，中国国家主席习近平应约同老挝人民革命党中央总书记通伦通电话，

---

[1] 《澜沧江-湄公河合作第五次外长会在万象举行》，澜沧江-湄公河合作网站，2020年2月21日，http://www.lmcchina.org/2020-02/21/content_41447088.htm。
[2] 《李克强出席澜沧江—湄公河合作第三次领导人会议》，澜沧江-湄公河合作网站，2020年8月25日，http://www.lmcchina.org/2020-08/25/content_41447180.htm。
[3] 《开启澜湄合作新的"金色5年"——澜沧江-湄公河合作外长会在重庆举行》，澜沧江-湄公河合作网站，2021年6月9日，http://www.lmcchina.org/2021-06/09/content_41587185.htm。
[4] 《习近平主席对缅甸进行国事访问引领中缅胞波情谊迈入新时代》，中国政府网，2020年1月19日，http://www.gov.cn/xinwen/2020-01/19/content_5470855.htm。

共同宣布启动中老友好年；4月25日，双方就中老建交60周年互致贺电；6月28日，向柬埔寨人民党主席洪森致贺信，祝贺柬埔寨人民党成立70周年；9月24日，同越共中央总书记阮富仲通电话，深化两国战略互信、巩固传统友谊。2021年是中国共产党成立100周年，湄公河国家纷纷来电来函，祝贺中国共产党百年华诞，高度评价中国共产党百年成就与贡献。澜湄国家地缘相近、人缘相亲、文缘相通，彼此间深入开展治国理政经验交流，加强互学互鉴，有助于不断优化各自发展道路，也为地区繁荣与发展做出了新贡献。

在非传统安全合作方面，澜湄六国开展了广泛而深入的合作。面对疫情，澜湄国家秉持团结合作精神，守望相助，树立了国际抗疫合作的标杆。六国还携手应对洪旱灾害、气候变化、跨国犯罪等挑战，有力维护了地区安宁与稳定。2021年8月26日，"澜湄国家加强多灾种和灾害链早期预警技术研讨会"在北京举办，重点围绕澜湄地区多灾种监测预警政策、技术及区域合作机制等议题交流信息、分享经验。2021年6月3日，中柬两国执法合作年工作总结会成功召开。会议回顾总结了中柬执法合作年开启两年来取得的重大成效。9月28日，双方共同签署了继续推进中柬执法合作行动工作计划，中柬两国将继续深化执法领域合作，聚焦重大案件，联合打击恶性暴力犯罪、跨境网络赌博、电信网络诈骗、跨国贩毒和组织偷渡等违法犯罪活动。① 12月10日，第112次中老缅泰湄公河联合巡逻执法行动启动。2011年12月10日，首次联合巡逻执法行动启动，标志着湄公河流域执法安全合作正式开启。在长达10年的合作中，中老缅泰四国执法部门不断拓展联巡执法合作领域，先后建立了全线巡逻、分段巡逻、船艇驻训、水陆联合查缉、联合扫毒、联合打击跨境犯罪等一系列机制，全面加强各方执法队伍建设，建成了一支集水陆查缉、水上救援、应急处突、情报交流、案件协作等为一体的快速反应处置力量。② 四国以中老缅泰湄公河联合巡逻执法行

---

① 《2021年中柬关系十大新闻》，澜沧江-湄公河合作网站，2022年1月2日，http://www.lmcchina.org/2022-01/02/content_41848464.htm。
② 《第112次中老缅泰湄公河联合巡逻执法行动启动》，中国政府网，2021年12月10日，http://www.gov.cn/xinwen/2021-12/10/content_5659824.htm。

动十周年为新起点,密切配合,共同打击各类违法犯罪活动,全力保障"黄金水道"的安全畅通。

**2.经济和可持续发展领域亮点纷呈**

澜湄国家聚焦务实合作,携手克服重重困难,不断将经济互补性转化为发展互助力,在更大范围、更宽领域、更深层次上不断深化经贸合作。在贸易合作方面,澜湄六国实现了逆势增长。2020年,中国与湄公河五国贸易额达3229亿美元。其中,农产品贸易额达240亿美元,双双实现了约12%的同比增长。① 2021年,中国与湄公河国家贸易额继续稳步提升,达3980亿美元,同比增长23%。农产品贸易额约为282亿美元,同比增长18.6%。② 值得关注的是,2021年中柬双边贸易额约为111.44亿美元,同比增长37.28%。仅2021年前10个月,双边贸易额已经达到109.8亿美元,已提前实现中柬领导人制定的2023年贸易额突破100亿美元的目标。③

在投资合作方面,中国企业在湄公河地区的投资金额屡创新高,推动农业、纺织、电子产业园区等合作不断深化,成为中国与湄公河国家经贸关系的新支柱,开创了经济增长新局面。中国贷款支持的老挝万象环网输变电项目、柬埔寨暹粒新国际机场等重大基建项目稳步推进,有力推动了澜湄国家经济发展和区域互联互通。中国与湄公河国家加快建设"快捷通道"和"绿色通道"网络,货运航班由2019年的每周49班大幅增加至2021年的每周289班,有效提升了六国航空货运能力,稳定了区域产业链供应链。④ 中国举办了面向湄公河国家的经贸投资促进活动,推进"澜湄云计算创新中心示范项目",在云通信、电子政务信息化、中小企业数字化等领域开展广泛合作,有力促进了地区产业升

---

① 《王毅谈疫情背景下澜湄合作新进展》,中国新闻网,2021年6月9日,https://www.chinanews.com.cn/gn/2021/06-09/9495546.shtml。
② 《中国参与澜湄及湄公河次区域合作2021年十大新闻》,云南日报网,2022年2月9日,https://yndaily.yunnan.cn/content/202202/09/content_51169.html。
③ 《2021年柬中贸易额超111亿美元》,澜沧江-湄公河合作网站,2022年2月1日,http://www.lmcchina.org/2022-02/01/content_41870165.htm。
④ 《王毅谈疫情背景下澜湄合作新进展》,中国新闻网,2021年6月9日,https://www.chinanews.com.cn/gn/2021/06-09/9495546.shtml。

级。积极实施"丰收澜湄"项目集群，中国超过300家农业企业赴湄公河国家投资兴业，扩大进口大米、肉牛、水果等优质农产品。

在可持续发展合作方面，六国积极实施《澜沧江—湄公河环境合作战略（2018—2022）》，落实和推进"绿色澜湄计划"，助力澜湄区域落实联合国2030可持续发展议程。"绿色、低碳与可持续基础设施知识共享平台""促进可持续生计的生态系统管理改善试点"等项目顺利启动。"柬埔寨低碳示范区"项目稳步推进，该项目是第一个落地的中柬合作建设低碳示范区，也是"绿色澜湄计划"旗舰项目之一。2020年12月21日，示范区建设项目首批物资交付仪式在柬埔寨举行，中方向柬方提供了太阳能路灯、光伏发电系统和电动摩托车等设备。根据双方环境部门签订的谅解备忘录，中方还将为柬方提供能力建设培训，共同编制低碳示范区建设方案，帮助柬方提高应对气候变化能力，保护澜湄流域的绿水青山。[①] 2020年12月，"中老大气环境自动监测示范项目"监测设备顺利抵达老挝万象，安放在老挝国家会议中心。中方还向老方提供设备并开展人员业务培训，提高老挝的大气监测能力和管理水平，改善城市大气环境质量。[②] 2021年6月，澜湄合作第六次外长会发表了《关于加强澜沧江—湄公河国家可持续发展合作的联合声明》，强调六国应加强水资源、生态环境等领域的合作，共同打造环境友好和创新驱动的经济增长模式。[③] 同年10月，中国科学院与柬埔寨相关部门签署中柬环境联合实验室仪器捐赠协议，双方将加强合作推进联合实验室建设，共同提升柬埔寨环境监测能力和检测能力。[④] 绿色发展、循环发展、低碳发展将帮助澜湄流域成为生态保护高地和具有重要国际影响力的旅游目

---

① 《2020年度澜湄合作十大新闻》，澜沧江－湄公河合作网站，2021年2月11日，http://www.lmcchina.org/2021-02/11/content_41470958.htm。
② 《2020年度澜湄合作十大新闻》，澜沧江－湄公河合作网站，2021年2月11日，http://www.lmcchina.org/2021-02/11/content_41470958.htm。
③ 《关于加强澜沧江－湄公河国家可持续发展合作的联合声明（全文）》，澜沧江－湄公河合作网站，2021年6月9日，http://www.lmcchina.org/2021-06/09/content_41587337.htm。
④ 《中柬环境联合实验室仪器捐赠签约仪式在京举行》，中国科学院生态环境研究中心网站，2021年10月27日，http://www.rcees.cas.cn/gjjl/hzjy/202110/t20211027_6230277.html。

的地。

**3. 社会人文交流领域丰富多彩**

澜湄国家人文相通，有着深厚的传统友谊。在新冠肺炎疫情的严峻考验之下，澜湄国家不断创新交流方式，构筑起民心相通的新纽带。2020年六国通过举办"澜湄电视周"，组织澜湄国家媒体赴青海、西藏、云南等澜沧江沿线省份采访等活动，提升澜湄合作认知度。11月，"澜湄合作媒体云峰会"成功举行。澜湄六国有关部门、主流媒体及经济、卫生健康领域代表围绕"合作抗疫，振兴经济"主题研讨交流、共叙情谊，为共同抗击疫情与促进经济复苏注入信心、汇聚力量。12月，"澜湄旅游城市合作联盟交流活动"在江苏南京成功举办，六国探讨建立澜湄旅游城市合作联盟，以及制定澜湄国家中长期旅游发展愿景的可能性，进一步加强澜湄国家间旅游合作，为深化疫后旅游合作做好准备，共同构建更强大、更可持续、更具韧性的旅游经济体系。

2021年正值澜湄合作启动5周年，澜湄六国中央部委、地方政府共同举办了合作论坛、影视展播、青年创新创业大赛等形式多样的庆祝活动。6月，"2021澜湄合作国际海报设计大赛"顺利启动，吸引各国优秀设计师争相参赛。10月，"澜湄旅游城市合作联盟大会暨澜湄市长文化旅游论坛"在重庆成功举办，各方共商疫后区域文化和旅游业复苏振兴举措。"同饮一江水共话澜湄情"2021澜湄万里行中外媒体大型采访活动在青海西宁正式启动，生动展现了澜沧江上游生态保护情况和脱贫攻坚成就，促进流域国家文化交流融合。11月，"澜湄国家历史文化名城对话会"聚焦六国历史文化名城的悠久传统和发展现状，凝聚合作共识，共谋发展前景。12月，"2021年澜湄电视周"在云南昆明举办，展播六国优秀广播电视作品，弘扬"平等相待、真诚互助、亲如一家"的澜湄文化。"澜湄书香"公益活动在柬埔寨、泰国设立"澜湄书屋"，捐赠图书拓展学生国际视野，搭建文化与教育的桥梁。

澜湄国家地方省市山水相连、人文相亲，具有良好的合作基础。2021年6月发布的《关于深化澜沧江—湄公河国家地方合作的倡议》，明确了澜湄国家地方政府开展友好交流与互利合作的主要内容。① 12月，首届澜沧江-湄公河地方政府合作论坛在广西北海成功举行。此次论坛发表《澜沧江—湄公河地方政府合作论坛主席声明》，表示将促进论坛机制化建设，吸引六国更多地方政府参与，打造面向澜湄地区的地方政府合作新平台。云南、广西、浙江、江苏、上海、贵州等省（自治区、直辖市）面向湄公河国家，相继推出"藤球中国公开赛""澜湄浙江果业活动周""江苏澜湄日""青年交流校地合作论坛"等丰富多彩的合作项目，重庆市加快建设"澜湄合作乡村振兴研究中心"。② 澜湄合作充分调动六国各部门、各地方、各行业积极参与，全区域覆盖、多主体参与、多层面互动的立体合作平台日趋完善。

### （二）澜湄合作五大优先领域成果丰硕

尽管受到新冠肺炎疫情的冲击和影响，澜湄国家仍然在多个领域稳步推进合作，取得了丰硕的成果。尤其是在澜湄合作的五大优先领域，合作韧性进一步显现，合作潜力进一步释放，呈现深入发展的良好态势。

**1. 互联互通合作纵深推进**

澜湄合作自启动伊始就将互联互通作为优先领域，致力于推进重点基础设施项目建设，打造澜湄地区公路、铁路、水路、港口、航空互联互通网络。中国通过各专项贷款和援外优惠贷款等举措，支持湄公河国家开展了40多个重大项目。2020年，澜湄合作框架下重大基建项目逐步复工复产，柬埔寨金边至西哈努克港高速公路、老挝万象至万荣高速公路等项目有序推进，助力地区国家经济复苏。柬埔寨政府批准暹粒新国际机场最终版总规划，一座现代化的新机场将为柬埔寨带来更多发展机会。10月，中泰举行铁路合作项目一期线上工程合同签约仪式。该合同项目主要包括建设曼谷—呵叻段轨道，机车车辆的采购、安装和调试以及相关的培训工作。12月20

---

① 《关于深化澜沧江—湄公河国家地方合作的倡议（全文）》，中国政府网，2021年6月9日，http://www.gov.cn/xinwen/2021-06/09/content_ 5616338.htm。
② 《中国参与澜湄及湄公河次区域合作2021年度十大新闻》，中国网，2022年1月27日，http://news.china.com.cn/2022-01/27/content_ 78015472.htm。

日,老挝万象至万荣高速公路提前建成通车,这是老挝的第一条高速公路,由中老共同投资建设,为老挝经济社会发展提供了重要支撑。[①]

2021年,在澜湄国家的共同努力下,一批基础设施项目建设相继取得突破,为促进地区互联互通、深化融合发展提供了重要支撑。中老国际物流通道货运往返班车正式开行,中国重庆至老挝万象跨境公路班车直通车正式开通,进一步提升了次区域互联互通水平。12月3日,连接中国昆明和老挝首都万象的中老铁路全线开通运营,全长1035公里。[②] 中老铁路的开通将为加快建成中老经济走廊、构建中老命运共同体提供重要推动力,也将有助于老挝实现从"陆锁国"到"陆联国"的愿景,对提升老挝经济社会发展和人民生活水平,以及促进澜湄地区的互联互通有着积极推动作用。12月6日,中企承建的援柬埔寨11号国家公路改扩建工程项目全线通车。此外,中缅合作的缅甸曼德勒—皎漂铁路项目可行性研究谅解备忘录签署仪式举行,中国援缅甸列车车厢项目顺利交付。中企承建的越南首条城市轻轨河内轻轨二号线投入运行。中泰铁路第一施工段完工,中企承建的素万那普机场新候机楼竣工,助力泰国东部经济走廊建设,为当地带来了巨大的经济和社会效益。

**2. 产能合作提质升级**

澜湄六国都处在工业化和城镇化的关键阶段,具有先天的合作优势、牢固的合作基础、强烈的合作愿望和巨大的合作潜力。六国大力推动产能合作提质增效升级,努力把经济互补性转化为发展互助力。2020年12月,澜湄"多国多园"合作交流对接会成功举办,澜湄六国有关政府部门、产能合作各国执行机构、重点园区、金融机构和企业代表以线上线下结合的方式与会。各方代表以优化产能合作布局、推动产业链供应链价值链融合发展为重点,分享发展经验,对接合作需求,探讨澜湄"多国多园"合作模式和路径,研拟相关政策支持、金融支撑与保障措施,一致同意努力扩大澜湄国家

---

① 《中老高速公路万象至万荣段正式通车》,《人民日报》2020年12月21日,第3版。
② 《习近平同老挝人民革命党中央总书记、国家主席通伦共同出席中老铁路通车仪式》,中国新闻网,2021年12月3日,http://www.chinanews.com.cn/gn/2021/12-03/9621834.shtml。

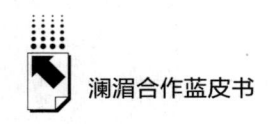

产业联通范围，把"多国多园"合作打造成澜湄产能合作亮点。①

在电力合作领域，中老两国加快开展互利共赢合作。2020年9月，中国南方电网公司和老挝国家电力公司共同出资，顺利组建老挝国家输电网公司。这是落实《澜沧江—湄公河合作第三次领导人会议万象宣言》（以下简称《万象宣言》）的重要成果，也是两国在输电网领域开展互利合作的积极举措。老挝国家输电网公司将借助中国南方电网公司的资金、技术及运营经验，加快建设老挝电网及与周边国家的跨境联网项目，打造"东南亚清洁能源蓄电池"。② 2021年9月，由中国电力建设集团有限公司投资建设的老挝南欧江七级水电站机组并网发电，标志着南欧江水电站实现了全流域投产发电。③ 该项目是老挝具有战略性质的电力工业发展项目，也是大型清洁能源项目，老挝通过其成功实现生态效益、社会效益和经济效益的统一，有力地推进了老挝工业化、现代化进程。

随着数字经济在地区合作中的重要性不断提升，澜湄六国加强在数字基础设施、电子商务、数字技术研发等重点领域的合作，携手推广数字化应用，积极促进经济复苏。2021年3月，中国电商阿里巴巴与越南工贸部贸易促进局签署深化合作关系的谅解备忘录，双方主要利用电子商务进行出口、发展越南商标、提高电子商务能力等措施帮助越南中小企业生存和发展。④ 9月，"澜湄国家产能合作能力建设——数字电商合作培训班"顺利举办，主要进行了澜湄国家数字经济发展情况和政策分享、行业分析与合规

---

① 《澜湄"多国多园"合作交流对接会暨境内外园区互动发展推介会成功举行》，澜沧江-湄公河合作网站，2021年1月6日，http：//www.lmcchina.org/2021-01/06/content_ 41465960.htm。
② 《中老双方签署协议共建老挝输电网》，人民网，2020年9月3日，http：//yn.people.com.cn/news/yunnan/n2/2020/0903/c361579-34270294.html。
③ 《中企开发老挝南欧江流域梯级水电站投产发电》，新华网，2021年9月29日，http：//www.news.cn/silkroad/2021-09/29/c_ 1127917857.htm。
④ 《中国电商助力越南中小企业发展》，人民网，2021年3月16日，http：//world.people.com.cn/n1/2021/0316/c1002-32053028.html。

解读、案例分享和数字信息平台建设经验分享等系统培训。① 相关活动有利于推进澜湄国家产能与投资合作，推动区域数字化转型升级，促进区域协同发展，形成互利共赢的发展格局。

3.跨境经济合作成效显著

澜湄合作致力于深化澜湄国家间跨境经济和发展合作，促进区域开放融合发展。2020年8月，《关于澜湄合作与"国际陆海贸易新通道"对接合作的共同主席声明》明确提出，澜湄合作与"国际陆海贸易新通道"建设的共同重点领域对于提升地区经贸投资合作水平具有重要性，对于建设强韧、包容、可持续发展和有竞争力的次区域经济具有重要意义。② 六国正在积极提供必要的政策和各类资源支持，加快澜湄合作与"国际陆海贸易新通道"建设开展对接。

在过去的两年里，澜湄国家积极落实《中华人民共和国与东南亚国家联盟关于修订〈中国—东盟全面经济合作框架协议〉及项下部分协议的议定书》，加速核准《区域全面经济伙伴关系协定》。2020年10月，中国与柬埔寨签署《中华人民共和国政府和柬埔寨王国政府自由贸易协定》，该协定于2022年1月1日正式生效。③ 同日，《区域全面经济伙伴关系协定》生效实施，澜湄合作迎来市场开放的新机遇，也充分体现了澜湄国家坚定维护多边主义和自由贸易、构建地区经济一体化的决心与信心，其必将推动地区乃至全球经济复苏与繁荣发展。

2021年11月19日，中老签署《关于建立中老经济走廊合作联合委员会的谅解备忘录》和《关于确认并共同推动产能与投资合作第三轮重点项目的协议》，双方将依托中老铁路，促进中老经济走廊建设。2021年12月14日，缅甸中央银行宣布缅甸允许在中缅边境地区使用人民币和缅元直接进行边境

---

① 《澜湄国家产能合作能力建设——数字电商合作培训班顺利举办》，澜沧江-湄公河合作网站，2021年9月15日，http://www.lmcchina.org/2021-09/15/content_41675401.htm。
② 《关于澜湄合作与"国际陆海贸易新通道"对接合作的共同主席声明》，澜沧江-湄公河合作网站，2020年8月25日，http://www.lmcchina.org/2020-08/25/content_41447222.htm。
③ 《中国—柬埔寨自由贸易协定正式生效》，人民网，2022年1月5日，http://finance.people.com.cn/n1/2022/0105/c1004-32324778.html。

贸易结算。中缅畹町口岸芒满通道正式恢复进出口货物通关。2021年9月30日，首趟采用铁路快速通关模式的中越班列发运，进一步提升了陆海贸易新通道班列转运效能。在新冠肺炎疫情背景下，中国与老挝、柬埔寨、缅甸等国家建立起人员往来的"快捷通道"和物资流通"绿色通道"。目前，中国在湄公河国家投资建设的中越龙江工业园、中老万象赛色塔综合开发区、中柬西哈努克港经济特区、中泰罗勇工业园等成为澜湄跨境经济合作的示范项目，各园区产值在疫情冲击之下仍保持了稳定增长，成为投资兴业的成功范例，为稳定地区产业链供应链、推动地区经济复苏注入强劲动力。

### 4. 水资源合作提升新高度

澜湄合作因水而生，因水而兴，水资源合作直接关系到流域各国国计民生。六国秉持科学精神，不断提升流域治理能力，促进水资源合理和可持续利用。作为上游国家，中国充分发挥澜沧江水利工程调丰补枯作用，积极保障合理下泄流量，2020年初为湄公河国家再次提供应急补水。[①] 为提升流域各国应对洪旱灾害能力，2020年9月和10月，中国水利部分别与湄公河五国和湄公河委员会签署相关备忘录与协议，并从11月1日起开始提供澜沧江允景洪和曼安水文站的全年水文信息，助力下游国家水情预报和减灾行动。湄公河国家高度赞赏中方举措，同意进一步密切上下游合作，携手应对流域洪旱灾害和极端气候挑战。[②] 11月30日，澜湄六国在北京共同启动澜湄水资源合作信息共享平台网站，进一步加强在水资源数据、信息、知识、经验和技术方面的共享，对促进流域水资源安全和各国经济社会可持续发展具有重要意义。[③] 中国还同湄公河国家积极开展绿色水电、农村供水、大坝安全、水利人才交流培训等合作，2020年在老挝建设完成22个农村供水示范工程项目。[④]

---

① 《王毅谈疫情背景下澜湄合作新进展》，澜沧江-湄公河合作网站，2021年6月8日，http://www.lmcchina.org/2021-06/08/content_41587181.htm。
② 《水利部正式向湄公河国家提供澜沧江全年水文信息》，中国水利部网站，2020年11月1日，http://www.mwr.gov.cn/xw/slyw/202011/t20201101_1461675.html。
③ 《澜湄水资源合作信息共享平台网站开通》，《人民日报》2020年12月1日，第17版。
④ 《王毅谈疫情背景下澜湄合作新进展》，澜沧江-湄公河合作网站，2021年6月8日，http://www.lmcchina.org/2021-06/08/content_41587181.htm。

2021年，中国与湄公河国家通过共同实施"澜湄甘泉行动计划""澜湄兴水惠民行动""典型小流域综合治理示范"等务实合作项目，携手应对气候变化挑战，提升各国水资源管理能力。12月，第二届澜湄水资源合作论坛成功举行。澜湄国家主要围绕水资源保护与绿色发展等议题分享经验，探讨未来合作，携手为地区可持续发展做出积极贡献。①

**5. 农业和减贫合作成果丰硕**

澜湄国家地理和气候条件优良，自然资源丰富，有着共同解决贫困与饥饿问题、保障粮食安全与营养、提升农业生产能力和促进乡村可持续发展的强烈愿望，合作需求旺盛。六国加强农业合作顶层设计，积极开展农业经贸投资、科技交流等多领域务实合作，促进区域农业农村现代化和经济社会发展。2020年2月，《澜湄农业合作三年行动计划（2020—2022）》正式发布。澜湄国家充分发挥澜湄农业合作中心的联络协调和技术支撑作用，通过加强政策对话、产业发展、贸易与投资合作等多种路径，共同提升农业发展水平。② 2021年7月，首届澜湄水果节在北京举行，致力于促进区域水果投资和贸易发展，深化农业产业合作，打造澜湄农业合作品牌。此外，在澜湄合作专项基金支持下，六国自2020年起开始实施"丰收澜湄"农业合作项目，主要涉及水稻、橡胶、果蔬等作物种植、病虫害防治、畜牧养殖、渔业生态养护、农产品加工和贸易促进等多个领域，并通过培育优良品种以及技术示范推广，促进地区农业增产增收。中国热科院推广橡胶树死皮康复综合技术，每年可为老挝挽回近1.7亿元损失。中国农科院筛选的3个大豆品种在缅甸示范基地平均亩产超过200公斤。③ 澜湄合作还围绕跨境动物疫病防控、农药风险管理等议题进行培训和交流，提供经验借鉴和进行技术分享，为促进六国农业农村发展发挥了积极作用。

---

① 《第二届澜湄水资源合作论坛：携手应对水资源挑战 推动合作进入"快车道"》，人民网，2021年12月7日，http://finance.people.com.cn/n1/2021/1207/c1004-32301980.html。
② 《〈澜湄农业合作三年行动计划（2020—2022）〉正式通过》，中国农业农村部网站，2020年2月26日，http://www.moa.gov.cn/xw/zwdt/202002/t20200226_6337787.htm。
③ 《中国参与澜湄及湄公河次区域合作2021年度十大新闻》，中国网，2022年1月27日，http://news.china.com.cn/2022-01/27/content_78015472.htm。

在减贫合作方面，澜湄国家加强减贫经验交流和知识分享，通过开展政策咨询、联合研究、技术支持等活动，提升地区国家减贫能力，积极推进减贫合作示范项目，为澜湄地区脱贫致富和国家发展提供助力。2020年12月，泰中国际扶贫合作与经济发展研讨会在曼谷举行。研讨会上，专家学者深入探讨中国的扶贫经验，并为加强泰中两国的国际扶贫合作积极建言献策，希望两国未来可以加强在精准扶贫和经济发展方面的交流，推进互利共赢。[①] 2021年1月，中柬友好扶贫示范村项目在柬埔寨茶胶省巴提县正式启动，该项目为期3年，由中方出资帮助柬方建设乡村道路，提供清洁饮用水，改善教育和医疗条件，发展养殖、畜牧业，开展技能培训，改善村庄公共环境。[②] 11月，"澜湄民族地区社会创业与减贫合作国际会议"在中国武汉召开，澜湄国家的政商界人士和专家学者围绕社会创业和减贫主题，分享经验做法，探索合作路径。[③] 12月，中国政府援缅甸减贫示范合作项目移交仪式在内比都举行。该项目于2018年2月启动，在埃戎达和敏彬两个示范村建设了道路、饮水工程、社区发展中心、学校教学楼等民生工程"硬设施"，开展了种植养殖培训、社区环境治理等经验分享"软合作"，造福当地民众。中缅减贫合作示范项目的成功不仅能为缅农村发展持续发挥示范带动作用，还能为区域其他国家扶贫减贫提供宝贵借鉴。[④]

### （三）抗疫与公共卫生领域合作不断深化

抗疫合作是2020年以来澜湄合作的一大亮点。六国应疫情形势变化，坚持守望相助、互伸援手，积极遏阻疫情蔓延。中国主动在澜湄合作专项基

---

[①]《泰中国际扶贫合作与经济发展研讨会在曼谷举行》，人民网，2020年12月18日，http://world.people.com.cn/n1/2020/1218/c1002-31971908.html。

[②]《中柬友好扶贫示范村项目建设正式启动》，中国新闻网，2021年1月29日，https://www.chinanews.com.cn/gj/2021-01-29/9400168.shtml。

[③]《澜湄民族地区社会创业与减贫合作国际会议在武汉召开》，澜沧江-湄公河合作网站，2021年11月23日，http://www.lmcchina.org/2021-11/23/content_41802363.htm。

[④]《中国援缅甸减贫示范合作项目移交》，人民网，2021年12月31日，http://world.people.com.cn/n1/2021/1231/c1002-32321500.html。

金框架下设立公共卫生专项资金,并及时向湄公河国家派出医疗专家组,尽已所能提供抗疫物资和疫苗援助。六国共同开展"热带病防控行""澜湄健康心行动""本草惠澜湄"等项目,通过视频会议、远程教学等方式开展疟疾、心血管疾病和中医针灸培训工作,不断加强公共卫生能力建设。

### 1. 抗疫合作扎实推进

新冠肺炎疫情发生不久,在 2020 年 2 月召开的澜湄合作第五次外长会上,六国外长聚焦公共卫生合作,同意"加强信息分享、经验交流和科研合作,本着团结合作的精神,共同应对疫情"①。8 月,在澜湄合作第三次领导人会议上,中方承诺新冠疫苗研制完成并投入使用后,优先向湄公河国家提供。② 此次会议通过的《万象宣言》将加强公共卫生合作列为深化政治安全合作伙伴关系的重要举措,明确提出将加强疫情防控政策沟通与交流,提升对突发公共卫生事件的应变能力,维护澜湄国家人民健康、生命安全与经济社会发展,共同构建人类卫生健康共同体。③ 2021 年,面对新冠肺炎疫情的延宕反复,澜湄六国紧密团结合作,相互提供帮助,生动诠释了唇齿相依的兄弟之情和守望相助的邻里之义。中国积极向湄公河国家无偿提供口罩、防护服、检测试剂等多批抗疫物资,举办抗疫经验交流会,派出医疗专家组,援建核酸检测实验室和方舱医院,与湄公河国家合作抗疫。截至 2021 年底,中国已经通过援助和商采等方式,累计向湄公河国家提供约 1.9 亿剂疫苗。④

### 2. 公共卫生合作持续发展

2021 年 6 月澜湄合作第六次外长会期间,各国外长审议通过《关于在澜

---

① 《澜沧江—湄公河合作第五次外长会联合新闻公报》,澜沧江-湄公河合作网站,2020 年 2 月 27 日,http://www.lmcchina.org/2020-02/27/content_41447217.htm。
② 《李克强在澜沧江—湄公河合作第三次领导人会议上的讲话》,澜沧江-湄公河合作网站,2020 年 8 月 25 日,http://www.lmcchina.org/2020-08/25/content_41447178.htm。
③ 《澜沧江—湄公河合作第三次领导人会议万象宣言——"加强伙伴关系,实现共同繁荣"》,澜沧江-湄公河合作网站,2020 年 8 月 25 日,http://www.lmcchina.org/2020-08/25/content_41447223.htm。
④ 《中国参与澜湄及湄公河次区域合作 2021 年十大新闻》,云南日报网,2022 年 2 月 9 日,https://yndaily.yunnan.cn/content/202202/09/content_51169.html。

沧江-湄公河合作框架下深化传统医药合作的联合声明》，提出积极支持传统医学防治重大感染性疾病等相关研究工作，加强相互协调，共同促进区域公共卫生发展。① 澜湄国家积极推进"本草惠澜湄""澜湄健康心行动""热带病防控行"等医疗项目，支持传统医药发展，提升心脑血管疾病、重大虫媒传染病防治水平。11月，中国—东盟建立对话关系30周年纪念峰会上，中方提出"中国东盟健康之盾"合作倡议，将为包括湄公河国家在内的东盟无偿援助1.5亿剂新冠疫苗，提升的接种率，还提出了向东盟抗疫基金再追加500万美元，加大疫苗联合生产和技术转让等多项合作举措。② 2021年12月，中国援建的中柬友谊医疗大楼项目竣工，该项目将成为柬埔寨医疗技术水平最高的一座现代化公立综合医院，为柬埔寨人民提供更高水平的医疗服务。③ 中国将与湄公河国家继续携手合作，维护人民生命健康，助力地区经济复苏。

## 二 新冠肺炎疫情背景下澜湄合作的新趋势

当前，世界正经历百年未有之大变局，加之新冠肺炎疫情肆虐全球，使得澜湄地区的发展与合作深受影响。在疫情防控常态化的形势下，澜湄合作面临新挑战，也面临地区经济和社会发展的新契机。总体来看，澜湄合作的新趋势主要体现在以下三个方面。

### （一）公共卫生合作为深化地区合作提供新动力

过去两年里，澜湄国家守望相助，在国家和地区层面采取积极措施，有效降低疫情的负面影响。但是因为疫情的反复及其对世界经济和国际合作的

---

① 《关于在澜沧江-湄公河合作框架下深化传统医药合作的联合声明（全文）》，澜沧江-湄公河合作网站，2021年6月9日，http://www.lmcchina.org/2021-06/09/content_41587368.htm。
② 习近平：《命运与共 共建家园——在中国—东盟建立对话关系30周年纪念峰会上的讲话》，人民出版社，2021，第6页。
③ 《中国援柬中柬友谊医疗大楼项目竣工验收》，中国新闻网，2021年12月28日，https://www.chinanews.com.cn/gj/2021/12-28/9639658.shtml。

巨大冲击，澜湄国家在相当长时间内仍将面临加强公共卫生合作的要务，澜湄合作的议程重点发生调整和改变。一是在全球新冠肺炎疫情尚未得到有效控制的情况下，抗疫合作势必成为澜湄合作的重要领域，并将在深化地区合作的进程中发挥关键作用。目前新冠肺炎疫情仍在持续，澜湄地区部分国家的疫情出现反弹，必须将之提升到"安全"的高度予以重视。[1] 各方已充分认识到，病毒不分国界，只有所有国家都摆脱疫情的威胁，才能够取得抗疫合作的最终胜利。团结抗疫，尽快消除疫情威胁仍然是澜湄合作面临的紧迫任务。二是在防疫常态化的形势之下，公共卫生合作势必成为澜湄合作新的增长点。着眼于长远，澜湄国家正在以此次抗疫合作为契机，在卫生设施建设、人员培训、疫病信息交流和传统医药等方面开展深入合作，加强传染病早期预警合作，提高突发公共卫生事件响应速度，加强物资保障能力，培养更多公共卫生应急人才，相关举措的实施必将为澜湄合作注入新的强劲动力。

## （二）经济合作需求旺盛地区复苏前景向好

受疫情影响，澜湄国家间的经贸合作波动较为剧烈，但得益于中国采取了有效的防控措施并积极推动复工复产，湄公河国家与中国的贸易合作得到了有力保障。疫情冲击下，中国与湄公河国家贸易总额能实现逆势增长，已经充分说明地区经贸合作有着高度韧性和巨大潜力。与此同时，在新冠肺炎疫情冲击和国际形势变化之下，全球价值链重塑，国际产业链深度调整，生产贸易链重组进程加快，中国与湄公河国家的经贸结构互补性日益增强。《区域全面经济伙伴关系协定》的生效实施，将进一步加快经济要素自由流动、促进贸易投资扩容升级，有利于维护地区产业链供应链安全稳定，加强澜湄地区经贸合作。目前中国正在构建国内国际"双循环"相互促进的新发展格局，推进高质量共建"一带一路"，这也为深化澜湄国家间的互利合

---

[1] 卢光盛、王子奇：《后疫情时代中国与东盟合作的前景与挑战》，《当代世界》2020年第8期，第37页。

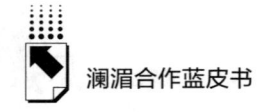

作、实现地区经济复苏和发展提供了新契机。可以看到，澜湄合作仍将以经济合作为基础，力争在防疫常态化的条件下保障安全与尽快促进地区经济复苏之间取得平衡，以进一步深化地区合作。在促进地区经济复苏的过程中，中国与湄公河国家势必努力发掘和拓展经贸合作的新领域，数字经济、绿色经济有望成为新亮点。

### （三）地区安全形势给澜湄合作带来不利影响

澜湄地区安全形势总体保持健康稳定发展，但由于多方力量在澜湄地区展开大国博弈，以及部分湄公河国家政治局势不稳定，给澜湄合作发展带来了不利影响。一方面，美国不断升级地缘政治对抗；另一方面，湄公河国家内政因素也制约了地区合作的深化。

## 三 新形势下深化澜湄合作的对策与建议

当前，澜湄国家不仅经受住了疫情考验，也进一步增强了命运共同体的意识，为未来多领域合作打下了坚实基础，也为更广泛的区域合作凝聚强大信心、注入强劲动力。在新发展形势下，澜湄合作需要因时因势完善制度建设，在深化抗疫合作、共促疫后复苏的基础上，充分抓住中老铁路通车运营、《区域全面经济伙伴关系协定》生效实施等发展机遇，以推进澜湄合作与国际陆海贸易新通道对接合作为重要抓手，加快地区互联互通建设，稳步扩大相互贸易投资，完善地区产业链供应链，深化水资源合作，促进可持续发展，推动形成全方位、高质量、协同联动的发展格局。

### （一）加强顶层设计完善制度建设

在共商共建共享的基础上，澜湄合作可以从加强顶层设计和完善制度建设两方面着手，打造更具包容性的地区新秩序。应系统梳理总结《澜沧江—湄公河合作五年行动计划（2018—2022）》的成果与经验，紧密结合区域合作新形势和澜湄国家最新发展战略，统筹好疫情防控和经济社会发展，加快制定澜湄合作第二个"五年行动计划",深化战略协同和利益融合,指引区域疫后复苏和中长期发展。加强澜湄合作资金支撑体系建设,鼓励各国加大资金资源投入力度,发挥社会市场资源作用,探索构建新的投融资方式,积极争取亚洲基础设施投资银行和丝路基金等金融机构的支持,加快建设立体化、全方位和可持续的金融支撑体系。坚持开放包容,继续加强澜湄合作与域内外相关机制交流互鉴,主动与大湄公河次区域经济合作、湄公河委员会、三河流域等机制展开合作,通过搭建交流平台、共同兴办合作项目等举措,实现相互促进、协同发展。在基础设施建设、产能合作等领域,积极与日本、韩国等国家加强第三方合作。努力通过深化澜湄合作来助力东盟共同体建设,加强中国—东盟全面战略伙伴关系。

### (二)共同抗击疫情加强公共卫生合作

由于疫情仍在全球起伏反复,"世界走出疫情的唯一方式,就是一同战胜疫情"。[①] 澜湄国家应适时将公共卫生合作列为优先合作内容,尽快成立联合工作组并投入运作,负责统筹和规划实施合作项目。在团结抗疫的过程中,疫苗是战胜疫情的有力武器,其研发和生产进度将成为澜湄国家最终战胜疫情、实现经济全面复苏的关键因素之一。澜湄国家间应继续加强重要医疗物资、疫苗生产及技术转移合作,让本地区所有民众能及时、公平地获得可负担、高质量的疫苗,进一步密切与东盟、世界卫生组织在公共卫生领域的联系,增进澜湄国家疾控中心及相关机构间的合作,共同应对新冠肺炎疫情的挑战。着眼疫情防控常态化时期的需求,重点在传染病防控和医疗卫生人才培养等领域加强交流合作,加快建立传染病联防联控机制,深入开展跨境传染病联防联控项目,共同提升预警和应急反应能力。继续推动澜湄国家在传统医学领域的合作,帮助老挝、缅甸、柬埔寨等国家完善医疗卫生服务体系,通过开展医疗服务、医学联合研究、完善公共卫生机构等方面的合作,切实维护成员国人民健康和生命安全。

---

① 王毅:《高举人类命运共同体旗帜阔步前行》,《求是》2022年第1期,第30页。

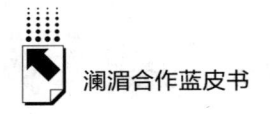

## （三）推动创新发展共促复苏

为促进澜湄国家的发展和地区经济整体复苏，澜湄合作应坚持创新引领，激发经济发展新动能。要积极推动澜湄合作与"国际陆海贸易新通道"加快对接，在《区域全面经济伙伴关系协定》框架下先行先试，以贸易联通为切入点，开展多种形式的贸易投资促进活动，加强陆海设施联通，探索带动贸易投资、跨境经济、工业园区等合作，建设更有韧性和可持续性的地区产业链和供应链，推动高质量共建"一带一路"向纵深发展。要聚焦数字经济、科技创新等合作领域，培育新的增长点。疫情加速了澜湄地区经济社会数字化进程，中国在跨境电商、新技术应用、移动支付等方面取得突出成效，应与湄公河国家加强经验分享，共同规划数字经济合作重点。加强云计算、数据中心以及信息中心等数字基础设施建设，不断培育新产业和新业态，推进实体经济与数字经济协调发展。加快科技创新成果转化与应用，通过建立网络事务对话机制，开展网络安全、数字治理等领域经验交流，提升中小企业数字能力建设等活动，帮助澜湄国家缩小"数字鸿沟"，打造更加互惠互利、开放包容的双边和区域经贸关系。

## （四）推进重点合作项目加快互联互通

互联互通是深化澜湄合作的主要动力，也是推动地区发展的重要保障。应重点依托中老铁路，发挥其示范效应。加快铁路沿线综合开发，统筹互联互通、产能与投资合作，促进中老经济走廊建设。在运营和开发过程中创造更多就业致富机会，增强两国民众的获得感。探讨研究中老泰连接线建设，争取北上同中欧班列对接，南下同马新铁路网联通，将中老铁路打造成为地区互联互通的"加速器"和经济合作的"新引擎"。此外，澜湄国家应继续推动铁路、公路、航空、水运、港口等基础设施建设与升级，着力解决"联而不通、通而不畅"的问题，积极推进通关便利化，加强海关、卫生检验检疫等领域合作，推动地区规则标准互认和数据信息共享，探索建设澜湄国际贸易"单一窗口"。构建澜湄地区人员往来"快捷通道"和货物运输

"绿色通道",加快构建基础设施、规章制度及人员交流三位一体的澜湄次区域互联互通大网络。

(五)拓展水资源合作促进可持续发展

澜湄水资源合作要充分照顾各国的利益和关切,尊重彼此合理开发利用水资源的正当权益。统筹处理好经济发展和生态保护的关系,改善当地取水条件,维护澜沧江-湄公河生态健康,积极应对洪旱灾害负面情况和其他气候变化引发的极端天气情况。在编制流域规划、大坝安全、小流域综合治理、应急管理、涉水风险和影响评估等方面广泛开展务实合作。继续加强清洁饮水安全保障和卫生服务、水利信息监测、技术标准对接等合作,不断完善澜湄水资源合作信息共享平台建设,加强水资源管理及流域综合治理能力。深化澜湄区域绿色与可持续发展,落实好联合国2030年可持续发展议程。加强生物多样性保护,有效打击非法采伐树木和野生动植物非法贸易。推进空气质量提升、清洁水示范、新能源技术、可持续城市和农村发展等领域合作,推动地区经济、能源和产业结构逐步实现转型升级,促进澜湄区域绿色可持续复苏和高质量发展,共建绿色可持续的澜湄家园。

(六)发挥地方优势深度参与次区域合作

深化澜湄地方合作不仅有利于丰富澜湄合作内涵,完善"3+5+X合作框架",也有利于促进人文交流,增进民心相通。要积极发挥地方的内生动力,调动更多资源深化澜湄合作。鼓励六国地方政府发挥自身资源优势,不断调动企业、商协会等组织的积极性,加强经贸往来和相互投资,深化跨境电商、边境贸易、边境经济园区等合作,主动对接"国际陆海贸易新通道",积极参与澜湄流域经济发展带建设,完善澜湄区域产业链供应链。推动澜湄地方政府在农作物优良品种示范推广、跨境动植物疫病监控、农业投资与贸易、人员培训等领域积极开展合作。加强减贫与乡村振兴的经验和实践分享,支持农村妇女帮扶、农村经济多元化和边境地区发展,助力澜湄地区缩小发展差距,增进人民福祉。探索推进澜湄地区旅游业复苏，办好澜湄旅游城市合作联盟大会、澜湄市长文化旅游论坛等活动，加快文化旅游与数字经济的深度融合，用好用足澜湄地区世界遗产、多民族文化等丰富资源，探索疫情防控常态化下旅游业发展新路径，为深化地区交流与合作提供新动力。

# 专 题 篇
## Special Topics

## B.2 澜湄地区合作机制及深化区域治理的思考*

徐秀良 刘稚**

**摘　要：** 澜湄国家均是发展中国家，为了促进澜湄地区经济社会的可持续发展，加强各国之间的联系与合作，域内已存在十余种合作机制，既有域内国家发起的次区域合作机制，也有澜湄国家与域外大国合作成立的倡议或机制，还有国际组织主导的次区域合作机制。而澜湄地区形成的众多合作机制，在一定程度上是对域内国家经济实力的补充。受其重要的地缘位置影响，各类合作机制主要聚焦在聚合性合作领域。尤其是目前澜湄国家仍面临新冠肺炎疫情的冲击，应在澜湄合作框架下加强区域治理的合作，推进数

---

\* 本报告为2021年教育部国别和区域研究项目"澜湄区域相关合作机制研究及中国参与区域治理的政策建议"（编号：2021-N30）、2018年云南省哲学社会科学规划项目"缅甸政治转型以来中缅党际外交研究"（编号：YB2018044）、湖南省教育厅科学研究重点项目（编号：19A042）的阶段性成果。

\*\* 徐秀良，博士，长沙学院马克思主义学院讲师；刘稚，云南大学澜沧江-湄公河次区域研究中心研究员，博士生导师。

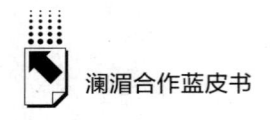

字经济的发展，以构建更加紧密的澜湄国家命运共同体。

**关键词：** 澜湄地区　合作机制　区域治理

近年来，澜湄国家经济社会保持了较好的发展态势，经济保持了较高的增长速度，流域地区的合作机制为促进各国的可持续发展做出了重要贡献。然而，澜湄次区域已经先后发起成立十多个合作机制，尤其是众多外源性合作机制的成立，使域外大国纷纷介入湄公河地区事务，有学者针对流域地区存在的合作机制，先后提出了机制拥堵和机制重叠的问题。事实上，从各合作机制的主体和优先合作领域两个层面来看，澜湄地区的合作机制各行其是，缺乏有效协调，而且为促进澜湄国家软硬件设施、环境的改善，推动当地的减贫发展，也需要多方参与其中，才能起到"众人拾柴火焰高"的效果。因此，对澜湄地区合作机制的形成和发展做简要的梳理，探究其是否存在机制拥堵和机制重叠的问题是很有必要的。

## 一　澜湄地区主要区域合作机制概述

### （一）域内国家发起并参与的区域合作机制

（1）湄公河委员会（Mekong River Commission，MRC）。澜沧江-湄公河作为一条跨境河流，流经次区域六国，是东南亚第一大河。这条河流拥有丰富的经济和生态资源，作为本地区的粮食和就业中心，在区域发展中发挥了重要作用，具有重要的政治和战略意义，对流域国家的未来发展也起着至关重要的作用。在水资源合作治理方面，可追溯到1995年泰国、老挝、柬埔寨和越南签署的《湄公河流域可持续发展合作协定》，湄公河委员会的成立旨在促进流域在可持续发展、利用、管理等各个领域的合作和保护水及其相关资源。湄公河委员会依赖于一个治理结构，该结构由一个高级部长级决策机构（理事会）、一个技术性更强的实施机构（联合委员会）、秘书处以及国家协调实体或国家湄公河委员会组成。从历史上看，湄公河委员会的工作是围绕秘书处职权范围内的计划开展的，主要专注于流域发展规划、渔业、洪水管理、农业等12个领域。

（2）柬埔寨-老挝-越南发展三角区（Cambodia-Laos-Vietnam Development Triangle Area）。20世纪90年代以来，东南亚国家一直使用增长或发展三角的方式促进跨境区域合作，包括1989年的新柔廖增长三角，以及1994年的东盟东部增长区。其基本思想是在一定的地理环境内将邻国边境地区的部分区域或省份连接起来，由经济利益驱动合作，主要依靠经济互补性和效率、产业专业化、地理邻近性、政策协调和基础设施发展。[①] 柬埔寨-老挝-越南发展三角区是1999年建立的，当时主要有三国边境地区的7个省份参加，分别是柬埔寨的腊塔纳基里省、上丁省，老挝的阿速坡省、塞公省，以及越南的昆嵩、嘉莱、得乐3省。首次领导人会议旨在加强三个国家之间的合作与团结，发展社会经济和减少贫困，为稳定与合作做出贡献。柬埔寨-老挝-越南发展三角区的工作机制包括每两年一次的领导人峰会、每年一次的联合协调委员会、每年在联合协调委员会下召开的高官会议，在高官会议下设立4个分委员会，即：经济分委员会、社会与环境分委员会、省协调分委员会、安全与外事分委员会。各成员国任命一名部长为联合主席和协调委员会成员。

（3）伊洛瓦底江-湄南河-湄公河经济合作战略（Ayeyawady-Chao Phraya-Mekong Economic Cooperation Strategy，ACMECS，又称"三河流域机制"）。2003年4月，泰国政府总理他信在参加东盟应对SARS特别峰会期间提出由柬埔寨、老挝、缅甸和泰国组成经济合作战略（Economic Cooperation Strategy，ECS）的倡议，该战略旨在促进和提升泰国与其邻国之间的经济繁荣和社会可持续性，还有助于东盟新成员国与老成员国之间的经

---

[①] Thant, Myo and Tang, Min (eds.), *Growth Triangle: Theory and Practice*, Asian Development Bank, 1996, pp. 1-14.

济融合，缩小成员国之间的发展差距，并为次区域各国减贫助力。尽管该战略促进了东盟在次区域层面的区域一体化发展，但反映了泰国试图将其对外发展利益转变为次区域的共同利益，让泰国在东盟中发挥领导作用，将东南亚国家连接在一起，发挥泰国在经济上的门户作用，以吸引全球资本。同年11月，在缅甸蒲甘举办了第一届ECS峰会。会议发表《蒲甘宣言》，该宣言阐明了合作机制的运作原则和模式，提出四个目标：一是提升竞争优势并在边境创造更多增长机会；二是促进农业生产并将农业向具有竞争优势的地区转移；三是创造就业机会，减少成员国之间的收入差距；四是促进和平、稳定、可持续和共同繁荣。① 宣言明确五大合作领域分别是贸易和投资便利化合作、农业和工业合作、交通合作、旅游合作、人力资源开发合作。越南在2004年5月加入ECS，到2005年ECS正式更名为ACMECS。ACMECS运作机制几乎采用了东盟的规范、实践和结构，使其看起来像一个"缩小版东盟"。峰会每两年举行一次，部长级会议每年举行一次，高官会议每半年举行一次，协调工作组会议与特定领域的工作组会议一起举行，每两个月举行一次。该合作机制在成立之初并没有设立秘书处，主要把曼谷作为ACMECS的主要协调点，直到2020年12月举行的第9届ACMECS峰会才成立了秘书处。2005年8月，在柬埔寨举行的ACMECS部长级会议上，泰国提议将公共卫生作为另一合作领域，得到各成员国的一致同意。2006年各成员国同意将农业和工业合作拆分为农业与工业能源两个领域；2010年11月在柬埔寨举行的第4届ACMECS峰会上，各国一致同意补充环境领域合作。② 至此，ACMECS囊括8个合作领域，每个成员国负责协调至少1个合作领域。泰国负责贸易和投资便利化和公共卫生领域，越南负责人力资源开发与工业能源领域，越南与柬埔寨共同负责环境领域，柬埔寨负责旅游领域，老挝负责交通领域，缅甸负责农业领域。其实，ACMECS主要是通过项

---

① Withaya Sucharithanarugse, "Concept and Function of the ACMECS," *South Asian Survey*, Vol. 13, No. 2, 2006, p. 291.
② 《越南为第8届ACMECS峰会所做的贡献》，越南社会主义共和国政府新闻网，2018年6月14日，https://cn.baochinhphu.vn/越南为第8届ACMECS峰会所做的贡献-11627811.htm。

目来推进机制运转的,其在各成员国的双边和多边合作项目主要秉持以下原则:①兼容和加强现有的双边和区域合作;②基于比较优势的实用性和具体结果;③可实现且合意的;④自愿平等分享利益;⑤共识决策。①

(4) 澜沧江-湄公河合作(Lancang-Mekong Cooperation, LMC) 机制。为深化澜湄六国睦邻友好和务实合作,促进沿岸各国经济社会发展,增进各国人民福祉,助力东盟共同体建设和推动地区一体化进程,2012年泰国提出加强澜湄次区域合作的设想,中国给予了积极回应。随后在2014年11月举行的第17次中国—东盟领导人会议上,李克强总理提出建立澜沧江-湄公河对话合作机制的倡议。2015年11月,澜湄六国首次外长会召开,创建了机制框架,确定了合作领域。坚持政治安全、经济和可持续发展、社会人文三大支柱协调发展,优先在互联互通、产能、跨境经济、水资源、农业和减贫五个领域开展合作,形成"3+5"合作框架。随着澜湄合作的不断深入发展,原有的合作框架升级为"3+5+X",赋予合作机制更多的灵活性,以拓展其在公共卫生、数字经济等方面的工作。各成员国分别在外交部内设立了国家秘书处/协调单位,以进一步加强职能部委/机构之间的协调配合,提高项目实施后续工作的有效性。加强和落实澜湄合作的机制包括领导人会晤、外长会、高官会、外交联合工作组会议和五个优先领域的部门联合工作组。

## (二) 域外国家发起并主导的区域合作机制

(1) 湄公河-恒河合作(Mekong-Ganga Cooperation, MGC) 倡议。印度早在20世纪90年代就提出加强与东南亚各国合作的"东向政策"(Look East)。为增强在湄公河地区的影响力,印度采取了更加主动的方式来强化与次区域国家的互动。作为"东向政策"的一部分,2000年7月,第33届东盟部长会议在泰国曼谷召开,印度和缅甸、泰国、柬埔寨、老挝和越南六

---

① Sajin Prachason, "Ayeyawady-Chao Phraya-Mekong Economic Cooperation Strategy (ACMECS): Another Perspective from Thailand," in Alexander C. Chandra and Jenina Joy Chavez (eds.), *Civil Society Reflection on Southeast Asian Regionalism: ASEAN@40*, South East Asian Committee for Advocacy, 2008.

国，就湄公河-恒河合作倡议达成共识。同年11月，在老挝万象召开的第一次部长会议上正式建立了湄公河-恒河合作倡议，六国共同签署了《万象宣言》。《万象宣言》强调了MGC成员国几个世纪以来的文化和商业联系，并将旅游、文化、教育、交通列为四个主要合作领域。MGC倡议旨在成员国之间能够建立更密切的关系并加深了解，以增进友谊、团结与合作；促进成员国之间人员、商品的流动和过境；在湄公河-恒河流域建设必要的基础设施；鼓励积极参与消除贫困。2003年6月，印度在柬埔寨金边召开的第三次部长会议上，提出修建从印度穆德，贯穿缅甸到泰国美索的国际高速公路。印度试图通过修建高速公路，形成国际商贸通道，该公路是MGC倡议的核心部分。各成员国在每年召开东盟部长级会议时约定举行MGC部长级会议；主席职位将按字母顺序轮换，担任主席国的国家应承担秘书处职责，负责协调和实施合作计划。MGC工作机制由年度部长级会议、高官会（SOM）和教育、旅游、文化、行动计划和通信五个工作组组成，这五个工作组负责MGC的各合作领域。

（2）湄公河-日本合作（Mekong-Japan Cooperation）。日本长期谋求加强与湄公河国家的关系，先后通过政府开发援助（ODA）为湄公河国家提供了大量的发展资金、合作项目，以强化日本在湄公河地区的政治经济影响力。随着湄公河国家经济社会的不断发展、东西经济走廊等重大基础设施建设的推进，湄公河地区国家的相互依存度日益加深，日本一直是湄公河地区长期不可或缺的伙伴。2008年1月，第一次日本与湄公河国家外长会在东京召开，会议以"信任、发展、稳定"为核心确定了合作主基调，[1] 通过了日本-湄公河地区合作计划，提出了合作的"三个目标"：加强日本与湄公河地区的伙伴关系、促进湄公河地区的可持续经济增长、让湄公河地区人民有尊严地生活并发挥他们的潜力，[2] 确定了"三大优先领域"：整合区域内外经济体、扩大日本与湄公河国家之间的贸易和投资、追求共同价值和区域

---

[1] 常思纯：《日本为何积极介入湄公河地区》，《世界知识》2018年第21期，第22页。
[2] "Chair's Statement Mekong-Japan Foreign Ministers' Meeting," Ministry of Foreign Affairs of Japan, https：//www.mofa.go.jp/region/asia-paci/mekong/meet0801.html.

共同目标。"三项新举措"包括：将政府开发援助扩大到湄公河地区、与柬埔寨和老挝的双边投资协议、召开湄公河-日本地区部长级会议。推动日湄合作向机制化发展，其核心就是要通过援助、贸易、投资"三位一体"的开发援助模式，确保日本的经济利益并使其在政治经济关系中发挥主导作用。2009年起，日本与湄公河国家每年都召开一次首脑会议和外长会，湄日合作机制不断强化。

（3）湄公河-美国伙伴关系（Mekong-U. S. Partnership）。为充分挖掘伙伴关系的潜力，美国意识到有机会与湄公河国家共同努力建设一个更强大、更繁荣的湄公河地区，加强湄公河国家与美国的合作，促进次区域的稳定、和平、繁荣和可持续发展。美国在2009年发起的湄公河下游倡议的基础上，于2020年9月举行首届部长级会议，将其升级为湄公河-美国伙伴关系（以下简称"湄美伙伴关系"）。该合作机制聚焦经济互联互通、能源和气候安全、跨境水资源和自然资源管理、非传统安全危机、人力资源开发五大领域。湄美伙伴关系在合作领域方面比湄公河下游倡议的合作范围更宽，可通过灵活扩大合作和规划以应对新出现的挑战和机遇。湄美伙伴关系以平等、善政、开放、透明、尊重主权和促进经济增长等价值观为指导，积极提高与ACMECS、东盟、MRC等合作机制的互补性。湄美伙伴关系的主要目标是，开展区域能力建设活动、促进区域政策对话以及交流专业知识和开展最佳实践，提高该区域的透明度，提升治理能力与联通性，促进可持续发展；利用湄公河地区的机构、公共和私营部门，与人民之间建立联系，加强区域联系；与湄公河地区国家和国际合作伙伴合作，确定并实施解决关键区域挑战的方案。

（4）湄公河-韩国峰会（Mekong-Republic of Korea Summit）。2011年10月，湄公河国家举行与韩国的外长会，会上建立湄公河-韩国合作机制，重点合作领域包括基础设施、信息技术和电信，以及绿色增长、水资源开发、农业农村发展和人力资源开发等。湄公河-韩国合作机制主要是通过外长会和高管会得以落实和推进。湄公河国家由于其巨大的经济增长潜力，与韩国经济部门的关系越来越密切，共同努力实现湄公河地区的经济发展和繁荣，在追求"湄公河奇迹"的过程中建立更紧密的伙伴关系。2019年11月，原来的年度部长级会议升级为国家首脑峰会，表明了韩国对促进与湄公河国家互利伙伴关系的重视。湄公河-韩国峰会发表的联合声明中，同意优先在文化和旅游、人力资源开发、农业和农村发展、基础设施、信息和通信技术、环境、非传统安全七个领域开展合作。会后通过了《湄公河—汉江宣言》，承认韩国的"新南方政策"及其加强和深化与湄公河国家伙伴关系的承诺，并与其他现有的基于开放、包容、透明原则的区域合作倡议和机制协同发展，尊重国际法和规范，设立了湄公河-韩国合作基金。宣言中韩国承诺通过建设公路、桥梁、铁路和港口合作项目，分享其在发展农村地区和促进区域互联互通方面的专业知识，并通过国家经济发展合作基金加强合作，以推进湄公河国家的基础设施建设。

### （三）国际组织主导的区域合作机制

（1）大湄公河次区域经济（Greater Mekong Subregion Economic Cooperation，GMS）合作。1992年，亚洲开发银行主导并发起大湄公河次区域经济合作计划，该合作是一项次区域经济合作，旨在加强湄公河国家，以及它们与中国云南和广西之间的经济关系，促进成员国之间开放、互信的紧密联系。GMS合作包括农业、能源、环境、卫生合作与人力资源开发、通信与信息技术、交通、运输和贸易便利化、旅游、城市发展九个优先合作领域。GMS合作的重点是：第一，通过有形基础设施和经济走廊的可持续发展提高联通性；第二，通过有效促进人员和货物的跨境流动、市场一体化和加强价值链提高竞争力；第三，通过共同关注建立更大的社区意识。GMS合作以成员国之间的持续磋商和对话为基础，它的体制安排是务实和灵活的，并且以一般性原则为指导。GMS合作机制的制度结构分为领导人峰会、部长级会议和优先部门的工作组和论坛三个层次。亚洲开发银行（以下简称"亚行"）为GMS合作提供全面的秘书处支持，并通过亚行总部的一个部门与GMS国家的秘书处进行协调。亚行是GMS合作框架的坚定支持者，至2018年10月，亚行已提供超过80亿美元的资金支持投入GMS项目，这些项目对于促进当地经济增长、改善人民生活质量做出了有意义的贡献。GMS 合作是一个真正具有包容性的伙伴关系，它将成员国政府、发展伙伴、国际组织、私营部门以及越来越多的民间社会组织聚集在一起。各多元化主体的共同努力，加上 GMS 合作务实、专注的方法，使该合作机制成为世界上最成功的区域合作倡议之一。

（2）柬埔寨-老挝-缅甸-越南（Cambodia-Lao PDR-Myanmar-Viet Nam，CLMV）四国合作。东盟成立以后，逐渐成为东南亚地区最具影响力的国际组织。湄公河国家中除了泰国是东盟创始成员国，其余四国最初均不是东盟成员国，1995 年越南加入，1997 年老挝人民民主共和国和缅甸加入，1999 年柬埔寨加入。四国加入东盟后，新老成员国之间存在的发展差距，引起了六个较老东盟成员国（AMS）对可能出现"两级东盟"的担忧，而且 CLMV 国家在人力资源、机构能力、国际基础设施等方面均与老成员国存在竞争力的差异。在此背景下，为了缩小发展鸿沟，加快经济一体化，使所有成员国能够在同一水平线推进东盟一体化发展，2000 年 11 月，在东盟国家政府首脑会议上通过了一项缩小发展差距的特别计划——东盟一体化倡议（Initiative for ASEAN Integration，IAI）。该倡议旨在为区域合作提供一个框架，最需要它的成员国可以通过该框架，在更发达的 AMS、东盟伙伴和国际组织的支持下，缩小内部发展差距并提高履行区域承诺和义务的能力。根据领导人的决定，2001 年 7 月，东盟外长会通过了关于缩小发展差别、加速东盟一体化进程的《河内宣言》。因此，CLMV 成为在东盟背景下成立的开放性合作机制，2003 年 12 月，在日本东京举行的东盟-日本峰会上，柬埔寨、老挝、缅甸和越南高级领导人一致同意于 2004 年 11 月举行第一届柬老缅越高级会议。CLMV 的合作领域涵盖贸易投资、农业、工业、能源、交通、旅游、人力资源发展七个合作领域。

（3）东盟-湄公河流域开发合作（ASEAN-Mekong River Basin Development Cooperation）。东盟认识到湄公河流域巨大的经济潜力，愿意在区域合作的框架下开发次区域，以湄公河地区为中心的重要区域合作倡议是东盟-湄公河流域开发合作机制。该机制于 1996 年在马来西亚吉隆坡第一次部长级会议上成立，自此成为湄公河次区域内以东盟各国、中国为成员的重要经济合作机制，旨在加强东盟与湄公河国家之间的发展，缩小东盟内部成员国发展差距，为加快澜湄国家的经济发展提供了有效保障。东盟-湄公河流域开发合作的目标是：第一，促进湄公河流域的经济稳健和可持续发展；第二，鼓励开展对话和确定共同项目，从而建立牢固的经济伙伴关系以实现互惠互利；第三，加强东盟成员国与湄公河沿岸国家之间的相互联系和经济往来。东盟-湄公河流域开发合作主要内容有：发展交通、电信、灌溉和能源领域的基础设施建设，以便为总体发展计划提供服务支持；发展贸易和投资活动；通过确定方案和项目来发展农业，以提高国内消费和出口的农业生产；通过确定基于增值活动和出口加工的方案和项目，可持续开发林业资源和矿产资源；通过确定计划和项目来加速工业发展，特别是中小型工业企业；发展旅游业；进行人力资源开发和培训支持；开展科技合作等。

## 二　澜湄地区众多区域合作机制的原因

### （一）湄公河国家自身实力受限

首先，湄公河国家整体上仍未摘掉不发达经济体的帽子。从国土面积来看，湄公河国家是小国的集合，各国国土较小，战略纵深也较小，国内市场有限。经过多年的建设和开发，湄公河国家各国经济社会发展取得较显著的成绩，但是与马来西亚、新加坡、文莱等国仍有一定差距。世界银行将世界各经济体依据国民总收入（Gross National Income，GNI）划分为四个收入组，分别是低收入国家组、中低收入国家组、中高收入国家组和高收入国家组。根据 2021 年 7 月世界银行公布的数据，中低收入国家组的标准是 1046~4095 美元，中高收入国家组的标准是 4096~12695 美元，而湄公河国家中只有泰国进入中高收入国家组，其他四国目前均属于中低收入国家组。[①] 截至 2021 年

---

① Nada Hamadeh, Catherine Van Rompaey and Eric Metreau, "New World Bank Country Classifications by Income Level: 2021–2022," World Bank, July 01, 2021, https://blogs.worldbank.org/opendata/new-world-bank-country-classifications-income-level-2021-2022.

9月，仍有46个国家被联合国认定为最不发达国家，其中湄公河地区有3个国家入选，分别是老挝、缅甸和柬埔寨。[①] 其次，湄公河国家制造业发展较差，没有形成完整的产业链体系。虽然湄公河国家作为新兴经济体，近年来各国GDP保持了较高的增长速度，但是由于工业基础较差，国家投入资金和技术有限，还没有形成完整的制造业产业链，工业生产能力受限，出口贸易结构以初级商品为主。制成品在出口中的份额稳步增长，但初级商品仍在湄公河国家的出口商品中占主要地位，进口贸易中则以制成品为主。尽管初级商品在世界贸易总额的份额在持续缩小，但是湄公河国家的劳动力密集型产业和资源密集型产业所带来的低技术、低技能商品仍是当前各国出口贸易的主要支撑。

### （二）澜湄地区独特的地缘位置及其对外政策

从地缘战略来看，澜湄地区独特的地缘位置决定了它是无法被大国忽视的。澜沧江－湄公河是东南亚大陆最大的跨界河流，其流域地区是连接印度洋和太平洋的重要节点，也是连接南亚大陆的重要陆路通道。由于澜湄地区的战略位置和增长潜力，吸引了美国、日本、印度和欧盟等发展合作伙伴的关注。在域外大国看来，湄公河地区是中国外围的特殊部分，不仅和中国水陆相连，也更容易被中国所影响，这也就导致以美国为首的西方国家，想要介入澜湄地区事务，发挥其在次区域合作中的思想和资源主导作用，提高自身在该地区的影响力、话语权以应对中国崛起的不确定性。因此，站在域外大国的立场来审视，对湄公河地区的政策也有间接遏制的作用，特别是个别国家在与美国的密切军事关系中处于弱势地位。从合作机制来看，澜湄国家之中，除中国之外，湄公河国家的投资区域合作项目经济能力有限，因此较为依赖外部支持。湄公河国家通过降低市场准入门槛来增强经济合作和竞争力，也能促进经济的发展，助力各国减贫。各国并不打算利用加入的各种合

---

[①] United Nations Conference on Trade and Development, "The Least Developed Countries Report 2021: The Least Developed Countries in the Post-COVID World: Learning from 50 Years of Experience," United Nations, 2021, p. x.

作机制联合起来对付任何国家，无论是域外国家主导的，还是国际组织发起的。湄公河国家也不希望本地区的任何合作机制产生排他性的思维和分组方式，而是希望形成开放的发展模式。在理想情况下，澜湄地区的各种合作机制可以朝着相同的目标，和谐地开展合作建设，但前提是合作机制本质上是开放和包容的。提升合作机制的透明度，不仅体现在技术上，也体现在政治上，如果各个合作机制之间发生摩擦的话，那是合作过程中的副作用，并不是澜湄国家的最终目标。包容、开放、透明和协商的原则，是澜湄国家在地区合作制度、法规建设的最高管理原则。

### （三）合作机制主要围绕聚合性领域开展

一是澜湄地区的合作机制在专注的合作领域层面是高度重复的。各域内外合作机制主要关注农业、旅游业、基础设施、健康与公共卫生等和域内国家人民日常生活息息相关的领域。事实上，各类机制合作领域的重复是非常必要的。一方面，湄公河国家的软硬件发展基础较为薄弱，单一主权行为体的参与往往不能带来根本上的改变，多元化主体参与其中，反而容易在聚合性领域形成合作共识与合力；另一方面，如果在澜湄地区形成排他性的合作机制，既不符合湄公河国家所奉行的大国平衡外交政策，也难以起到显著的合作治理效果。因此，尽管在合作领域上澜湄地区的合作机制存在重复现象，但是不存在机制拥堵和重叠问题。因为从合作主体来看，各个合作机制均是独立的；从合作领域来看，湄公河国家软硬环境的改善需要多元主体的参与。多元化主体参与其中不仅可以实现资源最大化和共享，还可以加深双边和多边层面的合作关系，使域内各国人民能切实享受到区域合作的收益，有利于澜湄次区域正增长秩序的发展。二是澜湄地区合作机制的参与，确实使次区域各国在合作的质与量方面都发生了较大的变化。通过这些合作机制，流域国家吸引了更多资源来改善基础设施、交通联通状况、水资源的可持续管理机制和人民生计，为世界上最贫困地区之一的减贫发展做出了重要贡献。互联互通项目的实施，还有助于澜湄国家与范围更广的亚欧地区经济中心联系与融合。此外，澜湄地区的合作机制之间缺乏有效的协调，在重复领域会造成一定的资源浪费，加大治理成本，进而导致合作治理成效不高。因此，澜湄国家仍有很大空间在制定合作议程和协调重点领域方面发挥更积极的作用，可以更有效地利用这些机制，促进国家和地区发展。

## 三 澜湄合作框架下深化区域治理的思考

### （一）区域治理迎来重要战略机遇

区域治理是澜湄合作的重要内容，澜湄合作是区域治理运行的机制载体。当前，澜湄国家面临严重的公共卫生威胁，新冠肺炎疫情暴露了国际组织在跨国协调方面仍面临诸多掣肘。可以预期的是，类似的威胁到全球公共卫生安全的疫情事件，仍将出现甚至会以更加频繁的方式出现，[1] 这也对各成员国的治理能力提出了更高要求。尽管新冠疫苗已逐渐在各国接种，疫情形势趋于缓和，但疫情对澜湄国家经济社会的影响还在持续，六国都有走出疫情阴霾的客观需求。随着区域化的加快发展，国家行为体之间的相互依存度加深，通过区域治理消解疫情对澜湄地区造成的威胁与负面影响，维护本地区的安全和发展，是区域治理在澜湄合作中的立体展现。虽然区域治理不能替代以国家行为体为中心的全球体系，却体现了为促进各国国家利益的共同努力。[2] 澜湄合作机制是区域协调和沟通的公共事务平台，它既包含了区域共识，也是推进区域治理的运作机制，在区域协调中具有非常重要的作用。因此，区域政策只有建立在区域利益攸关者高度认同和平等伙伴关系的基础上，才能汇集多方愿景，得以有效实施，切实解决区域发展的问

---

[1] 戴翔：《新冠肺炎疫情下全球价值链重构的中国机遇及对策》，《经济纵横》2020 年第 6 期，第 77 页。

[2] Robert Gilpin, *Global Political Economy: Understanding the International Economic Order*, Princeton: Princeton University Press, 2001, p. 11.

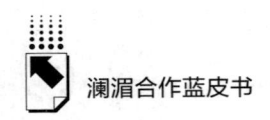

题。① 不断完善区域治理，促进区域空间重组优化，进而补齐国家治理短板，提高社会治理能力，成为疫情防控常态化时期澜湄国家复工复产、深化合作的重要目标。

澜湄国家将出台更加优惠的政策，推动产业结构调整和优化升级。湄公河国家国内市场有限，所以主要发展外向型经济，发展的客观现实决定了经济复苏不能仅靠国内市场和消费。为尽快走出经济发展低谷，澜湄国家势必会出台一系列促进经济发展的政策举措，加快恢复生产，持续保持市场开放，在减轻各国政府压力的基础上，激发社会活力，增加财税收入。长期来看，完善的政策规章将降低制度性交易成本，持续改善营商环境，这些优势能够提升外商的投资信心，对域内跨国企业具有强大的吸引力，有助于在澜湄合作框架下深化产能合作。各国政府实施的优惠政策，也为疫情下的新经济发展、新动能转换创造了更加有利的条件，被抑制的发展需求得到充分释放，从而更有效地应对疫情对各国经济产生的冲击。同时，企业要用好各项产业扶持政策解难纾困，抓住难得的政策机遇。澜湄国家产业已与全球经济深度融合，深度参与至全球化的产业国际分工协作之中，但在国际竞争中一直处于不利地位。澜湄国家应抓住疫情使全球产业链转移的先机，减少关税壁垒，允许生产要素跨境自由流动，引导资金流入高端制造、智能制造等领域，促进制造业高质量发展，提升产业链现代化水平，加快转变发展方式，提升产业层次和技术水平，进而促进次区域经济一体化发展。

### （二）数字经济迎来重要战略机遇

澜湄国家数字基础设施已经逐步实现互联互通，电信和互联网企业正积极拓展域内国家市场。目前，中越、中老和中缅陆地跨境光缆均已贯通，并已实现扩容。随着澜湄国家数字经济的快速发展，跨境光缆将持续扩容，推动建设中越河口—老街跨境国际通信线路。尤其是近年来泰国数字经济持续

---

① 马海龙：《区域治理：一个概念性框架》，《理论月刊》2007年第11期，第75页。

发展，对数字基础设施的需求也越来越大，现有的中泰海底光缆已不能满足需求，泰国正推进中泰之间制定新的海底光缆计划，以加快中泰数字基础设施建设，实现中泰宽带高速联通。泰国非常重视其国内通信基础设施建设，2017年完成国内近7.5万个村庄的高速网络架设，并为学校、医院和政府机构等公共部门架设高速网络，这使得泰国电子商务发展上升了一大台阶。[1] 同时，澜湄国家的电信、互联网和电商企业非常看好域内国家的发展前景，它们一方面为当地民众提供日常的通信、网络等服务；另一方面也积极布局互联网购物、在线支付等领域。例如，中兴在泰国、越南等国家提供通信网络和技术服务。[2] 越南电信业巨头Viettel（越南军工电信集团）发展迅猛，利用光缆和技术优势，积极向周边国家拓展，大力推行"东西数字走廊"工程，其海外投资主要集中在老挝、柬埔寨、缅甸等国，力图整合相关行业以形成统一的湄公河地区市场，在未来的竞争中占据有利地位。泰国电信巨头AIS公司与中国华为公司开展5G技术方面的合作，重点将5G技术应用在泰国国家级经济特区——东部经济走廊的发展上，把5G技术应用于实际，为企业和消费者带来便利。[3] 澜湄地区人口中年轻群体占比较大，移动智能终端的普及使域内移动互联网用户增加，为澜湄地区数字经济提供良好发展"土壤"。

疫情进一步推动了澜湄国家数字经济的发展，使数字经济成为本地区经济复苏的重要驱动力。新冠肺炎疫情具有传染性，澜湄各国经营活动停滞，实体经济受到较大影响。然而，面对疫情的冲击，数字经济在恢复澜湄国家的经济社会发展、扩大就业、增进民生福祉等方面的作用凸显。数字经济一枝独秀，展现了良好发展势头，彰显了巨大优质势能，成为推动经济发展的强劲动力和对冲疫情不利影响、实现产业升级和稳定就业的

---

[1] 《泰国积极推动数字经济发展》，中国新闻网，2018年8月13日，https://www.chinanews.com/gj/2018/08-13/8597836.shtml。

[2] 许利平、吴汪世琦：《中国与东盟数字经济合作的动力与前景》，《现代国际关系》2020年第9期，第17页。

[3] 《泰国积极发展5G数字技术助力经济复苏》，人民网，2020年7月17日，http://world.people.com.cn/n1/2020/0717/c1002-31787835.html。

"新引擎"。① 在重塑世界经济的大背景下,澜湄国家亟须培育经济发展新动能,积极抓住新一轮科技和产业变革机遇,发挥各国优势,推动合作共赢。澜湄国家高度重视数字经济的发展,在多个场合提出加强数字经济合作。2020年8月,李克强总理在澜沧江-湄公河合作第三次领导人会议上提出"发展好疫情催生的线上经济,促进数字技术创新,拓展数字联通,推动各国经济社会数字化转型升级",② 并把加强数字经济合作写入《万象宣言》。同年11月,习近平主席在中国—东盟博览会开幕大会发表视频致辞,发出提升科技创新,深化数字经济合作的倡议。③ 2021年1月,越南政府总理阮春福签署《关于第4次工业革命的2030年国家战略》,提出"国家数字化转型计划"。数字经济的发展不仅为疫情防控常态化时期各国经济的恢复提供了新的路径,也为拓展数字联通、推动澜湄国家经济社会数字化转型升级提供了新契机。

### (三)疫情防控常态化时期澜湄国家相互合作将更加紧密

新冠肺炎疫情以来澜湄国家的互动合作,进一步推动了澜湄国家命运共同体的发展。澜湄国家在互帮互助抗击新冠肺炎疫情的实践中开展"公共外交",可以归纳为三个发展阶段。一是湄公河国家向中国伸出援助之手,积极捐赠抗疫物资,为中国抗疫做出贡献。二是当湄公河国家疫情日益严峻之际,中国毫不犹豫地全力支援。中国官方层面向湄公河国家捐赠了大量的抗疫物资和设备,还派出多支医疗专家队赴湄公河国开展医疗援助。中国民间层面的机构和组织除了捐款捐物,也派出蓝天救援队援柬分队入柬工作,并及时向湄公河国家通报疫情情况、分享防疫技术和经验,共同应对疫情。三是在中国,新冠疫苗投入使用后,中国将其作为区域性国际公共产品援助

---

① 贺建风:《新形势下数字经济的发展与治理》,《人民论坛·学术前沿》2020年第17期,第40页。
② 《李克强在澜沧江-湄公河合作第三次领导人会议上的讲话(全文)》,新华网,2020年8月24日,http://www.xinhuanet.com/politics/leaders/2020-08/24/c_1126407739.htm。
③ 中国—东盟博览会组委会、中国—东盟商务与投资峰会组委会:《共建"一带一路"共兴数字经济》,《广西日报》2020年12月1日,第2版。

和提供给湄公河国家。此前，李克强总理在澜沧江-湄公河合作第三次领导人会议上提出，"中方新冠疫苗研制完成并投入使用后，将优先向湄公河国家提供"。① 2021年以来，中国已先后向缅甸、老挝和柬埔寨援助了大量新冠疫苗，湄公河国家也先后向中国采购疫苗。澜湄国家在疫情下开展公共外交的良好互动与合作，又为疫情防控常态化时期澜湄合作的发展奠定了基础。

  首先，多层级的合作机制和框架协议使澜湄合作行稳致远。"一带一路"建设中有多条经济走廊穿过澜湄地区，共商共建共享原则被广泛接受，疫情之下已经发挥显著效益，成绩斐然，未来还将持续推动产能与项目合作，带动湄公河国家经济发展。2020年11月，由东盟主导推进的《区域全面经济伙伴关系协定》（Regional Comprehensive Economic Partnership，RCEP）签署完成，全球规模最大、最具发展潜力的自贸区正式诞生，在关税和贸易壁垒等领域将给湄公河国家带来极大优惠。其次，澜湄国家的发展能力后劲十足。越南和柬埔寨常年经济高速增长，老挝和缅甸的经济也保持较高增长速度，泰国则是这一地区最发达的经济体，而中国刚好与湄公河国家在供需结构和产能等方面优势互补，并且都有发展经济的迫切需求，可以有效减少疫情造成的冲击。据国际货币基金组织（International Monetary Fund，IMF）预测，澜湄国家将全面恢复经济，预测实际国内生产总值将有较大幅度的增长。同时，随着中国国内生产和消费逐步升级，中国对湄公河国家的初级产品以及特色农产品的进口还将进一步扩大。此次澜湄合作第三次领导人会议上，中方提出在澜湄合作专项基金框架下设立公共卫生专项资金，继续尽己所能向湄公河国家提供物资和技术支持，进一步凸显了加强域内公共卫生安全合作、建设澜湄卫生健康共同体的重要性和紧迫性，为澜湄国家命运共同体建设增添了新的动力和路径，扩展了疫情防控常态化时期澜湄合作的深度与宽度。

---

① 《李克强在澜沧江-湄公河合作第三次领导人会议上的讲话（全文）》，新华网，2020年8月24日，http://www.xinhuanet.com/politics/leaders/2020-08/24/c_1126407739.htm。

# B.3 《澜沧江—湄公河合作五年行动计划（2018—2022）》的回顾和展望

卢光盛　田家嫚[*]

**摘　要**：2018年1月的澜湄合作第二次领导人会议，适逢澜沧江-湄公河合作由"培育期"迈入"成长期"的关键时期，澜湄六国共同发表了《澜沧江—湄公河合作五年行动计划（2018—2022）》，该行动计划对澜湄合作的发展目标、基本原则、工作架构、务实合作、支撑体系做了全面的规划与梳理，成为澜湄合作机制接下来五年工作的指导性文件。该行动计划实施五年来各领域规划基本完成，有力促进了各国的经济社会发展，面对疫情各国守望相助开展抗疫合作，有力促进了次区域国家间的合作发展，推动澜湄合作继续走深走实，为区域的稳定与发展注入更多活力。对于打造澜湄国家命运共同体，具有重要意义。展望下一个五年，中方在澜湄合作第六次外长会上提出将制定《澜沧江—湄公河合作五年行动计划（2023—2027）》作为下阶段工作重点，澜湄六国需携手共促疫后复苏，深化多领域合作，聚焦可持续发展，朝着建设澜湄国家命运共同体方向迈进。

**关键词**：澜湄合作　澜湄国家　命运共同体

---

[*] 卢光盛，云南大学周边外交研究中心主任，研究员、博士生导师；田家嫚，云南大学国际关系研究院硕士研究生。

## 《澜沧江—湄公河合作五年行动计划（2018—2022）》的回顾和展望

在澜沧江-湄公河合作由"培育期"迈入"成长期"的关键时期，2018年1月10日，澜沧江-湄公河合作第二次领导人会议正式发表《澜沧江—湄公河合作五年行动计划（2018—2022）》（以下简称《澜湄合作五年行动计划》），为未来五年澜湄合作各领域的发展做了方向性规划。2022年是《澜湄合作五年行动计划》的收官之年，本报告在介绍《澜湄合作五年行动计划》基本情况的基础上，回顾《澜湄合作五年行动计划》出台五年来各个领域的执行情况，总结和分析《澜湄合作五年行动计划》执行五年来的成效，并就未来《澜沧江—湄公河合作五年行动计划（2023—2027）》做几点方向性的展望。

## 一 《澜湄合作五年行动计划》基本情况

2014年11月，国务院总理李克强在第17次中国—东盟领导人会议上提出建立澜沧江-湄公河合作机制。2016年3月，澜湄合作首次领导人会议在海南三亚举行，全面启动澜湄合作进程。① 两年间澜湄合作从"培育期"迈向"成长期"，2018年1月，澜湄合作第二次领导人会议在柬埔寨金边举行，会议正式发表了《澜湄合作五年行动计划》。② 该计划对澜湄合作机制的目标、基本原则、工作架构、务实合作领域以及三大支撑体系做了总体性阐释，对于澜湄合作具有前瞻性和纲领性的指导意义，是澜湄合作机制未来五年工作的指导性文件。

2018年发布的《澜湄合作五年行动计划》，目标在于促进澜湄沿岸各国经济社会发展，增进各国人民福祉，缩小本区域发展差距，建设面向和平与繁荣的澜湄国家命运共同体。③《澜湄合作五年行动计划》密切结合澜湄六国发展需求和区域一体化进程，体现了《三亚宣言》中确立的"领导人引领、

---

① 《关于澜沧江—湄公河合作》，澜沧江-湄公河合作网站，2021年2月26日，http://www.lmcchina.org/2021-02/26/content_41448184.htm。
② 《澜湄合作第二次领导人会议：为成长期的澜湄合作规划蓝图》，中国政府网，2018年1月11日，http://www.gov.cn/xinwen/2018-01/11/content_5256480.htm。
③ 《澜沧江—湄公河合作五年行动计划（2018—2022）》，中国政府网，2018年1月11日，http://www.gov.cn/xinwen/2018-01/11/content_5255417.htm。

全方位覆盖、各部门参与"的架构，以政府引导、多方参与、项目为本的模式运作，积极探索符合六国特点的新型次区域合作模式。①

《澜湄合作五年行动计划》在巩固"3+5"合作框架的基础上，积极拓宽合作领域，形成"3+5+X"合作新架构。② 在政治安全、经济和可持续发展、社会人文三大领域确立了推进澜湄六国务实合作的具体措施。在政治安全方面从高层交往、政党交流、政治对话与合作以及非传统安全领域合作几点为澜湄六国深化政治互信提供了指导。经济和可持续发展是五年行动计划的重点，囊括了互联互通、产能、跨境经济、水资源、农业和减贫五大优先合作领域。社会人文领域囊括了文化、人文、旅游、媒体、卫生等方面。该计划同时提出澜湄合作"资金、智力、监督"三位一体的支撑体系，将内生动力与外部监督相结合。

《澜湄合作五年行动计划》分两个阶段推进，2018~2019年为奠定基础阶段，重在加强各领域合作规划，推动落实中小型合作项目；2020~2022年为巩固和深化推广阶段，重在加强五大优先领域合作，拓展新的合作领域，以呼应成员国发展需求，完善合作模式，逐步探讨大项目合作。③ 两个阶段各有侧重，稳步推进，2022年随着该行动计划的收官，澜湄合作也迈入了全面发展的新阶段。

## 二 《澜湄合作五年行动计划》执行情况回顾

### （一）机制构架完成情况

澜湄合作在"领导人引领、全方位覆盖、各部门参与"的架构下，按

---

① 《澜沧江—湄公河合作五年行动计划（2018—2022）》，中国政府网，2018年1月11日，http://www.gov.cn/xinwen/2018-01/11/content_5255417.htm。
② 张洁：《澜湄机制打造区域合作新模式》，光明网，2020年2月9日，https://m.gmw.cn/baijia/2020-02/09/33537674.html。
③ 《澜沧江—湄公河合作五年行动计划（2018—2022）》，中国政府网，2018年1月11日，http://www.gov.cn/xinwen/2018-01/11/content_5255417.htm。

照政府引导、多方参与、项目为本的模式运作。① 领导人会议每两年举行一次，为澜湄合作长远发展进行战略规划；外长会每年举行一次，负责合作政策规划和协调；高官会和工作组会根据需要每年举行数次，商讨并落实具体领域合作。② 至2021年，澜湄合作已成功举办三次领导人会议、六次外长会等高级别会议。

为了更好地统筹国内工作，六国外交部于2017年陆续成立澜湄合作国内秘书处或协调机构，2018年第二次领导人会议上，李克强总理倡议建立六国秘书处（协调机构）联络机制，适时成立国际秘书处，并根据需要提升部分优先领域联合工作组级别。③ 2018年6月27日，澜湄合作六国秘书处培训开班仪式在北京举行。④ 2019年5月6日澜湄合作六国秘书处/协调机构第二次培训开班仪式在昆明举行，来自中国、泰国、缅甸、老挝、越南、柬埔寨六国的30余名官员在云南民族大学展开了为期一周的培训，推动澜湄合作规范、高效发展。⑤

联合工作组主要由该领域六国牵头部委官员专家组成，每年召开一次或多次会议，促进信息共享和充分协商，为外长会和领导人会议奠定基础，有效整合过去碎片化的合作形式。⑥ 目前，澜湄合作机制下设立六个联合工作组，并根据《澜湄合作五年行动计划》陆续完成各优先领域规划，如《澜沧江—湄公河水资源合作五年行动计划（2018—2022）》、《澜沧江—湄公河环境合作战略（2018—2022）》、《澜湄农业合作三年行动计划（2020—

---

① 《澜沧江—湄公河首次领导人会议三亚宣言（全文）》，中国政府网，2016年3月24日，http://www.gov.cn/xinwen/2016-03/24/content_5057018.htm。
② 马婕：《澜湄合作五年：进展、挑战与深化路径》，《国际问题研究》2021年第4期，第62页。
③ 《李克强在澜沧江—湄公河合作第二次领导人会议上的讲话（全文）》，中国政府网，2018年1月11日，http://www.gov.cn/guowuyuan/2018-01/11/content_5255425.htm。
④ 《澜湄合作六国秘书处培训开班仪式在北京举行》，中华网，2018年6月28日，https://news.china.com/internationalgd/10000166/20180628/32593101.html。
⑤ 《"澜湄合作六国秘书处/协调机构第二次培训"正式开班》，人民网，2019年5月16日，http://world.people.com.cn/n1/2019/0516/c1002-31088764.html。
⑥ 马婕：《澜湄合作五年：进展、挑战与深化路径》，《国际问题研究》2021年第4期，第62页。

2022）》、"澜湄跨境经济合作五年发展计划"、"澜湄国家产能合作三年行动计划"、"澜湄国家互联互通规划"。① 澜湄合作第六次外长会通过《关于加强澜沧江—湄公河国家可持续发展合作的联合声明》《关于深化澜沧江—湄公河国家地方合作的倡议》《关于在澜沧江—湄公河合作框架下深化传统医药合作的联合声明》等共识文件。② 以这些相关领域的具体计划作为指导性文件，推进《澜湄合作五年计划》的相关合作和项目执行。

五年中澜湄合作机制与其他湄公河次区域机制实现了相互补充和协调发展，在充分考虑与尊重各国发展愿景和规划的基础上，六国积极推动澜湄合作与东盟、"一带一路"倡议、伊洛瓦底江-湄南河-湄公河经济合作战略组织（Ayeyawady-Chao Phraya-Mekong Economic Cooperation Strategy，ACMECS）、湄公河委员会（Mekong River Commission，MRC）、大湄公河次区域经济合作（Greater Mekong Subregion Economic Cooperation，GMS）、国际陆海贸易新通道等现有合作机制对接合作，充分利用发展资源，推动了次区域社会经济发展。2021年是中国—东盟建立对话关系30周年，2021年11月22日上午国家主席习近平在北京以视频方式出席并主持中国—东盟建立对话关系30周年纪念峰会，中国东盟正式宣布建立中国东盟全面战略伙伴关系。③

## （二）各领域务实合作执行情况

### 1. 政治安全

政治安全方面，澜湄合作领导人会议每两年举行一次，外长会每年举行一次，高官会和工作组会根据需要每年举行数次，六国领导人通过双边访问或其他国际合作平台保持经常性接触。到2021年，澜湄合作已成功举办三

---

① 《中国参与澜湄及湄公河次区域合作2021年十大新闻发布》，中国新闻网，2022年1月28日，http：//www.chinanews.com.cn/gn/2022/01-28/9664069.shtml。
② 《开启澜湄合作新的"金色5年"——澜沧江-湄公河合作外长会在重庆举行》，中国政府网，2021年6月9日，http：//www.gov.cn/guowuyuan/2021-06/09/content_5616332.htm。
③ 《习近平出席并主持中国—东盟建立对话关系30周年纪念峰会 正式宣布建立中国东盟全面战略伙伴关系》，中国政府网，2021年11月22日，http：//www.gov.cn/xinwen/2021-11/22/content_5652491.htm。

次领导人会议、六次外长会等高级别会议。

澜湄合作首次领导人会议于 2016 年 3 月 23 日在海南三亚举行，由李克强总理和泰国总理巴育共同主持，柬埔寨首相洪森、老挝总理通邢、缅甸副总统赛茂康和越南副总理范平明出席。① 当地时间 2018 年 1 月 10 日，澜沧江-湄公河合作第二次领导人会议在金边开幕，中国国务院总理李克强与柬埔寨首相洪森共同主持会议，会议发表了《澜湄合作五年行动计划》和《澜沧江—湄公河合作第二次领导人会议金边宣言》。② 澜沧江-湄公河合作第三次领导人会议于 2020 年 8 月 24 日以视频方式召开，这次会议主题为"加强伙伴关系，实现共同繁荣"，会议发表了《澜沧江—湄公河合作第三次领导人会议万象宣言》（以下简称《万象宣言》）和《澜沧江—湄公河合作第三次领导人会议关于澜湄合作与"国际陆海贸易新通道"对接合作的共同主席声明》。③

澜湄合作首次外长会于 2015 年 11 月 12 日在云南景洪举行，会议通过了《澜湄合作概念文件》和《首次外长会联合新闻公报》，六国外长就澜湄合作目标、原则、重点领域、机制框架和首次领导人会议相关安排等达成一致，同意尽快实施一批早期收获项目。④

澜湄合作第二次外长会于 2016 年 12 月 23 日在柬埔寨暹粒举行，会议重点回顾了首次领导人会议成果落实进展，并就加强澜湄合作机制建设、深化务实合作、规划未来发展等达成广泛共识，会议通过了《第二次外长会联合新闻公报》《首次领导人会议主要成果落实进展情况表》《优先领域联

---

① 《澜湄六国领导人共襄"六水合一"》，中国政府网，2016 年 3 月 23 日，http://www.gov.cn/xinwen/2016-03/23/content_ 5056980.htm。
② 《李克强出席澜沧江—湄公河合作第二次领导人会议》，中国政府网，2018 年 1 月 11 日，http://www.gov.cn/guowuyuan/2018-01/11/content_ 5255406.htm。
③ 《李克强出席澜沧江—湄公河合作第三次领导人会议》，中国政府网，2020 年 8 月 24 日，http://www.gov.cn/xinwen/2020-08/24/content_ 5537040.htm。
④ 《澜湄合作历次外长会》，澜沧江-湄公河合作网站，2021 年 2 月 26 日，http://www.lmcchina.org/2021-02/26/content_ 41448203.htm。

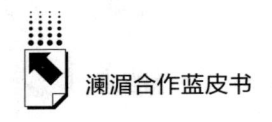

合工作组筹建原则》三份成果文件。①

澜湄合作第三次外长会于2017年12月15日在云南大理举行。会议发表了《第三次外长会联合新闻公报》，审议并同意向第二次领导人会议提交《澜湄合作五年行动计划》，建立"澜湄合作热线信息平台"，散发了《2017年度澜湄合作专项基金支持项目清单》《首次领导人会议主要成果和第二次外长会成果落实清单》。②

澜湄合作第四次外长会于2018年12月17日在老挝琅勃拉邦举行，会议旨在落实第二次领导人会议成果，规划澜湄合作下一步发展，并为第三次领导人会议做准备。会议通过了《联合新闻公报》，散发了《〈澜湄合作五年行动计划〉2018年度进展报告》、《2018年度澜湄合作专项基金支持项目清单》和六国智库共同撰写的《澜湄流域经济发展带研究报告》，发布了澜湄合作会歌。

2020年2月20日，澜湄合作第五次外长会在老挝万象举行，会议通过了《第五次外长会联合新闻公报》，散发了《〈澜湄合作五年行动计划〉2019年度进展报告》、《2020年度澜湄合作专项基金支持项目清单》、《2018年度澜湄合作专项基金支持项目落实进展表》和《关于共建澜湄流域经济发展带的建议》。③

2021年6月8日，澜湄合作第六次外长会在重庆举行，会议通过了《关于加强澜沧江—湄公河国家可持续发展合作的联合声明》、《关于深化澜沧江—湄公河国家地方合作的倡议》和《关于在澜沧江—湄公河合作框架下深化传统医药合作的联合声明》，散发了《〈澜湄合作五年行动计划〉2020年度进展报告》、《澜湄流域经济发展带与"国际陆海贸易新通道"对接合作联合研究报告》、《2021年度澜湄合作专项基金支持项目清单》和

---

① 《澜湄合作历次外长会》，澜沧江－湄公河合作网站，2021年2月26日，http://www.lmcchina.org/2021-02/26/content_ 41448203.htm。
② 《澜湄合作历次外长会》，澜沧江－湄公河合作网站，2021年2月26日，http://www.lmcchina.org/2021-02/26/content_ 41448203.htm。
③ 《澜湄合作历次外长会》，澜沧江－湄公河合作网站，2021年2月26日，http://www.lmcchina.org/2021-02/26/content_ 41448203.htm。

《澜湄合作热线信息平台》等研究报告和资料。中方还散发了《中国相关省区市与湄公河国家地方政府合作意向清单》和《中方推进澜湄流域经济发展带与"陆海新通道"对接初步建议与举措》等清单。①

2021年适逢中国共产党成立100周年，2021年7月6日，中国共产党与世界政党领导人峰会以视频连线方式举行。② 中国驻泰国大使馆、泰国七世王学院共同举办"回首百年辉煌谱写发展新篇——中国百年发展带来的启示"线上座谈会，庆祝中国共产党成立100周年，③柬埔寨、老挝、越南等国家均发电祝贺。

非传统安全合作方面，自2019年底以来，面对新冠肺炎疫情的延宕反复，澜湄六国同舟共济，共抗疫情。中国向湄公河五国无偿提供检测试剂、口罩、防护服等多批抗疫物资，举办抗疫经验交流会，派出医疗专家组，援建核酸检测实验室和方舱医院，帮助各国抗疫。截至2021年底，中国通过援助和商采等方式共向湄公河五国提供约1.9亿剂疫苗。④ 2021年6月澜湄合作第六次外长会期间，各国外长审议通过《关于在澜沧江—湄公河合作框架下深化传统医药合作的联合声明》，一致支持各国传统医药参与全球疫情防控，促进次区域公共卫生发展。⑤ 2021年12月17日，健康澜湄论坛暨"江苏澜湄日"——后疫情时代澜湄国家传统医学合作论坛在南京中医药大学举行，各专家共同商讨传统医学发展方向与合作路径。⑥

---

① 《澜湄合作历次外长会》，澜沧江-湄公河合作网站，2021年2月26日，http://www.lmcchina.org/2021-02/26/content_ 41448203. htm。
② 《习近平出席中国共产党与世界政党领导人峰会并发表主旨讲话》，新华网，2021年7月7日，http://www.xinhuanet.com/politics/leaders/2021-07/07/c_ 1127629017. htm。
③ 《驻泰使馆与泰国七世王学院共同举办庆祝中国共产党成立100周年座谈会》，中华人民共和国驻泰王国大使馆网站，2021年7月9日，http://th.china-embassy.gou.cn/sgxw/202107/t20210709_ 8928933. html。
④ 《中国参与澜湄及湄公河次区域合作2021年十大新闻发布》，中国新闻网，2022年1月28日，http://www.chinanews.com.cn/gn/2022/01-28/9664069. shtml。
⑤ 《中国参与澜湄及湄公河次区域合作2021年十大新闻发布》，中国新闻网，2022年1月28日，http://www.chinanews.com.cn/gn/2022/01-28/9664069. shtml。
⑥ 《健康澜湄论坛暨"江苏澜湄日"在南京中医药大学举行》，新浪网，2021年12月17日，http://k.sina.com.cn/article_ 3233134660_ c0b5b84402000zok9. html。

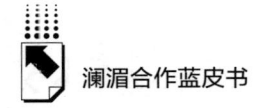

## 2. 经济和可持续发展

### （1）互联互通

澜湄六国共同编制了"澜湄国家互联互通规划"，对接《东盟互联互通总体规划2025》和其他次区域规划，促进了澜湄国家全面互联互通。第三次领导人会议通过的《万象宣言》提出，要促进贸易、投资、电力互联互通、工业、科技、创新、基础设施、交通设施、民航、公路和铁路连接、旅游和人文交流。① 在六国的共同努力下，澜湄次区域铁路建设相继启动，空中航线四通八达，公路网络日益完备，② 一大批高标准、可持续、惠民生的基础设施互联互通项目取得重要进展，为促进区域融合发展提供了强劲动力。

2021年12月3日，中老铁路正式通车，两国元首通过视频连线方式共同出席通车仪式。③ 中老国际物流通道货运往返班车正式开行，重庆至老挝万象跨境公路班车直通车正式开通，进一步提升了次区域互联互通水平。南方电网同老挝国家电力公司合资成立的老挝国家输电网公司（EDL-T）与老挝政府签署特许经营权协议，中老两国在输电领域开展互利共赢的合作方面迈出了实质性步伐。④

中企承建的柬11号国家公路改扩建项目竣工交接，金边至西哈努克港高速公路完成了70%的工程量。中缅合作的缅甸曼德勒—皎漂铁路项目可行性研究谅解备忘录签署仪式顺利举行，中国援缅甸列车车厢项目顺利交付。⑤ 中企承建的越南首条城市轻轨河内轻轨二号线投入运行。中泰铁路第一施工段完工。中企承建的泰素万纳普机场新候机楼竣工，2021年5月29

---

① 《澜沧江—湄公河合作第三次领导人会议万象宣言——"加强伙伴关系，实现共同繁荣"》，澜沧江-湄公河合作网站，2020年8月25日，http：//www.lmcchina.org/2020-08/25/content_ 41447223. htm。
② 马婕：《澜湄合作五年：进展、挑战与深化路径》，《国际问题研究》2021年第4期，第64页。
③ 《习近平同老挝人民革命党中央总书记、国家主席通伦共同出席中老铁路通车仪式》，新华网，2021年12月3日，http：//www.news.cn/photo/2021-12/03/c_ 1128129279. htm。
④ 《中国参与澜湄及湄公河次区域合作2021年十大新闻发布》，中国新闻网，2022年1月28日，http：//www.chinanews.com.cn/gn/2022/01-28/9664069. shtml。
⑤ 《中缅合作缅甸曼德勒—皎漂铁路项目可行性研究谅解备忘录签署仪式举行》，环球网，2021年1月10日，https：//world.huanqiu.com/article/41SWlGXS3IN。

日，中泰铁路首孔 40 米节段预制简支箱梁——颂嫩特大桥 101#梁顺利架设，①标志着中泰铁路建设取得重要进展。

五年中澜湄国家网络互联互通水平大大提升，澜湄各国陆续出台了数字发展战略，并在基础设施、平台建设、市场拓展和数字内容等领域广泛开展合作。②华为、中兴等公司承担湄公河多国国内及跨境通信基础设施设计建设，如马—柬—泰海底光缆系统等。③阿里巴巴、京东、腾讯等中国数字经济龙头企业通过股权投资与并购等方式加速布局湄公河国家数字经济市场，以电商平台为特征的跨境贸易发展迅速，其投资的数字支付平台已覆盖缅甸、泰国、越南等东南亚国家的主要市场，多个平台用户过亿。④

疫情使澜湄各国社会经济数字化进程加速，数字经济在次区域合作中的重要性更加凸显。2020 年 11 月，第 23 次中国—东盟领导人会议通过《中国—东盟关于建立数字经济合作伙伴关系的倡议》，表示将"打造互信互利、包容、创新、共赢的数字经济合作伙伴关系，加强在数字技术防疫抗疫、数字基础设施、产业数字化转型、智慧城市、网络空间和网络安全等领域的合作"。⑤中方还积极分享深圳特区等建设经验，启用老挝、缅甸、柬埔寨云计算创新中心，开展卫星遥感、大数据平台等创新项目，促进了区域产业升级和现代化智慧城市建设。⑥此外，近年来澜湄互联互通不仅关注

---

① 《中泰铁路建设取得重要进展》，"中国日报网"百家号，2021 年 6 月 10 日，https://baijiahao.baidu.com/s?id=1702167612499367574&wfr=spider&for=pc。
② 马婕：《澜湄合作五年：进展、挑战与深化路径》，《国际问题研究》2021 年第 4 期，第 68 页。
③ Bangkok Post, "Somkid Welcomes Huawei 5G, Deepens Cooperation to Boost 5G AI Eco-innovation," October 23, 2019, https://www.bangkokpost.com/business/1777994/somkid-welcomeshuawei-5g-deepens-cooperation-to-boost-5g-ai-eco-innovation.
④ Bangkok Post, "Somkid Welcomes Huawei 5G, Deepens Cooperation to Boost 5G AI Eco-innovation," October 23, 2019, https://www.bangkokpost.com/business/1777994/somkid-welcomeshuawei-5g-deepens-cooperation-to-boost-5g-ai-eco-innovation.
⑤ 《〈中国—东盟关于建立数字经济合作伙伴关系的倡议〉发表》，中国工业和信息化部网站，2020 年 11 月 13 日，http://www.miit.gov.cn/jgsj/gjs/yzhz/art/2020/art_82c43e18928e4ffeaea697eb34fef0ff.html。
⑥ 《澜湄合作越五载，砥砺前行绘新篇》，西双版纳傣族自治州人民政府网站，2021 年 4 月 19 日，https://www.xsbn.gov.cn/wsqwb/53134.news.detail.dhtml?news_id=2169978。

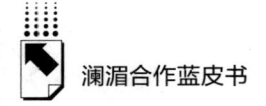

"硬联通"水平,也注重在经贸、金融、科技和教育等领域加强协同,消除"软联通"障碍。

(2)产能合作

澜湄合作首次领导人会议通过的《澜湄国家产能合作联合声明》中明确制定"澜湄国家产能合作行动计划",五年来产能合作不断走深走实。2018年9月13日,"澜沧江—湄公河国家产能与投资合作论坛"在南宁举行。论坛以"深化产能合作,促进共同发展"为主题,来自澜湄六国政府部门、行业协会、研究机构、金融机构和企业、媒体界代表近300人参加论坛。①

各重大项目有序推进。越南永新燃煤电厂项目进展顺利;老挝南欧江流域梯级水电站项目建成后将保障老挝12%的电力供应;柬埔寨暹粒新机场完工后年旅客吞吐量将达数百万人次。2020年12月28日,由国家发展改革委国际合作中心联合有关单位共同主办的澜湄"多国多园"合作交流对接会暨境内外园区互动发展推介会以线上线下结合的方式,在北京与湄公河五国通过视频连线举行。②中国企业积极参与西哈努克港经济特区、罗勇工业园区、赛色塔综合开发区建设,开展"多国多园"合作,促进投资、就业、能力建设及技术创新合作,为当地创造了大量税收和就业机会。③

2019年10月17日,澜湄纺织合作峰会在江苏苏州举行,六国纺织服装行业协会共同发布《澜沧江—湄公河国家纺织服装产业产能合作联合声明》,标志着澜湄纺织服装产业合作对话机制正式启动,并发布了《中国与湄公河五国纺织服装产业贸易投资合作报告》。④2021年9月中国—东盟博

---

① 《澜沧江—湄公河国家产能与投资合作论坛在南宁召开》,"中国日报网"百家号,2018年9月14日,https://baijiahao.baidu.com/s?id=16115486825 28483874&wfr=spider&for=pc。
② 《澜湄"多国多园"合作交流对接会暨境内外园区互动发展推介会成功举行》,澜沧江-湄公河合作网站,2021年1月6日,http://www.lmcchina.org/2021-01/06/content_41465960.htm。
③ 《李克强在第24次中国—东盟领导人会议上的讲话(全文)》,中国政府网,2021年10月27日,http://www.gov.cn/premier/2021-10/27/content_5645083.htm。
④ 《澜湄六国纺织服装产业产能合作正式起航》,中国国际贸易促进委员会纺织行业分会网站,2019年10月28日,http://www.ccpittex.com/xwzx/yw/69482.html。

览会期间，澜湄各国举办产能与投资合作论坛、"澜湄国家产能合作能力建设——数字电商合作培训班"等系列活动，积极推动产业链供应链、国际物流、数字经济合作。①

（3）经贸和金融合作

澜湄各国大力促进区域电力贸易、电子商务、经济技术合作、产业园区、跨境经济合作区、贸易投资等领域的跨境合作，一系列跨境经济合作新机制和新平台建立，如澜湄商务理事会、澜湄合作博览会等，跨境经济合作内涵外延不断扩大。中越方面有东兴—芒街、凭祥—同登、河口—老街、龙邦—茶岭，中老方面有磨憨—磨丁，中缅方面有瑞丽—木姐、清水河等跨境或边境经济合作区建设稳步升级。中国国内自贸试验区扩容升级也为澜湄跨境合作提供了新动能，广西、云南等地的自贸试验区与湄公河国家联系密切。② 新冠肺炎疫情背景下，中国已与老、柬、缅建立双边人员往来"快捷通道"和物资流通"绿色通道"，积极推动讨论建设澜湄"快捷通道""绿色通道"网络。③

中国与湄公河国家克服新冠肺炎疫情带来的重重困难，双方经贸合作在更大范围、更宽领域、更深层次上不断深化，2021年，中国与湄公河国家贸易额达3980亿美元，同比增长23%。④ 中柬完成《中华人民共和国政府和柬埔寨王国政府自由贸易协定》的批准程序，更新《关于促进产能与投资合作的谅解备忘录》。中老签署《关于建立中老经济走廊合作联合委员会的谅解备忘录》和《关于确认并共同推动产能与投资合作第三轮重点项目的协议》，将依托中老铁路，促进中老经济走廊建设。缅甸中央银行宣布允许人民在中缅边境地区使用人民币和缅元直接进行边境贸易结算，中缅畹町口岸芒满通道正式恢复进出口货物通关。首趟采用铁路快速通关模式的中越

---

① 《中国参与澜湄及湄公河次区域合作2021年十大新闻发布》，中国新闻网，2022年1月28日，http://www.chinanews.com.cn/gn/2022/01-28/9664069.shtml。
② 《【"十三五"成就巡礼】自贸试验区：打造扩大开放新高地》，国际在线，2020年12月29日，http://news.cri.cn/20201229/5166d567-7de0-510a-6f80-b5d513076e92.html。
③ 马婕：《澜湄合作五年：进展、挑战与深化路径》，《国际问题研究》2021年第4期，第66页。
④ 《中国参与澜湄及湄公河次区域合作2021年十大新闻发布》，中国新闻网，2022年1月28日，http://www.chinanews.com.cn/gn/2022/01-28/9664069.shtml。

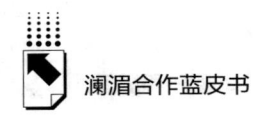

班列发运,进一步提升了陆海贸易新通道班列转运效能。①

(4) 水资源合作

澜湄合作因水而生,水资源合作是五大优先合作领域之一,澜湄六国共同制定了《澜沧江—湄公河水资源合作五年行动计划(2018—2022)》,成立了作为澜湄水资源合作决策的协调机构的澜湄水资源合作联合工作组,为水资源合作搭建平台。计划出台五年来,澜湄六国开展了广泛的技术交流,进行了数据和信息共享,共同落实了一批水资源合作项目。中方于2020年11月30日正式开通澜湄水资源合作信息共享平台网站,向湄公河五国分享澜沧江全年水文信息。

2019年澜湄合作首次水资源合作部长级会议于北京召开,会上发布了《澜湄水资源合作部长级会议联合声明》和《澜湄水资源合作项目建议清单》,各方表示将在水资源领域深入开展合作,定期召开澜湄水资源合作论坛。② 中方多次应湄公河国家需求提供应急补水,抓紧实施大坝安全、农村供水、绿色水电等合作项目,为湄公河国家提供水利人才共计千余人,实施农村供水示范工程建设。③

2021年6月举办的澜湄合作第六次外长会上,六方就水资源下一步合作达成广泛共识,通过了《关于加强澜沧江—湄公河国家可持续发展合作的联合声明》,强调六国应加强水资源、生态环境等领域合作,打造环境友好和创新驱动的经济增长模式,助力区域实现更好、更绿色和更智能的疫后重建。④ 2021年9月14日,澜湄水资源合作联合工作组2021年特别会议通过视频方式成功召开,会议就第二届澜湄水资源合作部长级会议、第二届澜

---

① 《中国参与澜湄及湄公河次区域合作2021年十大新闻发布》,中国新闻网,2022年1月28日,http://www.chinanews.com.cn/gn/2022/01-28/9664069.shtml。
② 《澜湄六国将共同推进澜湄水资源合作》,中国政府网,2019年12月20日,http://www.gov.cn/xinwen/2019-12/20/content_5462658.htm。
③ 《王毅谈疫情背景下澜湄合作新进展》,澜沧江-湄公河合作网站,2021年6月8日,http://www.lmcchina.org/2021-06/08/content_41587181.htm。
④ 《中国参与澜湄及湄公河次区域合作2021年十大新闻发布》,中国新闻网,2022年1月28日,http://www.chinanews.com.cn/gn/2022/01-28/9664069.shtml。

湄水资源合作论坛、澜湄水资源合作信息共享平台建设、澜湄中心计划与湄委会秘书处共同开展的联合研究等议题深入交换意见，达成了广泛共识。①

2021年12月，第二届澜湄水资源合作论坛以视频方式成功举行，六国水利部部长、专家学者、有关国际组织和机构代表围绕水资源保护、应对气候变化、农村水利与民生改善等议题深入交换意见，分享合作经验，规划未来合作，发布了《第二届澜湄水资源合作论坛北京倡议》。②中方全力保障下游国家水资源供应，及时提供澜沧江水文信息，与湄公河国家共同实施"澜湄甘泉行动计划""澜湄兴水惠民行动""澜湄国家典型小流域综合治理示范"等务实合作项目，携手应对气候变化挑战，提升各国水资源管理能力。围绕水资源合作，2021年"澜湄周"期间，中国水利部在云南举办"同饮一江水，澜湄一家亲"活动，邀请湄公河五国驻华使节参观澜沧江水利设施，探讨水资源合作路径。③六国以线上线下相结合的方式举办2021年"澜湄周"环境合作系列活动，开展低碳与生态环境能力建设，实施澜湄区域与全球环境治理圆桌对话。

澜湄水资源合作中心在中国的成立，使六国在技术交流、研究、信息共享和能力建设方面的合作有了平台支撑，同时六国为澜湄水资源合作中心的建设提供了有力支持，包括派专家到中心短期工作、积极与湄公河委员会等其他次区域合作机制和多个国际机构开展合作，代表性的进展是澜湄水资源合作中心与湄公河委员会秘书处签署了合作谅解备忘录。④

（5）农业、减贫和可持续发展

澜湄农业合作在澜湄合作专项基金支持下开展了大批项目，农业农村政

---

① 《澜湄水资源合作联合工作组2021年特别会议成功召开》，澜湄水资源合作信息共享平台，2021年9月15日，http://cn.lmcwater.org.cn/dynamic_news/202109/t20210928_35363.html。

② 《第二届澜湄水资源合作论坛开幕 中国水利部提出四项合作建议》，"中国新闻网"百家号，2021年12月7日，https://baijiahao.baidu.com/s?id=1718491767134971176&wfr=spider&for=pc。

③ 《2021年水资源领域"澜湄周"活动在云南成功举办》，中国水利网，2021年4月30日，http://www.chinawater.com.cn/newscenter/kx/202104/t20210430_764360.html。

④ 《澜湄水资源合作部长级会议联合声明》，中国水利网，2019年12月23日，http://www.chinawater.com.cn/ztgz/hy/2019lmhy/4/201912/T20191223_742574.html。

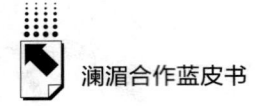

策对话加强,"丰收澜湄"项目集群与澜湄农业平台建设稳步推进。2020年1月,澜湄农技推广与信息交流平台试运行。澜湄区域农作物绿色联合防控平台、农业科研机构合作平台、智慧农业监控平台、兽药与疫苗合作平台等相继建立,为促进澜湄农业合作发挥了重要作用。①

中资企业在柬埔寨、老挝与当地企业共建农业合作示范区,打造水稻、橡胶、果蔬、畜产品生产加工和物流集散基地。中国与湄公河国家积极开展农业经贸投资、科技交流等多领域务实合作,为区域农业农村现代化和经济社会发展注入动力。2021年,中国与湄公河国家农产品贸易总额约为282亿美元,同比增长18.6%。2021年7月14日首届澜湄水果节在北京举行,致力于促进区域水果投资和贸易,深化农业产业合作。②

中国农业农村部牵头实施13个"丰收澜湄"农业合作项目,开展水稻、天然橡胶、香蕉、动植物疫病防控等多个领域农技交流合作,为湄公河国家培训农业官员、技术人员、学生和农民,设立"澜湄稻渔奖学金",编制出版《澜湄农业合作发展报告》。各国相关政府部门、商协会和企业交流疫情及在RCEP背景下农业农资经贸发展的机遇,推介优质产品、潜力项目和技术成果,助力各国加快农业生产和恢复经济。③ 中国热科院推广橡胶树死皮康复综合技术,每年可为老挝挽回近1.7亿元人民币损失。中国农科院筛选的3个大豆品种在缅甸示范基地平均亩产超过200公斤。中柬农业部门就《关于推动香蕉产业合作谅解备忘录》达成一致。中越农业部门在广西东兴市北仑河口举行第四次联合增殖放流与养护活动,投入鱼虾类种苗近5600万尾。④

---

① 《深耕农业合作,共襄"丰收澜湄"》,农业农村部对外经济合作中心网站,2020年9月18日,http://www.fecc.agri.cn/xglj/lmnyhzzx/gzdt/202009/t20200918_361294.html。
② 《首届澜湄水果节成功举办:使节"带货",果实飘香》,中国扶贫在线网站,2021年7月14日,http://f.china.com.cn/2021-07-14/content_77626236.htm。
③ 《【农民日报客户端】2021澜湄农业农资产品、产能、经贸、技术对接交流会在京召开》,中国供销合作网,2021年12月8日,http://www.chinacoop.gov.cn/news.html?aid=1731677。
④ 《中国参与澜湄及湄公河次区域合作2021年十大新闻发布》,中国新闻网,2022年1月28日,http://www.chinanews.com.cn/gn/2022/01-28/9664069.shtml。

减贫方面，六国制定了"澜湄可持续减贫合作五年计划"，中方在首次领导人会议上提出《澜湄国家减贫合作非文件》，推动落实"东亚减贫合作倡议"，相继在柬、老、缅等国建立减贫合作示范点，① 这些示范项目改善了所在村庄的基础设施条件和公共服务水平，带动了湄公河国家减贫发展。② 2021年11月21日，"澜湄民族地区社会创业与减贫合作国际会议"以线上线下相结合的方式举行。来自澜湄六国的政商界人士和专家学者围绕社会创业和减贫主题，分享经验做法，探索合作路径。③

2021年6月8日在中国重庆举行的澜湄合作第六次外长会上通过了《关于加强澜沧江—湄公河国家可持续发展合作的联合声明》，强调可持续发展，六国加快实施《澜湄环境合作战略》和"绿色澜湄计划"，加强清洁能源和可再生能源方面的经验共享，共同促进生态环境保护和低碳转型。④ "绿色低碳与可持续基础设施知识共享平台""促进可持续生计的生态系统管理改善试点"项目顺利启动，"柬埔寨西哈努克低碳示范区""老挝万象赛色塔低碳示范区"建设稳步推进。

3. 社会人文合作

五年来，澜湄国家进行形式多样的文化交流活动，澜湄合作媒体峰会、澜湄万里行中外媒体大型采访团活动、澜湄国际电影周、澜湄国家旅游城市合作论坛、澜湄职业教育联盟论坛、澜湄高校百名志愿者行动、澜湄国家青年文化交流营、澜湄流域治理与发展青年创新设计大赛、"锦绣澜湄"摄影大赛均如期举行，得到湄公河国家民众的积极响应，六国民众的"澜湄认同"加强，共同培育起了"平等相待、真诚互助、亲如一家"的澜湄文化。

---

① 《李克强在澜沧江-湄公河合作首次领导人会议上的讲话（全文）》，中国外交部网站，2016年3月23日，https://www.mfa.gov.cn/web/ziliao_674904/zyjh_674906/201603/t20160323_7945582.shtml。
② 《澜湄万花筒｜澜湄合作优先领域（五）农业和减贫》，澜沧江-湄公河合作网站，2019年11月18日，http://www.lmcchina.org/2019-11/18/content_41447453.htm。
③ 《澜湄民族地区社会创业与减贫合作国际会议在武汉召开》，荆楚网，2021年11月22日，http://edu.cnhubei.com/xwxc/2021-11/22/c14266261.html。
④ 《中国参与澜湄及湄公河次区域合作2021年十大新闻发布》，中国新闻网，2022年1月28日，http://www.chinanews.com.cn/gn/2022/01-28/9664069.shtml。

2021年正值澜湄合作启动5周年，国务委员兼外长王毅在《人民日报》发表题为《奋楫五载结硕果，继往开来再扬帆》的署名文章，与湄公河五国驻华使节在北京共同出席庆祝澜湄合作启动五周年暨2021年"澜湄周"招待会。① 湄公河国家外长通过发表署名文章和致贺信等方式，高度评价澜湄合作的显著成就和其为地区经济社会发展所做的贡献，表示愿同中方继续紧密合作，推进机制建设，深化务实合作，更好造福人民。② 六国中央部委、地方政府共同举办会议论坛、媒体报道、影视展播、乡村振兴、青年创新创业大赛等近60项丰富多彩的庆祝活动。

疫情背景下澜湄文化交流并未叫停，"澜湄国家历史文化名城对话会"聚焦六国历史文化名城的悠久传统和发展现状，凝聚合作共识，共谋发展前景。"澜湄旅游城市合作联盟大会暨澜湄市长文化旅游论坛"在重庆成功举办，各方共同商讨疫后澜湄区域文化和旅游业复苏振兴举措。③ "同饮一江水 共话澜湄情"——2021澜湄万里行中外媒体大型采访活动在青海、西藏两省区举行，展现了澜沧江上游生态保护情况和脱贫攻坚成就，促进了流域国家文化交流交融。④ "2021澜湄合作国际海报设计大赛"顺利举行，吸引各国优秀设计师争相参赛。⑤ "2021年澜湄电视周"在云南昆明举办，展播六国优秀广播电视作品，大力弘扬"平等相待、真诚互助、亲如一家"的澜湄文化。⑥

中国援柬埔寨国家体育场正式交接，成为象征中柬友谊的又一个重要

---

① 《王毅出席澜湄合作启动五周年招待会》，中国外交部网站，2021年4月13日，https：//www.mfa.gov.cn/web/wjbzhd/202104/t20210413_9137166.shtml。
② 《中国参与澜湄及湄公河次区域合作2021年十大新闻发布》，中国新闻网，2022年1月28日，http：//www.chinanews.com.cn/gn/2022/01-28/9664069.shtml。
③ 《澜湄旅游城市合作联盟大会暨澜湄市长文化旅游论坛在重庆举行》，中国文化和旅游部网站，2021年10月28日，https：//www.mct.gov.cn/whzx/whyw/202110/t20211025_928505.htm。
④ 《2021澜湄万里行中外媒体大型采访活动结束》，人民网，2021年10月27日，http：//qh.people.com.cn/n2/2021/1027/c182781-34976168.html。
⑤ 《"2021澜湄合作国际海报设计大赛"正式启动》，"中国报道"百家号，2021年6月12日，https：//baijiahao.baidu.com/s?id=1702291684346904568&wfr=spider&for=pc。
⑥ 《2021年澜湄电视周暨老挝主题日系列活动启动》，中国政府网，2021年12月1日，http：//www.gov.cn/xinwen/2021-12/01/content_5655329.htm。

地标；援柬埔寨乡村供水项目二期工程启用，有效解决了农村民众饮用水源短缺及用水卫生问题。中国援老挝首都万象市中心城区点亮工程完工，成为当地市民夜间打卡目的地。中国援缅甸国家体育馆维修改造项目移交。中国援缅甸曼德勒工业培训中心升级改造项目启动。中越举办"扶贫经验线上座谈会"，助力两国边境省份实现可持续发展。中国与湄公河国家积极开展灾害管理合作，举办"澜湄国家加强多灾种和灾害链早期预警技术研讨会"，同老挝、柬埔寨等国建立防灾减灾救灾和应急救援合作关系，推动灾害管理领域合作不断取得新进展，保障各国经济发展和民生福祉。[①]

## 三 《澜湄合作五年行动计划》合作成效

2022年是《澜湄合作五年行动计划》的收官之年，五年来，该行动计划不断走深走实，各领域规划基本完成，合作成效显著，亮点凸显，有力增进了各国人民福祉，促进了流域六国经济社会发展。

### （一）机制渐趋成熟，推动各方协调发展

五年来，澜湄合作渐趋完善，六国共同建立起领导人会议、外长会、高官会、工作组会等机制，形成了多层次、宽领域的合作架构，六国在各自外交部成立澜湄合作国家秘书处或协调机构，并建立各优先领域的联合工作组，各领域合作研究中心等机构纷纷成立并投入运营，为澜湄合作各个领域搭建起平台。五年中举行了3次领导人会议、6次外长会、7次高官会和10次工作组会，会议成果总结上一年度的工作，推陈出新，为澜湄合作领航定向。五年来，澜湄合作践行互利共赢、开放包容的理念，积极推动各方参与

---

① 《应急管理部举办澜湄国家加强多灾种和灾害链早期预警技术研讨会》，中国应急管理部网站，2021年8月27日，https：//www.mem.gov.cn/xw/yjglbgzdt/202108/t20210827_396944.shtml。

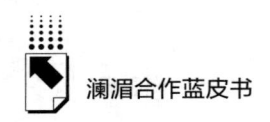

和协调发展。澜湄合作机制是在中国—东盟合作框架下的合作机制，澜湄合作机制和东盟机制相互补充、相互合作，共同助力东盟共同体建设，为完善区域治理贡献了"澜湄方案"和"澜湄智慧"。

### （二）多领域取得实质性进展，发展成果共享

五年来，多领域在澜湄合作"3+5+X"的框架下取得了实质性进展，为区域发展奠定了坚实基础，给澜湄各国人民带来了实打实的利益。互联互通稳步向纵深推进，推进重点基础设施项目建设，打造澜湄地区公路、铁路、水路、港口、航空互联互通网络，流域经济走廊建设加快；产能合作提质升级，六国大力推进产能合作，推动流域各国产能合作提质增效升级，数字经济成为新的经济增长点；跨境经济合作成效显著，贸易和投资便利化水平大大提升，"国际陆海贸易新通道"与澜湄合作的对接对推动贸易投资畅通稳定，提升域内供应链产业链水平具有重要意义；水资源合作升至新高度，六国不断提升流域治理能力，促进水资源合理和可持续利用；农业和减贫合作成果丰硕，为区域农业农村现代化和经济社会发展注入动力。

### （三）开展抗疫合作，民生合作和人文交流走深走实

抗疫合作是2020年以来澜湄合作的一大亮点，面对突如其来的新冠肺炎疫情，澜湄国家同舟共济、互施援手，共同抗击疫情。在疫情蔓延的背景下，澜湄六国合作并未按下暂停键，各国携手推动经济复苏，不断深化人文交流，树立了抗疫合作新标杆，开创了经济增长新局面，提升了水资源合作新高度，实现了民生福祉新发展。

澜湄合作秉承以民生为本的合作初心，坚持利民惠民，大力推动民众最急需的教育、卫生、妇女、减贫等领域合作，共同培育起"平等相待、真诚互助、亲如一家"的澜湄文化，并以提升民众福祉为己任，让澜湄合作成果更多地惠及普通民众，为六国民众办实实在在的好事。

## 四 《澜沧江—湄公河合作五年行动计划（2023—2027）》展望

澜湄合作第六次外长会 2021 年 6 月 8 日在重庆举行，会议回顾了澜湄合作进展，总结了 5 年来的有益经验，中方提出将制定《澜沧江—湄公河合作五年行动计划（2023—2027）》作为下一阶段工作重点之一。① 下一个《澜沧江—湄公河合作五年行动计划》将成为六国在澜湄合作中由成长期迈入全面发展的关键阶段的纲领性规划，继续促进六国全方位多领域的合作发展，为区域未来五年的合作发展规划蓝图，朝着命运共同体建设迈进。展望下一个五年计划，各国需携手共促疫后复苏、深化多领域合作、聚焦可持续发展，继续朝着建设澜湄国家命运共同体方向努力。

携手共促疫后复苏，取得抗疫斗争的胜利。在疫情反复的变局下，六国应继续深化抗疫合作，打造环境友好和创新驱动的经济增长模式，共同促进疫后经济绿色复苏。用好澜湄公共卫生专项资金，加强疫苗支援等公共卫生合作。携手抗疫将为未来的多领域合作打下良好基础，推动澜湄国家民心相通，为更广泛的区域合作凝聚信心和注入动力。

聚焦可持续发展，在绿色发展方面探索新的增长空间，推进生态建设。在全球气候变化的大背景下，六国应秉承可持续发展理念，加强可持续发展方面的合作和经验共享，共同促进绿色和低碳转型，提升应对气候变化的能力。

进一步深化水资源、农业、公共卫生、环境等多领域的合作，坚持利民惠民，继续推进农业减贫和社会人文等领域合作，为六国人民带来更多实打实的利益。

---

① 《开启澜湄合作新的"金色 5 年"——澜沧江-湄公河合作外长会在重庆举行》，中国政府网，2021 年 6 月 9 日，http://www.gov.cn/guowuyuan/2021-06/09/content_5616332.htm。

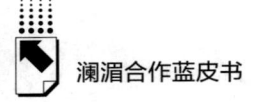

支持合作共赢，共同应对挑战，应继续秉持开放包容的原则，促进澜湄合作与其他区域、次区域合作机制相互促进、协调发展，扎实推进中国—东盟合作走深走实，朝着建设澜湄国家命运共同体方向努力，开启澜湄合作下一个"金色五年"。

# B.4
# 湄公河国家中资企业发展现状与前景

张偲艺 于婷 孔建勋*

**摘 要：** 跨境经济是澜湄合作的重要领域之一。营造和谐畅通的跨境企业投资环境、鼓励中资企业走出去；对于深化次区域经济合作内涵、促进澜湄流域经济发展带具有重要战略意义。当前，新冠肺炎疫情使百年未有之大变局加速演进，世界格局正在发生深刻变化。湄公河各国经济发展受阻，对外贸易和投资萎缩，人员、货物流动困难，单边主义、保护主义上升，中国对外投资合作发展面临风险挑战。在兼顾中国经济转型与湄公河国家经济发展双重需求的背景下，中资企业克服困难、砥砺前行，"走出去"取得显著效益，与东道国实现互利共赢、健康发展，共同打造澜湄经济合作共同体。

**关键词：** 澜湄合作 中资企业 投资营商

《澜沧江—湄公河合作五年行动计划（2018—2022）》发展目标中指出，要促进澜湄沿岸各国经济社会发展，增进各国人民福祉，缩小本区域发展差距，建设面向和平与繁荣的澜湄国家命运共同体。该计划在经贸务实合作方面强调要通过建设跨境经济合作区的试点，推进跨境经济合作，加快中

---

\* 张偲艺，云南大学国际关系研究院硕士研究生，云南大学"一带一路"研究院研究助理；于婷，云南大学国际关系研究院硕士研究生，云南大学"一带一路"研究院研究助理；孔建勋，云南大学"一带一路"研究院研究员。

资企业在湄公河国家投资的经济合作区建设。① 2021年6月8日，各国外长在澜沧江-湄公河合作第六次外长会中强调要充分用好即将生效的《区域全面经济伙伴关系协定》，敦促地方政府加强经贸往来和相互投资，深化贸易投资、产业园区、支持中小微企业等合作。② 营造和谐畅通的跨境企业投资环境、加快中资投资经济合作区建设、鼓励中资企业"走出去"是当前澜湄跨境经济合作的客观发展需求，也是打造澜湄流域经济发展带的重要推动力。

## 一 澜湄国家经贸合作概况

2022年1月27日，外交部亚洲司参赞梁建军在"中国参与澜湄及湄公河次区域合作2021年度十大新闻发布活动"中表示，过去一年来澜湄及湄公河次区域合作成效卓著，为促进区域繁荣振兴、提升各国民众福祉做出了重要贡献。中方将同湄公河国家一道，保持更高频率、更有成效的高层交往，促进更大体量、更高质量的经贸合作。③ 澜湄国家2021年进出口贸易保持良好增长态势。中国海关总署公布的数据显示，虽然2021年中国进出口缅甸商品贸易额比2020年累计减少7.9%，其中出口商品贸易额比2020年累计减少21.5%，但进口商品贸易额累计增长18.9%；中国进出口柬埔寨商品贸易额比2020年累计增长33.6%；中国进出口老挝商品贸易额比2020年累计增长13.5%；中国进出口泰国商品贸易额比2020年累计增长24.0%；中国进出口越南商品贸易额比2020年累计增长12.0%。④ 尽管新冠肺炎疫情对澜湄国家

---

① 《澜沧江—湄公河合作五年行动计划（2018—2022）》，中国外交部网站，2018年1月11日，https：//www.mfa.gov.cn/web/ziliao_674904/1179_674909/201801/t20180111_9868923.shtml。
② 《关于深化澜沧江—湄公河国家地方合作的倡议（全文）》，新华网，2021年6月9日，http：//www.xinhuanet.com/2021-06/09/c_1127544184.htm。
③ 《外交部亚洲司参赞梁建军出席"中国参与澜湄及湄公河次区域合作2021年度十大新闻发布活动"》，"亚洲雄风"微信公众号，2022年1月28日，https：//mp.weixin.qq.com/s/9LjQtDfKfWRsphOK6QEvGA。
④ 《（2）2021年12月进出口商品国别（地区）总值表（人民币）》，中国海关总署网站，2022年1月18日，http：//tjs.customs.gov.cn//customs/302249/zfxxgk/2799825/302274/302277/302276/4127605/index.html。

经济发展造成了持续性的不利影响,但澜湄六国守望相助、合力抗疫,基本保证了商品进出口贸易的正常运行,与2020年相比,仅中缅进出口贸易额有一定程度的下降。

1. 缅甸

2021年12月20日,缅甸中国企业商会举行2021年度会员大会暨新址启用仪式,陈海大使出席并强调,希望商会兼顾不同企业诉求,更好地帮助会员企业发展,为中缅商品贸易发展服务,助力畅通国内国际经贸双循环。[①] 目前,中国已是缅甸最大贸易伙伴和第二大投资来源国,双方经济与地缘优势互补性较强。2021年1~6月,中缅双边贸易额达90.7亿美元,同比增长7.0%。其中,中国对缅甸出口51.0亿美元,自缅甸进口39.7亿美元,同比分别下降8.7%和增长37.1%。同期,中国企业对缅非金融类直接投资6501万美元,同比下降54.1%。中国企业在缅新签工程承包合同额达6.3亿美元,同比增长33.9%;完成营业额3.7亿美元,同比下降34.2%。[②] 在缅甸向中国出口的商品方面,主要包括木材及木制品、植物产品、矿产品、塑料制品和水产品在内的五大类原材料以及初级产品和农副产品;在中国向缅甸出口投资的商品方面,主要包括机电、纺织原料及制品、基础金属及制品、车辆与零部件和化工产品五大类工业商品。

2. 泰国

2021年12月,中泰双方围绕深化澜湄合作签署协议,中方将支持泰国高校和科研机构开展水产养殖、食品安全、物流信息、妇产保健、农业检测等研究,并拓展在相关领域的交流合作。[③] 中国已连续9年成为泰国第一大贸易伙伴,中国电商、通信、汽车、光伏等领域的企业纷纷在泰投资设厂,

---

① 《陈海大使出席缅甸中国企业商会会员大会暨商会新址启用仪式》,中国商务部网站,2021年12月20日,http://www.mofcom.gov.cn/article/zwjg/zwxw/zwxwyz/202112/20211203230291.shtml。
② 《2021年1~6月中国—缅甸经贸合作简况》,中国自由贸易区服务网,2021年11月10日,http://fta.mofcom.gov.cn/article/rcep/jmsj/202111/46129_1.html。
③ 《澜湄合作带来实实在在福祉》,《人民日报》2022年1月14日,https://wap.peopleapp.com/article/6463550/6347662。

泰国农产品、橡胶、电子产品等受到中国市场欢迎。2021年1~6月，中泰双边贸易额达625.9亿美元，同比增长38.2%。其中，中国对泰国出口324.5亿美元，自泰国进口301.4亿美元，同比分别增长42.7%和33.7%。同期，中国企业对泰非金融类直接投资3.6亿美元，同比增长33.9%；泰国对华实际投资3166万美元，同比下降62.1%。在工程承包合作方面，中国企业在泰国新签工程承包合同额17.3亿美元，同比增长7.0%；完成营业额14.1亿美元，同比增长16.1%。①

**3. 越南**

2020年，越南在东盟十国与中国的贸易额排名中位居前列，更是首次超过澳大利亚成为中国第七大单个经济体贸易伙伴。中越贸易增速高达18.7%，在主要贸易伙伴中稳居第一。② 越方计划，2022年将果蔬出口总额提升至40亿美元。《越南新闻》2月8日报道，春季是越南水果输华旺季。2022年2月3日当天，中越边境中方一侧友谊关口岸和浦寨口岸就完成了115个水果运输集装箱的清关工作，此举将有利于越南果蔬出口。2021年，越南果蔬出口总额为35.6亿美元，同比增长8.6%。同年，作为越南果蔬的最大进口国，中国占越南果蔬出口的53.7%。③ 在双边贸易方面，2021年1~6月，中越双边贸易额达1121.6亿美元，同比增长41.3%。其中，中国对越南出口687.2亿美元，自越南进口434.4亿美元，同比分别增长45.7%和34.9%。中国企业对越非金融类直接投资7.7亿美元，同比增长32.7%；越南对华实际投资345万美元，同比增长130.0%。在工程承包合作方面，中国在越南新签工程承包合同额67.2亿美元，同比增长255.6%；完成营业额21.7亿美元，同比增长68.5%。④

---

① 《2021年1-6月中国—泰国经贸合作简况》，中国自由贸易区服务网，2021年11月10日，http：//fta.mofcom.gov.cn/article/rcep/jmsj/202111/46125_1.html。
② 《东盟跃升中国最大货物贸易伙伴 中国—东盟贸易"含金量"十足》，中国商务部网站，2021年2月2日，http：//chinawto.mofcom.gov.cn/article/e/r/202102/20210203036252.shtml。
③ 《越对华水果出口清关速高于预期》，中国商务部网站，2022年2月10日，http：//vn.mofcom.gov.cn/article/jmxw/202202/20220203279296.shtml。
④ 《2021年1-6月中国—越南经贸合作简况》，中国自由贸易区服务网，2021年11月10日，http：//fta.mofcom.gov.cn/article/rcep/jmsj/202111/46123_1.html。

### 4. 柬埔寨

2021年12月16日下午，商务部副部长任鸿斌与柬埔寨商业部国务秘书索绍披以视频形式共同主持召开中国—柬埔寨经贸合委会第六次会议，就深化双边经贸合作等议题坦诚、友好交换意见，达成广泛共识。① 2021年1~6月，中柬双边贸易额为61.1亿美元，同比增长44.0%，其中中国对柬埔寨出口51.4亿美元，同比增长41.8%，自柬埔寨进口9.7亿美元，同比增长56.9%。同期，中国企业对柬非金融类直接投资2.8亿美元，同比下降53.4%；柬对华实际投资1827万美元，同比下降20.9%。在工程承包合作方面，中资企业在柬新签工程承包合同额13.8亿美元，同比下降58.8%，完成营业额12.4亿美元，同比下降11.4%。② 到2021年10月底，中柬双边贸易额已达109.8亿美元，同比增长45.9%，提前并超额实现了两国领导人制定的"2023年贸易额100亿美元"的目标。

### 5. 老挝

2021年12月3日，中老铁路正式开通。中老铁路是落实中国"一带一路"倡议和中老命运共同体建设的标志性工程，助力中老经贸合作。中老两国经贸互补性强，经贸合作关系紧密，中资投资在老挝的外资来源中居首位，中国也成为老挝最大的出口市场。③ 2021年1~6月，中老双边贸易额为23.0亿美元，同比增长48.1%。其中，中国对老挝出口8.7亿美元，同比增长31.8%；自老挝进口14.3亿美元，同比增长60.2%。中国企业对老挝非金融类直接投资4.7亿美元，同比下降42.5%。同期，中资企业在老新签工程承包合同额7.6亿美元，同比下降55.1%，完成营业额11.2亿美元，同比下降5.6%。④

---

① 《中国—柬埔寨经贸合委会第六次会议召开》，中国商务部网站，2021年12月20日，http://cb.mofcom.gov.cn/article/jmxw/202112/20211203229782.shtml。
② 《2021年1-6月中国—柬埔寨经贸合作简况》，中国自由贸易区服务网，2021年11月10日，http://fta.mofcom.gov.cn/article/rcep/jmsj/202111/46130_1.html。
③ 《中老铁路推动"一带一路"建设走深走实》，中国商务部网站，2021年12月20日，http://fec.mofcom.gov.cn/article/fwydyl/zgzx/202112/20211203229763.shtml。
④ 《2021年1-6月中国—老挝经贸合作简况》，中国自由贸易区服务网，2021年11月10日，http://fta.mofcom.gov.cn/article/rcep/jmsj/202111/46131_1.html。

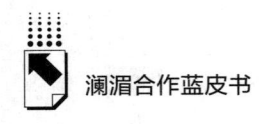

## 二 湄公河国家中资企业发展现状

中国是湄公河五国重要的外资来源国之一，其充分考虑澜湄各国经济发展战略以及行业比较优势，通过中资企业在湄公河五国的投资与建厂，加强澜湄国家的贸易联通，增强经济韧性，促进产业融合。同时，适时升级中资企业投资的跨境经济合作区，使其辐射周边，促进澜湄国家在工业化过程中良性网络关系的形成，加速各国在第四次工业革命时代的工业化、现代化进程，推动创新发展。中资企业在湄公河五国的经济投资、行业分布和"经合区"建设基本情况如下。

### （一）发展特点

#### 1. 投资稳步增长

在疫情背景下，中国与湄公河国家克服重重困难，在更大范围、更宽领域、更深层次上不断深化经贸合作，携手促进经济增长。[①] 截至2020年底，中国在共建"一带一路"国家的境外企业超过1.1万家，2020年，中国对共建"一带一路"国家在总体上直接投资额达225.4亿美元（同比增长20.6%），占同期总额的14.7%；年末存量为2007.9亿美元，占存量总额的7.8%。[②] 2021年，中国与湄公河各国往来贸易额达3980.0亿美元，同比增长23.0%。2022年1月，中资企业对共建"一带一路"的52个国家非金融类直接投资119.5亿元人民币，同比增长9.9%（折合18.8亿美元，同比增长11.9%），占同期总额的20.5%，较2021年同期上升0.6个百分点，主要投向越南、老挝、柬埔寨、泰国等湄公河国家和新加坡、阿拉伯联合酋长

---

① 《中国参与澜湄及湄公河次区域合作2021年十大新闻》，澜沧江-湄公河合作网站，2022年1月27日，http://www.lmcchina.org/2022-01/27/content_41868608.htm。
② 《商务部、国家统计局和国家外汇管理局联合发布〈2020年度中国对外直接投资统计公报〉》，2021年9月29日，中国商务部网站，http://hzs.mofcom.gov.cn/article/date/202110/20211003207274.shtml。

国、马来西亚、印度尼西亚、巴基斯坦、埃及。对外承包工程方面，中国企业与共建"一带一路"的60个国家新签对外工程承包项目合同达295份，合同额为574.8亿元人民币，同比增长27.5%（折合90.4亿美元，同比增长29.9%），占同期我国对外工程承包新签合同额的60.1%；完成营业额282.3亿元人民币，同比下降15.7%（折合44.4亿美元，同比下降14.1%），占同期总额的53.7%。①

2. 行业分布广泛

目前中资企业在缅甸投资的方式主要为注册独资或合资公司，投资集中分布在油气资源勘探开发、油气管道、电力能源开发、矿业资源开发及纺织制衣加工制造业等领域，主要参与项目包括油气管道、矿山、光伏电站、输变电、机场、建筑、公路、桥梁、铁路等。② 截至2020年底，在中国驻泰国大使馆经商处备案的中国对泰投资企业共计488家。其中，国有或国有控股企业为134家，非国有企业为354家，经营范围涉及制造、贸易、工程建设、银行、保险、运输、医药、媒体、旅游服务等领域。在产能投资方面，中泰产能合作硕果累累，两国企业合作建设的中泰罗勇工业园是中国首批境外经济贸易合作区之一，重点发展汽配、机械、新能源等产业，目前已有80余家中资企业入园设厂。③ 中国对越投资主要集中在加工制造业、房地产和电力生产领域。其中，中资企业在越南通过国际招标或投资等形式，承建了一批大型交通、电力、新能源等工程项目，目前总体进展顺利。④ 近年来，随着中国提出的共建"一带一路"倡议和柬埔寨"四角战略"的深入对接，中柬两国在各领域的合作不断深化，中国在柬埔寨的路桥、水利、电

---

① 《2022年1月我国对"一带一路"沿线国家投资合作情况》，中国商务部网站，2022年2月23日，http：//fec.mofcom.gov.cn/article/fwydyl/tjsj/202202/20220203282186.shtml。
② 《对外投资合作国别（地区）指南——缅甸（2020年版）》，中国商务部网站，2020年12月，http：//www.mofcom.gov.cn/dl/gbdqzn/upload/miandian.pdf。
③ 《对外投资合作国别（地区）指南——泰国（2021年版）》，中国商务部网站，2022年1月，http：//www.mofcom.gov.cn/dl/gbdqzn/upload/taiguo.pdf。
④ 《对外投资合作国别（地区）指南——越南（2021年版）》，中国商务部网站，2022年1月，http：//www.mofcom.gov.cn/dl/gbdqzn/upload/yuenan.pdf。

网、港口、码头、机场等基础设施建设上注入了大量的资金。中资企业也积极参与助力柬埔寨电力发展、产业园区和贸易合作区建设。其中，江苏红豆集团牵头在柬埔寨投资的西哈努克港经济特区是首批境外经贸合作区之一，目前已吸引来自中国、欧美、东南亚等国家及地区的企业170家，创造就业岗位近3万个。① 与此同时，中资企业对老挝的投资热情也不断升温。中国在老挝的重要投资项目涉及经济合作区、铁路、电网、水电站、房地产和通信卫星等多个领域。② 长期以来，两国在能源领域保持着密切协调合作。中老作为澜湄合作共同主席国促成的《澜沧江—湄公河合作第三次领导人会议万象宣言》也明确提出要促进电力互联互通。中资企业在湄公河左岸老挝境内最大的一条支流——南欧江流域投资梯级水电站投产发电，积极诠释着中国电力企业是老挝企业推进"东南亚蓄电池"构想落地的同路人这一重要角色。③

### 3. 践行社会责任

新冠肺炎疫情发生以来，中国与湄公河五国的全面战略合作伙伴关系进一步深化，六国致力于打造澜湄命运共同体的行动坚定有力。在湄公河国家疫情防控的关键时刻，中国为湄公河五国抗疫慷慨解囊，诠释了患难与共这一澜湄命运共同体的核心要义。④ 其中，湄公河五国的中资企业积极践行社会责任，向东道国各界捐款捐物，努力为当地基层民众提供实实在在的帮助，践行守望相助的澜湄情谊。

2021年3月，在柬埔寨西哈努克省的中资企业人员克服疫情风险，积极履行社会责任，向西哈努克省捐赠大量防疫物资，展现了中柬民众彼此团

---

① 《柬埔寨："一带一路"国际合作的新样板》，"中国驻柬埔寨大使馆"微信公众号，2022年6月15日，https：//mp.weixin.qq.com/s/DhSEI87eV4Qz0MPpnjw2Eg。
② 《对外投资合作国别（地区）指南——老挝（2020年版）》，中国商务部网站，2020年12月，http：//www.mofcom.gov.cn/dl/gbdqzn/upload/laowo.pdf。
③ 《中老积极推进能源互联互通》，"中国驻老挝大使馆"微信公众号，2022年3月10日，https：//mp.weixin.qq.com/s/3-ltn2DDySSkOzsNtEgY5g。
④ 《厚植中柬友谊 收获合作硕果》，澜沧江-湄公河合作网站，2022年2月12日，http：//www.lmcchina.org/2022-02/12/content_41877087.htm。

结协作、共克时艰的坚强意志。① 2021年10月18日上午，中国驻柬埔寨使馆驻暹粒领事办公室向柬埔寨暹粒省政府及省医院捐赠防疫物资交接仪式在暹粒省政府举行，中国政府、在柬中资企业和社会团体先后多次向暹粒省政府捐助抗疫物资。② 第三波疫情以来，中方急缅方之所急，已向其提供560万剂疫苗，其中290万剂为无偿捐赠。中国驻缅甸使馆和在缅中资企业通过政党和社会团体等多种渠道，向中缅友谊学校、聋哑学校、儿童医院等缅甸各界捐赠防疫物资和食品，为面对困难的缅甸基层民众送去实实在在的帮助。③ 在遵守泰国疫情防控政策的要求下，中建、铁建、中行、工商行、国航、中策、华为等驻泰中资企业在疫情困难的形势下不惧风险，稳定开展生产经营活动，积极支持国内和泰国社会抗击疫情，积极履行社会责任，将互利共赢精神融入生产经营活动，树立中资企业良好形象，讲好中国故事。④

### （二）澜湄合作下的主要投资形式

澜沧江-湄公河合作第三次领导人会议强调要加强经济和可持续发展合作伙伴关系，抓紧完成《澜湄跨境经济合作五年发展计划》，促进跨境经济合作区建设。⑤ 目前，中资企业在湄公河国家投资共建的经济合作区有中越龙江工业园区和深越合作区、中老万象赛色塔综合开发区、中缅皎漂经济特区、中泰罗勇工业园、中国—东盟北斗科技城和柬埔寨西哈努克港经济特区等。

---

① 《驻柬使馆驻西港领办建馆小组组长江伟出席抗疫物资捐赠仪式》，澜沧江-湄公河合作网站，2021年3月28日，http://www.lmcchina.org/2021-03/28/content_41524863.htm。
② 《驻柬埔寨使馆驻暹粒领事办公室向柬方捐赠防疫物资》，澜沧江-湄公河合作网站，2021年10月22日，http://www.lmcchina.org/2021-10/22/content_41713159.htm。
③ 《中国驻缅甸使馆向缅方援助制氧机》，澜沧江-湄公河合作网站，2021年8月25日，http://www.lmcchina.org/2021-08/25/content_41657511.htm。
④ 《韩志强大使与在泰中资企业线上座谈》，澜沧江-湄公河合作网站，2021年9月3日，http://www.lmcchina.org/2021-09/03/content_41720227.htm。
⑤ 《澜沧江—湄公河合作第三次领导人会议万象宣言——"加强伙伴关系，实现共同繁荣"》，澜沧江-湄公河合作网站，2020年8月25日，http://www.lmcchina.org/2020-08/25/content_41447223.htm。

柬埔寨西哈努克港经济特区（以下简称"西港特区"）是中柬企业在柬埔寨西哈努克省共同开发建设的经济特区，旨在为企业搭建"投资东盟，辐射世界"的集群式投资平台。2021年，是西港特区持续面临压力的一年，新冠肺炎疫情形势严峻，物流成本上升，但全区企业发展态势向好，引入来自中欧地区及美国等国的170家企业，创造就业岗位近3万个，累计实现进出口总额22.34亿美元，同比增长42.75%。由江苏通用科技股份有限公司设立的全资子公司通用智能有限公司，其投资19.00亿元的轮胎厂项目通过柬埔寨政府审批，将在柬埔寨建设生产线，此项目全部达产后，预计能创造1600个工作岗位，年均营业收入预计可达22.00亿元，年均利润总额约为2.50亿元。① 同时，该经济特区还制定了优惠的税收政策，提供完善的配套设施以及简洁高效的入驻手续，为新的中资企业顺利投产提供一站式窗口服务。② 在部分企业因疫情影响供应链断裂时，西港特区积极协调，同时向中柬两国有关政府部门反映，使得西港特区内企业及新入驻企业顺利生产。

2022年1月1日，《中华人民共和国政府和柬埔寨王国政府自由贸易协定》正式生效，西港特区也将乘着中柬贸易发展的东风迎来新的机遇，协定的实施意味着两国在基础设施投资、农业建设、产业集群以及旅游业等领域将拥有巨大的合作空间。在严峻的疫情形势下，西港特区创造了零感染的防疫成绩，并且取得了产销逆势创新高的发展成果，使得西哈努克省就业形势保持稳定，并且有力支撑了经济社会的平稳运行。展望未来，柬埔寨副首相贺南洪表示，希望在共建"一带一路"合作框架下，西港特区继续发挥区位、政策等优势，为柬埔寨的经济社会发展和对外贸易做出新贡献。

2021年不仅是中国共产党成立100周年，也是中泰建交46周年，还是中国与东盟建立全面战略伙伴关系之年。一年来，中泰两国经贸合作快速发展，全方位合作取得丰硕成果。双方积极加强发展战略对接和治国理政经验

---

① 《西港特区成中企赴柬投资热土》，柬埔寨西哈努克港经济特区网站，2022年2月14日，http://www.ssez.com/news.asp?nlt=1879&none=3&ntwo=11。
② 《中柬合作西港特区交出亮眼成绩单》，柬埔寨西哈努克港经济特区网站，2021年4月12日，http://www.ssez.com/news.asp?nlt=1767&none=3&ntwo=11。

交流，坚定推进高质量共建"一带一路"。在新冠肺炎疫情冲击下，中泰经贸合作区建设仍然实现了新发展。中泰罗勇工业园仍保持良好市场活力，定位重点产业，打造产业链式园区，通过海外工业园平台协助中资企业"走出去"，进行全球资源配置，布局区域化供应链，带动中国对泰投资超40亿美元，已成为中国传统优势产业在泰国乃至东盟最大的产业集群中心和制造业出口基地。

习近平总书记在中国—东盟建立对话关系30周年纪念峰会上指出，中国—东盟"引领东亚经济一体化，促进共同发展繁荣"，"走出一条睦邻友好、合作共赢的光明大道，迈向日益紧密的命运共同体，为推动人类进步事业作出了重要贡献"。[1] 作为东盟的重要成员国，泰国同中国在东盟、WTO等多边框架下也保持紧密合作。中泰两国都是多边贸易规则的积极支持者和参与者，均致力于维护多边贸易体制，反对贸易保护主义，坚持开放融合、合作共赢的理念。当前，中国已步入全面建设社会主义现代化强国新征程，致力于贯彻新发展理念，构建新发展格局，实现高质量发展。泰国积极推进"泰国4.0"国家发展战略，建设生物循环绿色经济发展模式。"一带一路"倡议与泰国东部经济走廊、南部经济走廊建设高度契合，《区域全面经济伙伴关系协定》（Regional Comprehensive Economic Partnership，RCEP）的正式生效以及中国—东盟全面战略伙伴关系的建立将为中泰经贸关系发展增添新动力、打造新动能，两国将继续在投资、农业、基础设施互联互通、高水平国际产能合作示范区建设等领域深化拓展合作空间，中泰经贸合作成果可喜、未来可期。[2]

深越合作区是深圳市第一个境外经贸合作区，2016年12月9日全面开工，至2021年已引进32家高质量制造企业，入园企业投资总额约4.7亿美

---

[1] 《习近平：中国东盟建立对话关系30年来，走出一条睦邻友好、合作共赢的光明大道》，中国新闻网，2021年11月22日，http://www.chinanews.com.cn/gn/2021/11-22/9613714.shtml。

[2] 《【投资泰国】中泰经贸亮点纷呈，明年更加可期》，泰中罗勇工业园网，2021年12月30日，http://www.sinothaizone.com/newsinfo.php?id=4153。

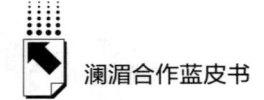

元，累计产值超10亿美元。① 短短五年时间，这座初具规模的现代化科技工业园区，已然成为中资企业"走出去"到越南布局发展的示范性平台，成为"一带一路"标杆项目，并且正在成为中越产能合作、中企投资越南的重要平台。② 深越合作区聚焦轻工制造，重点引进电子、机电行业企业，打造代表"中国制造"的高品质园区，助力中国制造业"走出去"，培育越来越多"中国总部+海外工厂"的跨国企业。

中越龙江工业园区于2011年9月建立，为国家级境外经贸合作区，属于商务部及浙江省"一带一路"建设重点项目。截至2019年，园区共引入46家企业入园投资，已经获得越南政府颁发投资执照的企业共计45家，入园企业总投资额超过16亿美元，这45家在完全达产后年工业产值将超过60亿美元。其中32家为中资企业，投资总额超过12亿美元。入园企业中有35家企业已经正式投产。至2018年园区所缴纳的税收超过3000万美元，成为前江省税收和创汇大户。园区的总出租净工业土地面积占全园区规划的可出租面积超80%。至2019年4月，园区已投产企业共为前江省提供近20000个劳动就业岗位，为前江省的社会经济发展做出重要贡献。③ 至2021年，经过10年的发展，龙江工业园已经成为中越经贸合作的典范，也是为数不多的外国在越投资建设的大型工业园之一。

中老万象赛色塔综合开发区是中老两国政府共同确定的国家级合作项目，是列入中国"一带一路"倡议的早期收获项目，是中国在老挝唯一的国家级境外经贸合作区，也是通过中国商务部和财政部考核确认的境外经贸合作区之一。截至2021年底，开发区累计投资约13亿美元，成功吸引105家企业签约入驻，为老挝创造了万余个就业岗位。2021年底，云南省商务

---

① 《深越合作区成为"一带一路"标杆项目！开工5周年32家企业进驻投资总额4.7亿美元》，深圳新闻网，2021年11月28日，http://www.sznews.com/news/content/2021-11/28/content_24774708.htm。

② 《深越合作区正在成为中越产能合作的重要平台》，深圳市深越联合投资有限公司官网，2021年3月12日，http://www.vcep.net.cn/xwzxWR/info_22.aspx?itemid=273。

③ 《【园区 新闻】龙江工业园发展历程》，"中越龙江工业园"微信公众号，2019年7月9日，https://mp.weixin.qq.com/s/aDppEDYW_GoPvBfBE6ERuw。

厅援助该开发区医疗服务中心的医疗设备通过万象市卫生厅验收。万象市赛色塔综合开发区医疗服务中心是基于澜湄国家"多国多园"合作框架下的优先推进重点项目,是由开发区与老挝卫生部共同建设的公益性基础设施医疗服务项目,其建成后将为赛色塔综合开发区内约5000名务工人员以及周边5公里区域范围内村庄的数万名居民提供医疗服务。[①]

2021年11月29日由云南省政府向老挝捐赠的40套光伏智慧路灯,成功在万象赛色塔综合开发区吉祥路全部安装调试完毕。这是云南商务厅援外项目2021年绿色能源点亮工程——走进老挝项目的重要举措之一。万象赛色塔开发区也是中外合作的10个低碳示范区之一,是中老两国应对气候变化的南南合作项目的重要载体。绿色能源点亮工程项目在老挝的成功落地实施,是中老两国共同推动绿色低碳经济发展的一大重要成果。[②]

中缅皎漂经济特区是缅甸政府设立的三个国家级特区之一,是中国输油管道在缅甸境内的起点,也是中缅经济走廊的重要支点,被两国政府确认为该走廊框架下优先发展的三个项目之一。皎漂经济特区的开发建设包括深水港、工业区以及住宅区三个项目。2020年8月6日,皎漂经济特区深水港项目合资公司注册成立。皎漂经济特区的深水港和工业区项目是中缅两国共建"一带一路"和中缅经济走廊框架下的重点项目,对于促进缅甸经济发展和社会进步、深化中缅两国经贸合作和传统友谊具有重要意义。[③] 2021年1月,中国中信集团发布消息称,该公司将负责建造连接若开邦皎漂经济特区的道路和连接两个深水港的桥梁,[④] 这将进一步推动中缅经济走廊的发展。

由武汉光谷北斗集团与泰中文化促进委员会、泰国湖北商会合作建设的

---

① 《云南省商务厅援开发区医疗服务中心的医疗设备 通过万象市卫生厅验收》,万象赛色塔综合开发区网站,2022年2月18日,http://www.lvsdz.com/view/zllhtzpc/7/493/view/297.html。
② 《中国光伏智慧路灯安装调试完毕 照亮赛色塔开发区绿色发展路》,万象赛色塔综合开发区网站,2022年2月16日,http://www.lvsdz.com/view/zllhtzpc/7/493/view/295.html。
③ 《皎漂经济特区深水港项目合资公司注册成立》,"凤眼观缅"微信公众号,2020年8月9日,https://mp.weixin.qq.com/s/BO0ASy9-JTTVPXrDvw67gg。
④ 《CITIC将建皎漂跨海大桥》,缅甸金凤凰报网站,2021年2月18日,http://res.sinoing.net/mmgpmedia/static/content/CJ/2021-01-31/812041290199080960.html。

"中国—东盟北斗科技城",其预计总投资100亿元,建设期为2015~2025年。该科技城以基础设施建设、产业建设、智慧城市建设为主要内容,项目建成后,将加快北斗在泰国及东盟的应用延伸。该项目还将极大地促进中泰的经贸文化交流。到2020年,根据中国发展研究院组织起草的《中国—东盟科技城战略规划研究报告》,广西壮族自治区经多番修改最终形成了《关于中国—东盟科技城建设的调研报告》,广西科技厅已经开始研究部署落地实施各项举措。南宁作为中国距离东盟最近的省会城市和"一带一路"建设有机衔接的重要节点城市,其依托中国—东盟信息港南宁核心基地,大力发展大数据、人工智能、地理信息、北斗等产业,建设服务东盟的离岸数据中心。此外,当地政府还将打造东盟—南宁—珠三角供应链,加快建设南宁智能制造城,打造区域性高技术产业和先进制造业基地。① 光谷北斗集团充分利用有利条件和先行先试的优势,通过对泰国、马来西亚、印度尼西亚等东盟国家实施的基于北斗系统的精细农业管理、智慧林业管理、海啸监测与预警管理等应用项目,带动国内地球空间信息产业企业抱团发展并做大做强,在更高层次上参与国际合作,提升地球空间信息产业竞争力,致力推动北斗产业国际化发展。

## 三 湄公河国家中资企业面临的困难与前景

### (一)面临的困难

**1. 湄公河国家金融投资风险阻碍中资企业发展**

汇率的波动可能会使人民币兑换越南盾汇率在短期有较大的贬值风险,这会引起中资企业对自身资产贬值的担忧。在建厂经营方面,受技术更新换代和美国的关税壁垒的影响,中国大量的制造业企业流向东南亚,其中越南为主要流向国家。劳动力成本上涨伴随着用工荒和地价上升,越南人口约为

---

① 《南宁打造中国—东盟北斗科技城》,搜狐网,2021年6月25日,https://www.sohu.com/a/474097758_123753。

8000万人,劳动力供不应求。① 1993年,柬埔寨政府出台实施的《外汇法》中明确规定通过市场调节汇率。近年来,瑞尔与美元兑换汇率基本保持在4000瑞尔兑1美元的水平。美元成为柬埔寨经贸往来的主要交换媒介,美元流通量占柬埔寨市场货币流通总量的80%以上,而人民币不可直接与瑞尔兑换,结算时需用美元"搭桥"。人民币在市场上流通困难,需要以美元为交换介质,这增加了中资企业投资的金融风险。同时,受国际货币市场不稳定因素的影响,中老两国货币兑换风险较大,程序烦琐,因此中国企业在老挝的基础设施投资较为困难。

**2. 湄公河国家国际投资营商环境欠成熟**

①经济环境层面,老挝、缅甸和柬埔寨等国家的国民消费水平不稳定,生活成本波动率较大。各国市场发展处于初级阶段,再加上部分湄公河国家的政府长期处于财政赤字困境,国家对本国市场的干预和调控乏力,可能会导致当地中资企业运营成本激增。②法律环境层面,中国与湄公河各国的法律体系存在行为范围、限制能力等方面的差异,在贸易往来过程中容易引起不必要的法律纠纷。即使双方在外国投资合作方面协商签订了多种相关投资法,但相应机构依法执行的力度、监管部门的监察强度仍然难以满足外资企业在当地的建设发展。在法律建设和运行尚未成熟的环境下,中资企业进入当地市场更需提高警惕,防止部分合作企业利用法律漏洞,进行非法走私或买卖假冒伪劣产品以谋取暴利。③文化环境层面,尊重宗教差异和各国文化习俗是中资企业在各国投资时需要承担的社会文化责任。④自然环境层面,湄公河国家大多处于热带、亚热带地区,降水丰沛,洪涝灾害多发,人力和财力损失情况频发,会对基础设施工程的选址和运营方面造成技术性阻碍,项目目标实现率不稳定。②

---

① 彭诗棋:《中资企业在越南投资的风险与防范对策研究》,硕士学位论文,广东外语外贸大学,2020,第28页。
② 李颖、刘亦欣、沈窈冰、肖雪伦、杨佳心、徐坤:《"一带一路"背景下中老战略合作研究——以基础建设项目为例》,《外语教育与应用(第五辑)》,重庆出版社,2019,第219~227页。

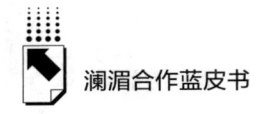

### 3. 中资企业投资营商国际化道阻且跻

目前湄公河国家的中资企业多数为劳动密集型产业，资本密集型产业相对较少，这种单一化和失衡的趋势会影响到湄公河国家中资企业的发展。同时，中资企业在海外投资建厂是中国海外企业快速成长的有效途径。直接参与国际市场的竞争与合作是企业经营迈向更高层次、实现国际化发展的契机，但中国有些企业家尚未认识到这些，企业领导人的国际化理念和视野直接影响到中资企业的发展。部分企业面临缺乏知名国际品牌、产品缺乏技术含量和高附加值、制造业的创新能力薄弱、值得走出去投资的产品不多的问题。①

### （二）发展前景

澜湄国家地方政府需要共同抓住 RCEP 发展机遇，加强经贸往来和相互投资，深化贸易投资、产业园区、支持中小微企业等合作。同时，深化跨境经济合作将提高澜湄国家间的优势互补水平，优化区域营商投资环境，促进区域产业链、供应链、价值链深度融合，拉动区域整体经贸投资增长。

首先，2022 年 1 月 1 日，《区域全面经济伙伴关系协定》正式生效。商务部等 6 部门联合印发《关于高质量实施〈区域全面经济伙伴关系协定〉（RCEP）的指导意见》，鼓励在湄公河国家的中资企业以 RCEP 实施为契机，进一步提升贸易和投资发展水平，扩大国际合作，提升质量标准，促进产业升级，增强参与国际市场的竞争力。② 同时，抓住"一带一路"倡议契机，加快中资企业在湄公河国家投资的经济合作区建设。2022 年 2 月，云南省委、省政府印发关于中老铁路沿线未来三年行动的相关计划并提出，通过三年（2022~2024 年）努力，深化中老铁路沿线跨境经济合作，推动中

---

① 《中国对泰国投资的现状和未来展望》，泰中侨商联合会网，2021 年 12 月 30 日，http://thcca.org/index.php? route=bossblog/article&blog_article_id=157。
② 《商务部等 6 部门联合印发〈关于高质量实施《区域全面经济伙伴关系协定》（RCEP）的指导意见〉》，中国商务部网站，2022 年 1 月 26 日，http://www.mofcom.gov.cn/article/syxwfb/202201/20220103239472.shtml。

老万象赛色塔综合经济合作区蓬勃发展。① 其次,澜湄国家需要合力促进国际人才管理体系的建立。开展跨国培训,培养多样性人才,建立人才管理体系。中资企业在湄公河国家投资,需要大量精通对方国文化底蕴和语言的人才,双方国家应合作培养多样性、全面性、适用性人才,合理解决人才短缺问题。最后,在减轻疫情对中资企业在湄公河国家投资营商环境的不利影响时,澜湄各国间需加大合作力度,通力打造市场化、法治化、国际化营商环境,最大限度激发中资企业发展活力和社会创造力。

---

① 《云南印发中老铁路沿线未来三年行动计划》,澜沧江-湄公河合作网站,2022 年 2 月 24 日,http://www.lmcchina.org/2022-02/24/content_ 41890565.htm。

# B.5
# 澜湄合作视域下的日本—泰国互联互通的现状与特点

安祎凡 罗圣荣*

**摘 要：** 日本是影响澜湄地区发展的重要外来因素，对日泰互联互通建设进行分析，有助于理解日本与湄公河地区国家间关系的发展。从历史发展的角度来看，日本与泰国的互动频繁，日本对日泰两国的互联互通发展起到了一定的作用。早期，日本与泰国开展互联互通项目合作，对泰国提供各种形式的援助，并快速融入泰国经济社会，通过一系列的合作项目，成功塑造了日本在泰的良好形象，获得泰国政府的信任和大力支持，并博得泰国民众的较高认同感。经过长期的积累，泰国逐渐成为日本在东南亚市场中的主要投资市场之一。此外，日本在泰国开展的经济外交活动为两国在互联互通机制方面和人文交流方面的合作打下了坚实的基础，有助于日本政府得到泰国政府的支持。

**关键词：** 日泰关系 互联互通 双边合作

日本在湄公河地区拥有巨大的影响力。根据新加坡尤索夫伊萨东南亚研究院连续四年发布的《东南亚发展态势报告》，日本在湄公河地区拥有良好的国家形象，这与湄公河国家间的互联互通建设有着密切的关联，其中日泰

---

\* 安祎凡，云南大学国际关系研究院博士研究生；罗圣荣，云南大学国际关系研究院研究员。

之间的互联互通建设有着代表性意义。2010年，东盟出台《东盟互联互通总体规划》以来，东南亚地区的互联互通建设在物理、社会和人文等各个层面取得显著成就。泰国作为东盟创始成员国之一，充分地发挥了自身优势。泰国拥有极为重要的地缘位置，丰富的自然资源和人文资源让泰国成为域外国家重点关注的对象。其中日本作为东盟国家的重要合作对象，第一个与泰国建立了互联互通联系，并发挥了重要作用，使日本在泰国的地位逐渐上升。本文主要从机制对接、物理连接、人文互通三个层面考察日泰互联互通建设，对于了解日泰互联互通建设与日泰关系的发展，以及日本在湄公河地区国家形象的构建，具有重要的参考价值。

## 一　日泰机制对接

### （一）战略对接

泰国地理位置优越，有丰富的自然资源和广阔的市场，社会经济制度较周边国家更为完善和稳定。同时，因为日泰历史关系较好，日本一直视泰国为重要合作伙伴之一，积极参与泰国的"经济外交"政策。日本最初只想在泰国扩展市场和获取资源，推行"福田主义"，但后来逐渐与泰国发展为心心相印的合作伙伴。随后亚洲爆发金融危机，日本提倡在地区合作中达成合作。从"经济外交"的范围来看，日本对泰国互联互通合作早已超出经济领域，并逐渐扩展到政治、军事等方面。

在经济互联互通投入方面，近年来，日本在东南亚加大投资力度，与东南亚国家积极推动互联互通建设，其十分重视经济利益和地缘战略利益，从而以政府开发经济援助（Official Development Assistance，ODA）等为战略思路，推动东盟各国之间完成互联互通建设，为日本实现双方关系发展、获取利益起到了重要作用。20世纪七八十年代，由于日币大幅度升值，日本政府出台鼓励企业家到海外投资的政策，日本企业逐渐对东南亚国家进行投资，其中大部分企业家选择向泰国大规模转移制造业产能、投资设厂。

在经济外交援助方面，众所周知，经济外交援助是日本对泰国官方发展援助，可分为两种形式：一是经济援助，即无偿援助包括物资赠予；二是经济合作，即利用投资、贸易、日元贷款、技术援助等形式进行合作。这种ODA的援助形式，不仅有利于日本企业和商品打开泰国市场的大门，而且有利于扩大日本在泰国的政治影响力。21世纪以来，日泰关系趋稳向好，双方达成多项重要合作协议。2018年7月，日本和泰国联合举办了第4届高级联合委员会（High Level Joint Commission，HLJC）会议，该会议达成了8项经济合作战略，覆盖了贸易、投资、铁路系统、人力资源以及区域框架，具体内容如下。①

一是《全面与进步跨太平洋伙伴关系协定》（Comprehensive and Progressive Agreement of Trans-Pacific Partnership，CPTPP），目前该协定有11个成员国，通过会谈，泰国对加入该协定表示出积极的态度，日方支持泰国成为协定成员，双方商务部和相关部门将在日后进行讨论。二是《日泰经济伙伴协定》（Japan-Thailand Economic Partnership Agreement，JTEPA），该协定于2007年4月3日签署。日本对泰国多领域的投资成效较好。泰方和日方的合作内容和方式随着时代的变化而改变，并根据国际经济形势的变化进行了调整，双方通过8次协商于2011年重新修改协定并签署《贸易特权使用指南》。② 三是《区域全面经济伙伴关系协定》（Regional Comprehensive Economic Partnership，RCEP）。在RCEP谈判中，日泰双方表示要加强各方面的合作，RCEP的协作能力将会给各国带来巨大的发展空间。四是泰国4.0经济战略工业合作和泰国东部经济走廊（Eastern Economic Corridor，EEC）政策。日本与泰国公布了《共同创造高科技人才》和《日泰共同支持企业使用工业机器人提高东部经济

---

① Joint Press Statement on the Fourth Meeting of the Japan-Thailand High Level Joint Commission (HLJC), 2018年7月18日，https://www.mfa.go.th/en/content/5d5bd17c15e39c30600 24ff4?cate=5d5bcb4e15e39c306000683e。
② 《贸易特权使用指南》（泰文版），泰国商务部网站，2021年10月9日，http://fta.dft.go.th/LinkClick.aspx?fileticket=tNLU3gQrSGQ%3D&tabid=63&mid=385。

走廊的竞争力》文件,① 以期优化工业结构。此外，泰国政府非常重视 EEC 项目的合作，积极帮助和支持日本商家参与投资 EEC 项目。五是日泰铁路合作。在铁路系统发展项目中，泰国和日本将加强合作。HLJC 会议后，泰方交通运输部与日本私营合资企业签订承包商合同，由日本作为主导方将红线铁路项目签订为双方合作的主要项目之一。六是伊洛瓦底江—湄南河—湄公河经济合作战略组织（Ayeyawady-Chao Phraya-Mekong Economic Cooperation Strategy，ACMECS）。第 8 届领导会议在曼谷举行，日本提出为本组织设计合作规划，同时还积极与泰国开展合作，推进与湄公河区域内的成员国进行各领域互联互通工作，包括东南亚东西经济走廊（East-West Economic Corridor，EWEC）和泰国南部经济走廊（Southern Economic Corridor，SEC），以达到可持续发展的目标。七是人力资源发展。日本与泰国合作提高人力资源的专业水平，尤其是工程项目技术，并规划在泰国建设第一家培养工程师和培养专业技术人才的学院（Kosen），② 这一规划已在 2019 年 5 月正式实施。八是城市间合作。日泰政府合作已经延伸到了城市之间的多层次合作。泰国投资促进委员会部门（Board of Investment，BOI）和日本三重县的地方政府已经初步进行会面，就寻求共同发展目标达成一致。

2018 年 6 月，日本和泰国共同庆祝日泰友好建交 130 周年，时任日本外相河野太郎访问泰国，担任第 3 届东亚合作部长级会议主席。同年 9 月日本经济产业省（Ministry of Economy, Trade and Industry, METI）大臣世耕弘成带领 563 个日本商人到泰国参加日泰友好建交 130 周年纪念仪式。本次访问中，日本私立企业对泰国国内技术与创新产业、铁路系统、电动汽车生产、医疗设备产业等领域产业表示非常感兴趣。双方高级领导干部曾多次进行会晤交流和协商，为日商到泰国投资提供了便利渠道，也推动了泰国国内

---

① 《可行性研究报告——设立经济特区东部经济走廊创新区》（泰文版），泰国 EEC 官方网站，2021 年 9 月 21 日，https：//www.eeco.or.th/web-upload/filecenter/html/promotion-area/04-4.pdf。
② 《开设泰日技术与工程学院 kosen》（泰文版），泰国内阁新闻网，2018 年 12 月，http：//www.kosen.kmitl.ac.th/home/history。

经济的发展。① 泰国总理巴育表示日本的帮助对泰国经济发展起到了一定程度的成效，促使泰国经济社会进一步得到发展。日本为泰国提供了多方面的援助，这使泰国得到了更多国际认可，为泰国创造出了更具有吸引力的外商投资环境。

### （二）经济发展对接

日本签署 JTEPA 协议以来，对泰国一直保持较大投资力度，是泰国最重要的投资来源国。21 世纪，亚洲对汽车需求量急剧增加，使得日本汽车生产制造企业以泰国为中心建立亚洲汽车生产基地和输出地，并加大了对泰国汽车制造企业的投资额，日本在泰国的投资地位变得更加重要。投资结构上，日本企业偏向于制造业，显性目的是推动日本国内产业结构调整，隐性目的则是以国内剩余的资本投入其他国家以便于寻找新的投资生产基地，进而选择有优越条件的泰国作为投资对象。同时泰国投资促进委员会指出日本选择海外投资，大致可以分为四个原因：其一，日元升值；其二，日本国内生产成本高；其三，日本国内市场萧条；其四，日本市场经济开始饱和。由于日本政府鼓励本国企业到海外投资，2018~2019 年全球对外投资国中日本高居首位。

2015 年至今，日本一直是泰国最重要的投资国，泰国对日本的经济依赖日益增强。2015 年日本对泰国投资额已占日本对东盟国家总投资额的 36%，在东盟区域内占比最高。2018 年泰国投资促进委员会部门年度报告指出，目前外国对泰国的直接投资中，日本占 46% 的投资总额，一直高于其他国家，其次是新加坡和中国。泰国经济学家认为，未来日本企业会把工厂转移到东南亚其他国家，而印度尼西亚和越南将成为日本企业新的主要转移目标。有专家指出日本转移对外投资目标的主要因素有四点：其

---

① 《泰国工业部长访问日本，表示欢迎日本商人到 EEC 地区投资，并透露会将该地区作为机械手臂维修中心》（泰文版），曼谷观察网，2018 年 6 月 14 日，https：//www.thebangkokinsight.com/news/business/economics/17413/。

一,泰国国内政局不稳定;其二,泰国经常发生水灾,政府对水灾的防治不当,导致工厂损失重大;其三,劳动力价格提高,使工厂生产成本增加,造成企业负担;其四,劳动力供给减少。这些原因也将影响未来海外投资者对泰国的投资信心。目前泰国周边国家也在根据本国基本国情大力发展经济,努力改善自身的投资环境,这对泰国吸引外资造成了一定程度的不利影响。

泰国投资促进委员会部门从 2015 年 1 月 1 日起,正式出台投资的优惠新政策,主要目的是吸引外商对泰国的投资。政策出台后,2015 年申请享受投资优惠条款的日企剧增,2018 年泰国投资促进委员会还鼓励投资商到东部经济走廊(EEC)指定的工厂区投资设厂,以便于获得更多的投资优惠条款。该地区离曼谷较近,基础设施和交通运输便利,有利于日本商家使用海路运输进行进出口活动。

泰国政府大力推动对东部经济走廊的投资,通过基础设施开发建设以及提供税收优惠权益来吸引投资者,有利于加快基础设施开发建设速度以满足贸易、投资和旅游的发展需求,其中包括:建设连接三大机场(乌塔堡国际机场、曼谷廊曼机场、曼谷素万那普机场)以及廉差邦港和马达普工业港口的高铁,制定东部经济走廊投资促进措施和《2017 年投资促进法修正案》为该地区提供更多优惠权益。泰国政府尤为注重对核心技术应用产业的投资,这不仅能满足东部经济走廊投资未来产业的需要,还能将该地区作为规模最大的工业园区发展。2018 年 2 月 28 日,泰国副总理颂奇也亲自到日本开展"Opportunity Thailand, Be a Part of It"的专题研讨交流会。研讨交流会举办的目的就是使投资商对泰国开发东部经济走廊及该地区的投资优惠政策有进一步的深入了解。从过去几年来看,日本企业一直是该地区的主要投资方,而且占东部经济走廊外商投资企业总数的 50%。驻曼日本商会(JCCB)对日企在东部经济走廊投资的调查结果表明,日本企业家对东部经济走廊的投资优惠政策都较为满意。尤其是高速高铁建设、乌塔堡国际机场和廉差邦港口的扩建以及工业园区的建设,减免个人所得税 13 年,还有免收机械进口税等系列基础设施的建设项目和政府扶持政策,在东部经济走廊对日企策略中起到了巨大成效。① 据2020年泰国投资促进委员会部门的数据报告，② 2020年中国在东部经济走廊的投资额度首次超过了日本，逐渐成为该地区的主要投资方。综上可以看出，日本对泰国经济社会的发展有很大的影响。在日泰经济合作协定中，泰国一直处于劣势，但也有可谋利之处，即泰国可以借助日本的经济力量推动国内的发展，实现经济发展的目标，同时日本可以把泰国作为连接东盟各国经济合作伙伴的桥梁，在东南亚地区与中国竞争。

### （三）国际公共安全对接

20世纪90年代，东盟频繁举行各类论坛活动，中国、日本、韩国相继加入"10+3"模式，其中合作内容以经济合作为重点，并逐渐延伸到政治、安全、文化等领域。随着东盟的力量越来越强大，日本意识到与东盟不能只停留在简单的事物交往上，而应该谋求全局性合作，从传统的战术动作转向战略思想的构建。1993年日本外务大臣在第126次国会上进行外交政策阐述时，明确地表述了东盟为亚太地区带来了繁荣与安全。日本政府也表示，将同东盟地区携手推进亚太的和平与发展，齐心协力维护世界和平与繁荣。同年日本首相宫泽喜一访问东盟四国（印度尼西亚、马来西亚、泰国、文莱），在泰国发表了《亚太新时代及日本与东盟的合作》外交政策演讲。日本强调要推进亚太地区的政治与安全对话，这次日本外交宣言被称为"宫泽主义"，是日本长期以来对亚洲实施的较综合性的外交政策。

安全方面，日本早在2003年就作为第四谈判国与东盟达成《东南亚友好合作条约》（Treaty of Amity and Cooperation in Southeast Asia，TAC），③ 也是第一个与东盟正式建立反恐区域合作的国家，从此每年与东盟定期举行反

---

① 泰国商会：《日本—曼谷商会指出，泰国经济的总体前景仍然乐观，要求政府改善海关制度并发展基础设施》（泰文版），2019年2月18日，https：//bit.ly/3pkXJSH。

② 《中国首次超越日本，在2019年推动BOI突破75.6亿目标》（泰文版），《民意报》2020年1月13日，https：//www.prachachat.net/economy/news-409993。

③ Lattaka Nettat：《在中美权力竞争浪潮中的东盟和日本》（泰文版），Law for ASEAN by the Office of the Council of State of Thailand，2019年3月28日，https：//lawforasean.krisdika.go.th/File/files/JapanandASEAN.pdf。

恐对话论坛活动。此外，日本在东盟地区论坛（ASEAN Regional Forum，ARF）框架内对打击恐怖主义、跨国犯罪以及海洋安全起着非常重要的作用。日本不仅对东盟地区的反恐事务合作持有坚决赞同的态度，还在 2012 年 5 月参与了第 20 届东盟峰会上的《2015 年东盟无毒品宣言》（Declaration on Drug-Free ASEAN 2015），① 东盟领导人要求日本促进与支持配合东盟在预防和扫除毒品方面的合作。

日本防卫省省长在 2016 年 8 月出访泰国时，与泰国国防部部长和总理举行会谈。此次会谈目的首先就是希望扩张日泰之间的军事关系；其次日方希望在军事方面能与泰国形成密切关系。会谈内容主要集中在交换访问和联合演习上，包括泰国空军和日本陆上自卫队工作组之间的交流，并且首次邀请泰国空军派遣观察小组参加日本的"南开雷库"演习。日本还谈到了双方要持续关于促进国防技术和军事装备的工作组层面的讨论，表明了日泰两国达成了军事合作的意愿。

日本和泰国早在 2009 年 7 月 22 日签署了《泰王国与日本签署法官调任以及合作执行判决的条约》，② 此条约是日本与他国签订的第一个引渡条约，与泰国和其他国家签过的条约是同样的内容。③ 泰国特别调查部与日本有关部门在 2019 年 7 月 22 日至 27 日会面并讨论执法合作、起诉跨国人口贩运和加强防御等问题。为了有效提高抑制人口贩运的工作效率，日泰双边的政府机构还签署了人口贩运信息交流合作协议，④ 为两国在该领域开展具体合作打下良好基础。

---

① ASEAN Learning Center：《东盟+3》（泰文版），泰国地方行政机关局官网，2020 年 9 月 6 日，http：//asean. dla. go. th/public/article. do？lv2Index = 147&lang = th&random = 1502384023649。

② Royal Thai Embassy：《泰王国与日本签署法官调任以及合作执行判决的条约》（泰文版），泰国驻新加坡大使馆官网，2009，https：//shorturl. asia/MrRlV。

③ 《泰国和日本之间的协定》（泰文版），泰国商务局官网，2020 年 9 月 6 日，http：//eastasiawatch. mfa. go. th/th/agreement/31/。

④ 泰国 DSI 特别调查部：《2019 年 7 月 22 日至 27 日，在日本东京举行有关机构交流有关国际人口贩运情况的信息》（泰文版），2019 年 8 月 20 日，https：//gnews. apps. go. th/news？news = 45426。

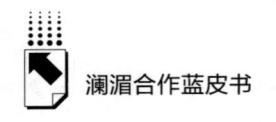

## 二 日泰物理连接

### （一）基础设施

近年来，日本积极推动东盟互联互通的建设。2010年，由日本全资创建的东盟与东亚经济研究所推出的《亚洲综合发展规划》，以及在同年举行的东亚峰会，均表明了日本对与东盟实现互联互通的期望。2012年4月21日，第4届湄公河次区域首领会议在日本东京举行，以"基础设施和交通运输的发展为湄公河区域发展的支柱"为主题，泰国前总理英拉曾谈到在湄公河次区域合作框架下，泰国与日本是合作伙伴，该区域内的所有国家都应相互依赖、联系密切。自此东盟不断举行湄公河国家领导人峰会，在会上谈论日本曾公布的《日本与湄公河区域互联互通倡议》，呼吁地区内各国注重区域互联互通，提升区域互联互通的建设水平。日本还在此次论坛上提出将泰国、缅甸、孟加拉国、印度西北部的公路互联互通建设作为政策重点，建设公路和港湾，形成"湄公河次区域至印度经济走廊"或"东西经济走廊"。海上互联互通方面，日本规划把马来西亚、新加坡、印度尼西亚、菲律宾、文莱等国家作为环行东盟海洋经济走廊，优化港口建设和航路，尤其是要以海陆一体为重点，建设高速联运的滚装船（Ro-Ro船）港口，形成海陆无缝对接的交通与运输网络，实现低成本物流，让航路联通更具效率。

若从地理位置上来划分，东南亚被视为一个整体区域，但在这个区域里仍然存在次区域合作，这些都包含在东盟合作框架的范围内。在次区域合作框架中有两个支线框架是日本支持的，分别是湄公河次区域合作框架和印马泰增长三角区域框架，其中湄公河次区域合作框架包括缅甸、泰国、老挝、柬埔寨、越南以及中国的云南省和广西壮族自治区，而印马泰增长三角区域框架中有三边经济区域的开发项目，覆盖三个成员国的部分城市。日本政府为该合作框架提供大力支持，希望在该地区的发展中扮演重要角色。另据相关的调查分析，日本政府和私营部门都认为湄公河次区域合作框架具有很大的投资潜力，尽管该区域缺乏基础设施和市政服务，但拥有廉价的劳动力。

若与东盟六国海上合作相比较，日本政府更加重视湄公河次区域合作。日本在2007年成立"日本与湄公河区域合作伙伴机制"，并在此机制基础上大力推进互联建设与实施合作，2012~2015年共支付6000亿日元支持该区域基础设施的建设，2016~2018年，提供援助金额高达7500亿日元。[①] 2016年5月，日本外务大臣岸田文雄针对东盟联合政策提出要打造有效力的互联互通、构建多元融合互联格局，不仅在修路建桥方面要"硬互联"，还要通过推进"软互联"使跨境货物运输的通关手续便利化、港口手续一体化，促进各国民众在教育、文化等方面的交流，形成一个较为系统的对接机制，这一提案对于促进东盟各国以及日本之间的互联互通非常重要。日泰双方通过多次商讨，在2016年为"曼谷—清迈"高速铁路项目正式签订合作备忘录，作为日本政府在亚洲基础设施建设方面援助计划的一环，泰国曼谷通往北方城市清迈的铁路项目全线使用日本的车辆、铺设线路材料、运输技术，全线长达660公里，时速为250公里，"曼谷—清迈"高速铁路项目计划在2018年进行施工。此次高速铁路项目的投资规模将超过100亿美元，而日本承诺以低利息向泰国提供贷款，利率不超过1.5%，减轻了泰国财政部门的还款压力，低息贷款的优惠条款以及日本高铁良好的安全记录，是此次高速铁路项目竞争中日本能够胜出的重要原因之一。

在"曼谷—清迈"高速铁路建设之前，泰国政府以建设费用过高为由提出高速铁路降速的提议，由时速250公里降为180~220公里。泰国政府担心此项高速铁路项目成本难以负担，希望通过调整速度来降低项目投入资金，使该项目变为合资项目，即日本不仅要负责修建铁路，同时也要出资。但2017年末日本对泰国高速铁路项目的投资调查进行分析后发现，

---

① 张继业：《日本推动东盟国家互联互通建设的政策分析》，《现代国际关系》2017年第3期，第3页。

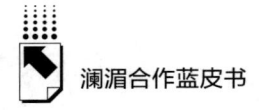

本次高速铁路的运营存在很高的负盈利风险，不值得高额投资，即每天平均乘客必须高达30000人次才可实现收支平衡。2018年日本对该项目进行第二次考察研究，仍然坚决表示不会投资该项目，并强调该高速铁路项目本应该是由泰国政府完全自主投资的基础设施项目。另外，泰国许多城市的人口密集度太低，只有曼谷、清迈和一些中等城市能在一定程度上达到标准客流量，这将限制泰国对高速列车的需求，同时营业额也将会受到很大的损失。因这一系列的问题，"曼谷—清迈"高速铁路项目暂时进入停滞状态。

因泰国政府制定了铁路系统覆盖全国的长期规划，泰国交通运输部部长表示，政府仍会继续建造4条高速铁路来连接4个主要城市。而日本和中国在高速铁路技术方面都具有一定优势，两者存在竞争关系，尤其是泰国近几年规划建造连接三大机场的铁路，把曼谷市中心和主要机场以及工业地带连接起来。目前此项目由泰国、日本、中国合作，也是首个从双边促进到多边合作的项目。2018年8月2日，泰国和日本单独洽谈，日本提出了与湄公河流域国家合作的意愿，连接硬件和软件，表明将和泰国私营部门共同参与招标项目。此后泰国内阁在2019年5月28日批准了总投资额为6500亿泰铢的5个项目，其中泰国三大机场连接的高速铁路项目投资总额为2240亿泰铢（约489亿元人民币）。[①] 此项目由两大私营部门联合进行投标，由泰国正大集团牵头中标，成员包括中国、日本、德国、韩国、意大利等国家的私立部门。[②] 正大集团以1496亿泰铢低于政府预计的投资总额赢得该项目标书。虽然目前招标活动已落幕，但受项目建设中所涉及的贷款低利息，以及区域重叠等因素的影响，该项目存在一定的不稳定性，预计泰国政府能

---

① 《泰国内阁批准泰国铁路局与正大集团加入高速列车投资，连接3个机场，预算为14.9亿美元》，Wokepointtoday，2020年4月4日，https://workpointtoday.com/approve-high-speed-trains-connecting-3-airports01/。
② 《连接3个机场的高速铁路招投标项目，"CP"公开程度高于"BTS"》（泰文版），《经理报》2018年11月16日。

在短期内消除这一系列的不稳定因素,并且在指定的时间范围完成合同的签署。① 另外,日本曼谷商会董事长表明,日本将会积极参与泰国5个重要项目的招标,推动泰国基础设施高质量发展。②

## (二)能源循环利用

能源合作是世界经济合作较为关注的领域,日泰能源合作已在具体实践和制度规划层面展开。日本与泰国能源合作始于1992年,日本对外贸易组织和新能源产业技术综合开发机构成为负责监督日方对外合作的工作组织,主要在绿色伙伴计划框架下,协调东盟国家在能源和环境保护方面每年举行一次会议,从而使各国的经验达到共享以及借鉴,日本还一度派遣专家为泰国各类系统的研发提供相关技术协助,并提供高效机械设备的试用权。日泰的能源合作领域以研究合作为起点,2005年9月1日泰国总理和日本首相讨论日泰合作以研究生物质(Biomass)和生物柴油(Biodiesel)为主。同时,泰国科学技术发展署的太阳能电池研究部门与日本东京工业大学一起研发太阳能技术项目。这些项目为泰国和日本在未来能源合作开发、能源贸易、能源投资、能源输送等方面的合作奠定了基础。2008年8月20日至24日,泰国能源部部长带领代表团访问了日本。此次访问,日本政府做了两方面准备。一方面是核能领域发展方向的展示,表示日本在核能方面可以对泰国进行技术支持,以及展示日本在具有发展人力资源的丰富经验的同时,也拥有相关技术以及法律安全措施,在安全性方面能获得泰国当地人民的认同;另一方面,提升民众对新能源的理解和接受度,日方乐意为泰国建造能源公园(Energy Park),目的主要是向民众展示未来可用的,诸如太阳能、风能、生物能以及核能等基础新型能源技术。此外,日本在节省能源、可再生能源

---

① 《9月正大集团签订了EEC高速合同,同时为"U-Tapao City"项目可能会失去承包工程做好准备》(泰文版),《民意报》2019年8月24日。
② 《日本投资者表示对"蓝察邦—乌塔堡高铁"的建设有信心,并支持在EEC的一切投资》(泰文版),泰国EEC发展局新闻网,2019年2月25日,https://econth.wordpress.com/2019/02/25/japan-thrust-eec/。

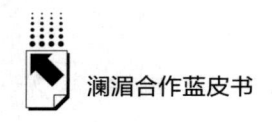

开发和提高能源使用效率等方面，也乐意向泰国提供能源技术支持。

泰国与日本在能源市场中有较多的合作机会，主要合作形式包括框架性协议、双边政府的合作、政府与私营企业以及企业之间的合作等。近年来，泰国与日本在能源合作领域陆续签署合作协议。从框架性协议来看，泰国负责在2019年6月24~28日举行第37次能源问题高级官员会议和有关会议（37th Senior Official Meeting on Energy and Associated Meetings, The 37th SOME），主题是以强有力的伙伴关系和创新未来为契机步入能源转型时代。此次会议的目标是支持东盟国家使用石化燃料以及未来使用清洁能源，并准备推动东盟能源政策，在2019年完成电力、能源效率、天然气等方面的计划目标。

根据泰国《节能促进法》相关的《2015年至2036年节能计划》和泰国《能源安全法》规定，到2030年泰国将减少30%的能源消耗。此外，泰国已表示有意根据《巴黎协定》参加《联合国气候变化框架公约》，框架内计划减少温室气体排放，2030年预计温室气体排放量比正常情况减少20%，为了实现《2015年至2036年节能计划》中设定的目标，泰国政府制定了10项应对措施，其中就包括对工厂强制执行节能标准的措施。① 日本政府曾经对泰国能源部提供开发能源使用报告系统，以及设立能源管理培训中心的协助。除此之外，日本政府还支持泰国使用低碳技术，并在此基础上于2018年建立双边合作项目，同时还举行为期2天的实践培训，以达到树立低碳生活意识的目的。

从近期的合作现状来看，泰国与日本在能源方面的合作还处于初期阶段，合作协议还不够完善，仍缺乏制定能源合作基本协议的经验。现有的相关协议均是日本—东盟自贸区成员之间所应当遵守的原则性内容，双边政府之间的合作在很大程度上倾向于能源信息共享和能源技术合作，而企业主要倾向于研发和制造商品并面向国外或国内市场销售。从合作目标的角度看，日泰能源领域存在各种合作关系，日本政府为泰国提供使用和开发新能源特

---

① 泰国能源部：《将工厂升级为低碳企业，建设生态工业试点城市》（泰文版），《泰叻报》2021年4月26日。

别支持,并提供相关的能源信息和技术交流,甚至共同设立能源研究所、共同研发可再生能源和相关的科学技术,以降低二氧化碳的排放为主要目标,增加利用可再生能源的频率。同时日本与泰国还共同着力促进绿色发展,推进实施创新驱动战略。

## 三 日泰人文互通

### (一)日泰旅游互联互通

在东盟框架下,泰国委员会于2017年11月22日至24日主办了第43届东盟—日本商务会议,主题为"利用旅游业和相关产业加深东盟—日本经济伙伴关系",旨在加强日本与东盟和东盟成员国之间在旅游及其他相关业务方面的合作。虽然这只是非正式会议,但参加人数有300多人,这表明很多商家已逐渐加入日泰人文互通的行列。此次会议能有效提升日本和泰国、东盟以及东盟成员国之间的关系,并且逐渐形成区域内联系网络,为各方业务来往提供便利的交流平台。此次会议泰国旅游局局长塔农博士表示,旅游业带来的收入并非最重要的,他认为每个国家的游客人数每年都会增加是理所当然的,更应该关注东盟各国人民之间的友谊。[①] 此次会议后,健康旅游已成为旅游市场的新潮流。此外,日本经济发展组织专派40多名成员参加会议,以便不同的行业能够与旅游业联手合作。塔农博士认为会议在促进旅游业发展的同时,也要强调旅游业所带来的重要性,因为旅游业有助于经济增长,能增加基层国民的产业收入。在宏观经济方面,虽然工业或出口对经济贡献较大,但只是对少数领域有影响,而旅游业则能涉及普通民众的收益。

2013年7月1日起,泰国政府对短期居留(不超过15天)的日本公民

---

① 《东盟—日本商务会议,通过商务交流将泰国—日本—东盟的邦交友谊交流变得更加密切》(泰文版),《泰国公报》2017年11月26日。

实施免签政策，并将时间延长到3年。与执行该措施的前一年的统计数据对比发现，泰国游客到日本旅游的人数跃升了2倍。当然游客增加的因素不仅包括日元贬值以及游客免税措施，签证豁免也是一个重要因素。除此之外，日本的各省政府还努力组织国内外的旅游活动，使外国游客对本地区的旅游景点和当地的旅游热门产品更加了解。2019年3月泰国政府发布内部公告，即持有包括日本在内的56个国家以及经济特区护照的外国人，可以免签进入泰国旅游，并允许一次居住不超过30天。因此，外国前往泰国旅游的游客逐年增多。2018年外国游客到泰国旅游的消费金额排名中，日本占第四位，仅次于中国、俄罗斯和马来西亚。从到泰国旅游的国别总人数来看，日本排在第五位；而从消费金额来看，日本却排在第四位。这取决于各个国家游客的消费水平。泰国内阁在2016年11月22日批准，并进一步修改相关的法律。如今，越来越多的外国人，尤其是年龄较大的外国人喜欢到泰国长期居住，泰国旅游和体育部及卫生部的数据显示，2014年，已有外国人申请非移民签证（Non-immigrant Visa），并获得批准长期居留在泰国。包括日本人在内的外国人将泰国作为医疗保健旅游中心，长期居留在泰国，签证也从原来的1年延至10年。

### （二）日泰文化互联互通

文化互联互通方面，泰国驻日本的领事馆每年都会在日本举办"泰国节"，并支持日泰相关外交部门在日本举办泰国文化展，各部门采取各种方式宣传和推广泰国文化，以增进日泰两国人民的交流并了解对方的文化。2018年，泰国在日本举办了三次泰国节。2018年9月20~30日，泰国在福冈市举行第一届泰国节，同时举办"泰国4.0未来就在这里"展览，目的是促进泰国经济的可持续发展，以及展示文化艺术产品、旅游景点介绍和泰国食品，受到了很多参加者的关注。同年10月20日，泰国在佐贺省举办第一届泰国文化节，泰国驻东京大使和佐贺市市长共同主持泰国文化节的开幕式，此次活动旨在向当地人介绍泰国，让当地人主要通过食品、旅游、文化艺术等了解泰国。另外，泰国农业市场组织和农业部人员把很多新鲜水果带到文化节展销，同时还宣传了泰国4.0政策。日本艺术部也曾在2014年8月5日举办"文化遗产和舞蹈艺术交流"路演活动，在活动中还有日本和泰国的舞蹈表演，展示两国舞蹈艺术的创作和表演水平，以舞蹈为媒促进两国文化交流。通过文化艺术的交流，泰国表演艺术深受日本人的喜爱，日本也设立了泰国舞蹈学校，用以在日本积极传播泰国文化艺术。泰国与日本姬路市委员会还签署了《考古与史上重要文化遗产保护》的合作协议，此协议着重于共同促进历史文化景点的旅游消费，进一步刺激两国经济，同时可以通过艺术和文化机制为泰国创建旅游路线图。此外，泰国有关部门还与东京国家文化遗产研究所合作，研究其如何制作漆器、镀金、玻璃装饰等艺术品，促进两国艺术家在保护文化遗产知识方面的交流。之后，2018年泰国艺术部部长与日本佐贺省省长签订了《文化艺术交流合作协议》，协议为期3年（2018~2021年），旨在开展技术合作和文化交流活动，加深日泰联系。日泰双方将支持和促进旅游、体育、教育和技术相关活动的举办，增强学术交流，对文化节和相关的会议也会提供资金支持。①

### （三）日泰国际教育交流对接

亚洲经济危机之后，世界各地的日本企业都受到很大的损失。泰国也有许多日本工厂倒闭，很多日本企业已搬迁到中国、印度尼西亚等劳动力成本低于泰国的其他国家，导致泰国的失业率提高，同时对泰国日语劳动市场和日语学习的需求量也产生了影响。但是，与其他亚洲国家的语言相比，日语仍然仅次于英语，属于在泰国最受欢迎的语言之一。19世纪中叶，日语开始受到泰国人的关注，主要原因是日本到泰国投资的人越来越多，日语劳动力不能满足市场需求。后来，日本的公共部门和私营机构提供日语教学，通过奖学金的形式鼓励泰国人去日本学习日语，派日本国籍的老师到泰国高等院校任教，以及以研究经费的形式向高等院校提供日语教学，还对泰国人进

---

① 《艺术部与日本签署了交流文化合作的谅解备忘录》（泰文版），泰国文化局新闻网，https://www.th.emb-japan.go.jp/jt130/index-th.htm。

行日语教师培训，使其精通日语教学，从而满足泰国劳动力市场需求。2014年日泰政府磋商以来，日本驻泰国大使与泰国教育部部长讨论了教育合作，日本政府表示非常支持并愿意促进双方的教育合作，将继续提供教育领域的援助，例如向教师、学生提供奖学金，赴日本深造和培训。此外，日本政府还支持了许多项目，例如"日本伙伴计划"，该项目已派出60名日本志愿者到泰国各高等院校任教。① 此外，还有"JENESYS2.0"项目，该项目使泰国儿童有机会到日本了解各个地区的文化，有助于促进泰国和日本民众之间的友好往来。鉴于日本具有工业领域的先进技术，泰国希望通过与日本的合作发展职业教育，不仅可培养有一定的专业知识和能力的人才，而且也能迎合日本公司对泰国劳动力的需求。

关于创建符合劳动力市场需求的教育机构的制度，泰国教育部部长表示，日本是发达国家之一，而且在各个方面都有发展，因此对日本的教育制度非常感兴趣。目前泰国与日本已经展开了"工作与实习"的教育合作，泰国政府希望通过日本企业参与高等院校合作的措施，学生毕业后进入社会的就业能得到很好的保障，这种合作发展模式非常符合日本企业的需求。

日本政府将教育政策作为重中之重，因为教育是社会经济发展的重要基础。2017年5月，日本文部科学省省长访问泰国，并与泰国教育部部长探讨教育合作问题，日本文部科学省省长提出与泰国教育部进行以下两种合作：一是两国之间的教师交流项目，日本政府曾经为泰国教师提供到日本接受培训的机会，这次同样希望日语老师有机会到泰国学校进行交流；二是以泰国—日本协会学校作为试点，采用日本教育管理模式，其特点就是突出课堂研究。日本表示乐意传输自己的教育管理模式，并可根据不同国家的教育情况进行课程调整。②

2019年5月，日本和泰国成立培养工程师和专业技术人才的学院

---

① Asst. Prof. Siriwon Munintarawong：《以政策为导向行动为基础 SEND PROGRAM 培养日本人才》（泰文版），《日本研究网络杂志》2017年第7卷第3期，第227~228页。
② 《日本和泰国两国教育部部长参加了会晤，就两国教育合作进行探讨》（泰文版），泰国政府办公厅新闻网，2017年5月2日，https://www.egov.go.th/th/content/10301/3708/。

（Kosen），当年9月，日本驻泰国大使亲自到泰国教育部与部长见面，并一起讨论教育合作问题。此次讨论主要是交换信息和意见，并跟进Kosen的合作进展。基于泰国和日本有长期的良好关系，而且目前有许多日本公司在泰国工业领域进行投资，因此需要优质的人力进入劳动力市场。泰国教育部也表示要分配人力资源，满足劳动力市场的需求，这使双方在教育合作方面更有信心。

## 结　语

当前日本与泰国的互联互通，主要体现在基础设施的互联互通上，除了在经贸、投资领域有频繁往来，在旅游、教育等人文交流领域也有密切互动。日泰互联互通的一大特点是日泰双方都较为重视两国间的多元文化往来，认为文化连接了两国友谊，为日泰两国经济贸易互联互通合作起到良好的助力作用。从日泰互联互通合作形式上看，日本积极参与到泰国各领域的互联互通合作中，经济援助是主要形式之一。但因泰国目前仍存在资金紧缺和专业技术能力不足的问题，泰国需继续加强同日本的互联互通，加强日泰技术交流合作，提升泰国的工业发展水平，复苏泰国经济。在日泰互联互通机制对接方面，日本通过各类渠道，对泰国提供技术合作项目和资金支援，与泰国配合协作、开展各项经济贸易活动，组织双边或多边的交流讨论会。因此，日本在泰国塑造了互联互通的良好形象，并赢得了泰国民众的认同以及泰国政府的信任和大力支持，这也是日本获得泰国政府投资优惠政策的主要原因之一。此外，虽然日本在泰国的地缘优势不明显，但日本始终积极参与与泰国各领域的互联互通合作，尤其是公路、铁路、港口和机场等基础设施建设。不仅如此，在与泰国的人文互联互通方面，日本积极配合泰国实施教育合作与学术交流，通过为泰国民众提供奖学金以及开展文化交流等活动，多方促进日泰民众的深度合作与交流，进一步拓展并提升了日泰两国的互联互通水平。

# B.6
# 疫苗援助与澜湄区域卫生合作

张 蕾*

**摘　要：** 2020年以来，新冠肺炎疫情在全球的传播在一定程度上改变着世界政治经济格局，也对湄公河国家产生了较大冲击。加强区域卫生合作、提升卫生治理能力已成为当下湄公河国家的迫切需求。疫苗作为全球抗击新冠肺炎疫情最有效的武器，其分配却深受地缘政治、物流供应链和融资等多方面限制。中国秉持人类命运共同体理念，积极向湄公河国家提供疫苗，并协助其提升本土疫苗生产能力。随着澜湄合作机制不断推进，中国在湄公河地区卫生治理中展现出参与更深入、方式更丰富、行为体更多元的特征。在澜湄合作机制的引领下，湄公河地区卫生治理取得了明显进步，树立了抗疫合作新标杆，深化了跨境传染病联防联控，丰富了地区卫生合作内容。但在疫情与中美关系变化交织的背景下，湄公河地区卫生治理也面临新的挑战。

**关键词：** 湄公河　疫苗援助　区域卫生合作　澜湄合作机制　卫生治理

湄公河流域由于独特的自然和社会环境，面临严峻的、以传染病为代表的卫生安全威胁。该地区是艾滋病的"重灾区"，也是全球防治疟疾、结核等疾病的重点区域。除泰国的卫生治理能力较强以外，缅甸、柬埔寨、老挝和越南卫生治理能力普遍较弱，且发展严重不均衡。近年来，地区跨国劳工和难民等问

---

\* 张蕾，博士，云南大学国际关系研究院助理研究员。

题更加剧了传染病带来的卫生安全挑战。随着湄公河五国与中国互联互通的加深，以传染病防控为核心的区域卫生合作已成为影响湄公河地区政治稳定、经济发展与社会和谐的重要因素，也是我国"外防输入"的重要防线。因此，增进区域卫生合作、提高卫生治理成效已成为本区域最紧迫的现实需求之一。

## 一 湄公河国家新冠肺炎疫情态势与卫生援助缺口

2020年初以来，新冠肺炎疫情的全球大流行成为影响最大的"黑天鹅事件"，对全球的经济、政治和社会都造成了不可估量的深远影响。疫情初期湄公河五国受到冲击较小，越南和泰国高效的防疫行动一度使其成为全球抗疫"优等生"。然而，随着2021年4月印度疫情的大规模出现，湄公河五国相继受到影响。在接踵而来的德尔塔、德尔塔+、拉姆达、奥密克戎等变异毒株的袭击下，湄公河五国卫生治理体系的不平衡性和脆弱性显现，疫情态势在波动中持续走高。具体来看，泰国经历了2021年4月和9月两个疫情高峰，随后持续好转，但2022年2月以来又迅速恶化。越南在2021年9月之前都保持较好的防疫态势，9月之后经历了短暂回落后，每日新增病例又连续创新高。柬埔寨在经历了2021年4月至10月的长时间疫情高峰后，态势回落，随后重现反弹迹象。而老挝在2021年9月之后疫情急剧恶化，于2022年初开始回落。缅甸由于国内政治动荡，经历了多次疫情高峰，波动性更为明显，2022年初疫情形势开始好转，但随后受周边国家影响又出现恶化趋势（见图1）。截至2022年2月23日，湄公河五国总病例数累计达641.7万人，死亡总数为85266人。①

湄公河五国卫生治理能力普遍偏弱，国家间差距与城乡差别明显，除泰国之外的国家长期依赖域外大国的卫生援助，卫生治理体现了较强的依赖性、脆弱性和不平衡性。具体而言，缅甸艾滋病毒携带者比例、

---

① 其中，越南总病例数283万人，死亡39605人；泰国总病例数275万人，死亡22691人；柬埔寨总病例数12.7万人，死亡3020人；缅甸总病例数56.9万人，死亡19338人；老挝总病例数14.1万人，死亡612人。数据来自约翰·霍普金斯大学CSSE COVID-19 Data和Our World in Data数据库。

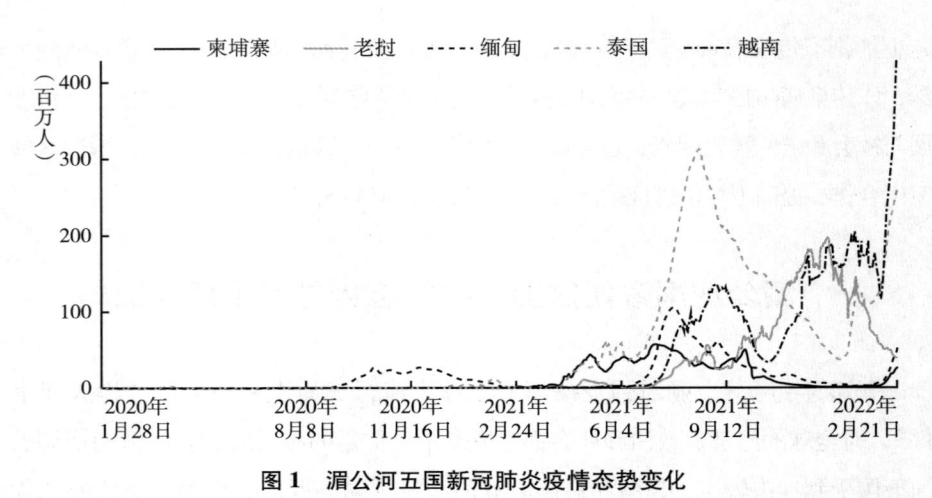

**图 1　湄公河五国新冠肺炎疫情态势变化**

资料来源：约翰·霍普金斯大学 CSSE COVID-19 Data 和 Our World in Data 数据库。

抗药性疟疾和结核病患者比例、母婴死亡率、营养不良率为地区最高，卫生人力资源和供应链高度紧张，卫生资金缺乏，卫生援助缺口最大。柬埔寨国内缺乏合格的卫生人员和稳定的药物供应，各级卫生部门沟通协作不畅，医疗信息技术进展缓慢。老挝各项健康可持续发展指数同样较低，财政公共卫生支出比例低，卫生人力资源和供应链紧张成为突出短板。越南虽然近年来公共卫生治理能力提升较快，但依然面临医疗资源紧张、城乡差距明显、慢病和非传染性疾病风险快速增加等问题。泰国作为湄公河流域卫生治理能力最强的国家，在促进本地区卫生合作、改善区域卫生治理水平方面发挥了重要作用。虽然泰国在全民健康覆盖、医疗技术研发、卫生人力资源培养等领域都居于全球领先地位，其基础健康服务覆盖率和疫苗接种率也位列湄公河国家第一，[①] 但仍然存在城乡医疗资源不平衡的问题。

---

① 张蕾：《国家能动性与公共卫生治理规范的本土化——以泰国参与东南亚公共卫生治理为例》，《东南亚研究》2020年第2期，第73页。

## 二 新冠疫苗分配困局与中国对湄公河国家的疫苗援助

疫苗作为全球抗击新冠肺炎疫情最有效的武器，目前却深受地缘政治、物流供应链和融资等多方面限制，多边分配机制和双边分配安排在某种程度上均无法有效实现新冠疫苗的全球可及性和分配公平性。正如顶级医学期刊《柳叶刀》发文指出，新冠疫苗的全球分配存在"令人震惊的不平衡"，占全球人口16%的高收入国家已经抢购了2021年至少70%的新冠疫苗剂量。[①]"新冠疫苗实施计划"（COVAX）作为目前最重要的疫苗多边分配机制，由全球疫苗免疫联盟、世界卫生组织和流行病预防创新联盟共同提出并牵头运行，旨在通过多边方式为贫穷国家提供新冠疫苗。然而，受到印度疫情加重而停止出口阿斯利康疫苗、融资困难导致资金缺口大等因素影响，"新冠疫苗实施计划"面临疫苗供给困境和信任危机。截至2022年1月底，"新冠疫苗实施计划"向144个国家和地区交付了10亿剂疫苗，仅占2021年目标的50%。[②] 在多边供给严重不足的情况下，双边合作成为目前新冠疫苗分配的主要渠道。

中国秉持人类命运共同体理念，积极加入"新冠疫苗实施计划"，并承诺优先向湄公河国家提供疫苗。[③] 2021年2月，中国向老挝、柬埔寨等国无偿援助了第一批新冠疫苗，并于3月底又向老挝和柬埔寨无偿援助了第二批新冠疫苗。同时，泰国分别于2021年2月24日、3月20日和4月10日向中国采购了三批新冠疫苗，成为第一个商业采购并大规模接种中国疫苗的东盟国家。截至2021年底，中国已向缅甸提供新冠肺炎疫苗4000多万剂，占

---

① Olivier J. Wouters et al., "Challenges in Ensuring Global Access to COVID - 19 Vaccines: Production, Affordability, Allocation, and Deployment," *The Lancet* 397 (2021): 1023-1034.
② WHO, COVAX Delivers Its 1 Billionth COVID-19 Vaccine Dose, 16 January, 2022, https://www.who.int/news/item/16-01-2022-covax-delivers-its-1-billionth-covid-19-vaccine-dose.
③ 李克强：《在澜沧江—湄公河合作第三次领导人会议上的讲话》，中国政府网，2020年8月24日，http://www.gov.cn/gongbao/content/2020/content_5541471.htm。

缅甸所获疫苗的90%以上，其中超过1000万剂为无偿援助；向柬埔寨交付疫苗3700万剂，其中380万剂为无偿援助；向泰国提供5085万剂疫苗；向老挝和越南分别提供690万剂和5200万剂疫苗，成为对老挝和越南供给新冠疫苗最多的国家。①

此外，中国不仅授之以鱼，还授之以渔，协助东南亚国家提升本土新冠疫苗生产能力。通过搭建"疫苗之友"合作平台，中国与湄公河五国加强了在新冠疫苗信息分享、研发、生产和使用等方面的合作。柬埔寨于2021年底获得了中国科兴疫苗的本土生产授权，中国国药疫苗在缅半成品灌装生产计划也于2022年2月启动。在中国的大力援助下，湄公河国家疫苗接种推广良好。截至2022年2月21日，柬埔寨全民接种率高达85.4%，位居东南亚第二、湄公河国家第一。越南、泰国和老挝的全民接种率分别为81.1%、76.3%和65.7%，均高于全球平均接种率的63.1%（见图2）。② 相较而言，缅甸接种推广进程较为缓慢，全民接种率仅为43.0%。

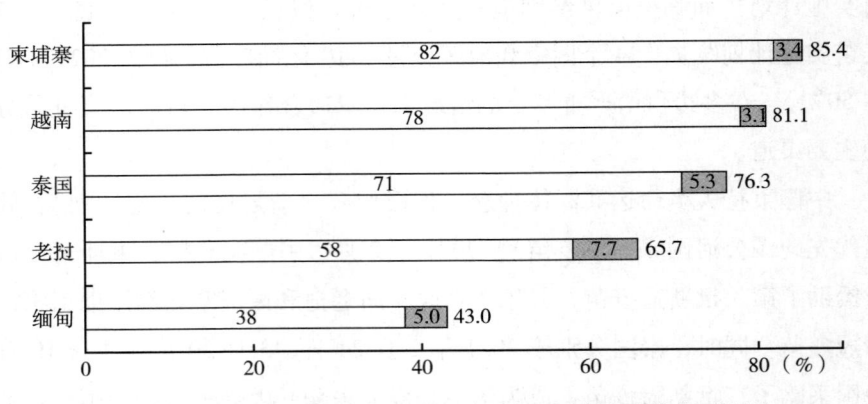

**图2　截至2022年2月湄公河五国已完成新冠疫苗接种人口比例**

说明：图中深色阴影部分表示已完成完整的多次新冠肺炎疫苗接种计划人数所占总人口的百分比，浅色阴影部分表示已完成部分新冠疫苗接种计划人数所占总人口的百分比。

资料来源：Our World in Data 数据库。

---

① 资料来源于大使馆官方网站或商务部相关援助数据。
② Coronavirus（COVID-19）Vaccinations, Our World in Data, https://ourworldindata.org/covid-vaccinations?country=OWID_WRL.

## 三 湄公河地区卫生合作的大国参与和中国角色变迁

湄公河地区长期遭受以传染病为代表的卫生安全威胁，但除泰国之外的国家却缺乏有效应对的能力，长期依赖域外国家的援助来进行公共卫生治理。早在二战期间，美国海军医学研究部（NAMRU）就介入了湄公河地区卫生治理，并于战后在泰国曼谷建立了美国军方医学研究所（AFRIMS），该研究所长期以来成为引领该地区卫生合作的重要机构。法国在老挝、柬埔寨和越南分别设立多家巴斯德研究所（Institute Pasteur），如今已成为这几个国家政府卫生机构的重要组成部分，直接影响所在国公共卫生政策制定进程和议程设置。同样，英国惠康信托基金（Wellcome Trust）在泰国、越南和老挝都设有分支机构，而伦敦卫生与热带医学院（London School of Hygiene & Tropical Medicine）则在泰国建立了合作研究中心。[1] 在很长的一段时期里，湄公河地区卫生合作主要体现为大国与湄公河国家的双边卫生援助。

20世纪90年代以来，在国际组织和国际非政府组织的支持下，湄公河地区多边卫生合作治理进入了发展阶段。1999年，美国洛克菲勒基金会倡议建立湄公河流域疾病监测网络（Mekong Basin Disease Surveillance，MBDS），试图将湄公河流域五国和中国的云南省和广西壮族自治区都纳入同一个多边主义合作框架，旨在改善跨境传染病监测与防控问题。2001年，六国卫生部部长签署谅解备忘录，标志着该合作机制正式形成。该机制成为20世纪末至21世纪初区域疾病监测自组织网络的代表，[2] 也在一定程度上为《国际卫生条例》的修订提供了经验。其中，洛克菲勒基金会是湄公河

---

[1] Mekong Basin Disease Surveillance Regional Pandemic Influenza Table-top Exercise, http://un-influenza.org/files/asia_pacific/simex/26_-_mbds.

[2] Katherine C. Bond et al., "The Evolution and Expansion of Regional Disease Surveillance Networks and Their Role in Mitigating the Threat of Infectious Disease Outbreaks," *Emerging Health Threats Journal* 6 (2013): 2.

流域疾病监测网络的最主要赞助方,美国疾控中心和兰德公司是其重要的合作伙伴。2001年以来,湄公河流域疾病监测网络每年举行一次非正式合作会议。目前,湄公河流域疾病监测网络已经发展成为该地区最具代表性的多边卫生合作机制,在专业领域具有一定的号召力与权威性。泰国作为域内卫生治理水平最高的国家,也于1996年倡议成立了亚洲疟疾合作培训网络(ACT Malaria),该网络于1999年成立秘书处并设立协调国轮值制度,美国国际开发署(USAID)则为该网络提供长期支持。2004年,泰国在其主导建立的三河流域机制中将"促进地区卫生合作"作为五个优先领域之一,并建立了三河流域机制的公共卫生部门和六个公共卫生项目,[①] 推动了地区建立联防联控传染病机制,加强了卫生人力资源开发,增强了大流行与人畜共患病的防范能力。其中,最具代表性的项目是三河流域机制关于动物和人流感的倡议(ACMECS Initiatives on Animal and Human Influenza)以及三河流域机制抗击禽流感和其他新发传染病计划(ACMECS Health Sector's Plan for Combating Avian Influenza and Other Emerging Infectious Diseases)。这些项目旨在通过五个成员国的互助与合作,克服单个国家无法解决的共同公共卫生威胁,以保护该区域免受大流行性流感和其他新发传染病疫情的影响。同时,日本也积极通过大湄公河次区域经济合作参与到该地区的卫生治理中。一方面,日本通过长期为湄公河国家提供卫生人力资源培训,主导着该地区在卫生治理方面的议程设置;另一方面,在大湄公河次区域经济合作框架下,湄公河国家于2007年召开了首届地区卫生论坛,并于2008年至2019年成功举办了第十一届大湄公河次区域公共卫生大会和多届大湄公河次区域传染病预防与控制国际合作研讨会,[②] 区域卫生合作工作组也于2017年建立。

---

① Ayeyawady-Chao Phraya-Mekong Economic Cooperation Strategy 2003, *Bagan Declaration*, http://www.acmecs.org.
② Regional Health Meeting: GMS Strategy on Health Cooperation, Greater Mekong Subregion, October 25, 2017, https://www.greatermekong.org/regional-health-meeting-gms-strategy-health-cooperation.

这一时期湄公河地区卫生治理由双边向多边的扩展也为中国参与提供了新的契机。中国与湄公河国家在区域合作机制下就传统医药医疗、医院管理、高层管理人员培训、传染病防控技术开展了广泛的合作。① 同时也从地方层面"自下而上"拓展了跨境传染病联防联控机制。2003年云南省在中国卫生部和英国无国界卫生组织的协调下，开始实施中缅边境地区疟疾防控项目，后期逐步扩展为囊括中缅、中老、中越以及涉及艾滋病、疟疾、结核病、登革热等多类传染病的跨境传染病联防联控机制。② 2008年起，中国开展了"光明行"系列活动，③ 更多行为体被纳入本地区卫生合作。这一时期中国对湄公河地区卫生治理的参与更深入、方式更丰富、行为体更多元，展现了更明显的"引领者"风貌。

## 四 澜湄合作框架下地区卫生合作新发展

澜湄合作机制（LMC）自2015年正式建立以来，已建立起政治安全、经济和可持续发展、社会人文三大支柱协调发展的"3+5+X合作框架"。④ 2020年以来新冠肺炎疫情在全球传播，澜湄国家守望相助，在澜湄合作框架下加强了疫情防控沟通与合作，为国际抗议合作树立了榜样，也进一步深化了跨境传染病联防联控合作，扩展了合作内容，从而在疫情下持续推进了地区卫生合作的发展。

---

① 王丹、刘继同：《中国参与湄公河地区全球卫生合作的基本类型及特点》，《太平洋学报》2019年第4期，第83页。
② 《国家卫计委中越老缅边境地区艾滋病联防联控项目（中国瑞丽—缅甸木姐）2014年度项目总结会暨经验交流会在瑞丽市召开》，云南省药物依赖防治研究所网站，2015年3月20日，http://www.kmyida.com.cn/show.aspx?model=content&id=579。
③ 包括2008年援助越南的"光明行"、援助柬埔寨的"光明行"、2011年和2013年援助缅甸的"光明行"。
④ 《李克强在澜沧江-湄公河合作第二次领导人会议上的讲话（全文）》，中国政府网，2018年1月11日，http://www.gov.cn/xinwen/2018-01-11/content_5255425.htm。

## （一）树立了抗疫合作新标杆

澜湄国家通过一系列高层级会议形成了合作抗疫的政治承诺，并就抗疫合作行动和机制进行了规划（见表1）。新冠肺炎疫情发生后，东盟国家迅速团结应对，高频率地召开一系列多层级、多部门的高级别会议，达成了一系列合作共识。湄公河五国一方面在东盟的大框架下与中日韩达成合作共识，另一方面也在澜湄合作机制等次区域合作框架下就疫情联防联控召开会议，对合作抗疫做出政治承诺。2020年2月，国务委员兼外交部部长王毅在澜沧江-湄公河合作第五次外长会上表示澜湄合作应"以此次共同应对疫情为契机，探讨建立重大突发公共卫生事件联合处置机制，使公共卫生安全成为澜湄合作新的增长点"。[①]

2020年8月24日澜沧江-湄公河合作第三次领导人会议上，六国领导人肯定了疫情以来各国在及时通报疫情信息、分享技术指南方面做出的积极努力，中方承诺将在澜湄合作专项基金框架下设立澜湄公共卫生专项资金，继续在力所能及的范围内向湄公河国家提供抗疫物资和技术支持，并优先向湄公河国家提供新冠疫苗。[②] 此次会议将公共卫生合作从澜湄合作社会人文领域调整至政治安全合作领域，进一步明确了公共卫生合作在未来澜湄合作机制中的重要地位。

2021年6月8日，在澜沧江-湄公河合作第六次外长会上中方承诺，将"继续向湄公河国家提供疫苗和医疗物资帮助。用好澜湄公共卫生专项资金，支持建设生物安全防护实验室、疫情监测、跨境传染病防控项目，加强传统医药合作"。[③] 会议通过了《关于在澜沧江—湄公河合作框架下深化传统医药合作的联合声明》等共识文件。

---

[①] 《澜沧江—湄公河合作第五次外长会在万象举行》，中国政府网，2020年2月21日，http://www.gov.cn/guowuyuan/2020-02/21/content_5481698.htm。

[②] 《澜沧江-湄公河合作第三次领导人会议万象宣言（全文）》，新华网，2020年8月24日，http://www.xinhuanet.com/world/2020-08/24/c_1126407752.htm。

[③] 《开启澜湄合作新的"金色5年"——澜沧江—湄公河合作外长会在重庆举行》，中国外交部网站，2021年6月9日，https://www.mfa.gov.cn/web/wjbzhd/202106/t20210609_9137503.shtml。

表1 新冠肺炎疫情期间湄公河地区召开的会议

| 时间 | 会议名称 |
|---|---|
| 2020年2月20日 | 澜沧江-湄公河合作第五次外长会 |
| 2020年8月24日 | 澜沧江-湄公河合作第三次领导人会议 |
| 2020年11月12~15日 | 湄公河流域国家与日本领导人会议<br>湄公河流域国家与韩国领导人会议<br>第十次老挝、柬埔寨、越南和缅甸领导人会议<br>柬埔寨、老挝和越南三国发展三角领导人会议 |
| 2020年12月9日 | 第九届伊洛瓦底江—湄南河—湄公河经济合作战略框架峰会 |
| 2021年6月8日 | 澜沧江-湄公河合作第六次外长会 |

资料来源：笔者根据相关资料收集整理。

与此同时，澜湄国家也在行动上互相支持，不仅体现了"共饮一江水"的深厚友谊，也展现出澜湄合作框架下逐步形成的共同体意识。首先，澜湄国家在既有机制上及时分享疫情信息，并就应对措施展开了充分交流。各国就新冠肺炎疫情监测、实验室检测、社区应对和临床诊疗等内容进行广泛交流，为地区应对疫情提供了技术支持。其次，进行防疫物资和新冠疫苗援助，为地区有效应对新冠肺炎疫情提供物资保障。2021年4月，当德尔塔病毒引发湄公河国家疫情高峰时，中国及时启动了"抗疫紧急支持计划"，及时向老挝、柬埔寨和缅甸提供了氧气瓶、制氧机、呼吸机等救援物资，还向老挝派出了医疗专家组，为当地疫情防治提供技术指导。最后，多元渠道和行为体参与到澜湄国家疫情互助中。在民间层面，大量民间组织积极援助湄公河国家口罩、防护服和红外额温枪等用品，健康扶贫行动等非政府组织也充分参与到缅甸等国的疫情防控和疫苗接种工作中。在地方政府层面，云南省向缅北地区提供了新冠疫苗和抗疫物资，极大缓解了缅北地区的疫情。

## （二）深化了跨境传染病联防联控

跨境传染病联防联控是湄公河地区开展较早、发展较快的区域卫生合作，主要关注包括疟疾和登革热在内的传染病。2005年开始，在国家卫生健康委员会的指导下，中国云南省与湄公河五国先后启动了边境疟疾、艾滋病和登革热等跨境传染病联防联控项目。随着沟通机制不断完善、合作方式日益多元以及项目覆盖区域持续扩大，中国与柬老越缅跨境传染病联防联控工作越来越受到国际社会的关注与认可。① 成熟的跨境传染病联防联控机制为澜湄合作框架下公共卫生合作项目设立和实施奠定了重要基础。2016年，在已有的跨境传染病联防联控机制的基础上，澜沧江-湄公河合作将跨境传染病联防联控设置为澜湄六国加强区域卫生治理合作的重点内容。2017年，中国批准云南省具体推动实施"湄公河流域四国边境地区传染病跨境传播联防联控及联合应急处置项目"，计划由中国政府出资，用三年时间探索和建立四国传染病联防联控机制。2018年1月发布的《澜沧江—湄公河合作五年行动计划（2018—2022）》明确提出要"加强对登革热、疟疾等新生和再发传染病防治合作，建立并完善跨境新生和再发传染病预警和联防联控机制。加强医院和医疗研究机构间的合作，促进技术交流和人员培训，推进六国乡村医院和诊所建设方面的合作……中方将向有需要的湄公河国家派遣医疗队"。② 2018年9月，澜沧江-湄公河流域四国（中、老、缅、越）边境地区跨境传染病联合应对合作会议在云南昆明举行，探索建立澜沧江-湄公河流域四国边境地区跨境传染病联防联控和联合处理机制，旨在增强湄公河流域国家有效应对跨境传染病带来的共同卫生安全威胁的能力。

在针对人畜共患病联防联控方面，2018年7月，"中国—FAO大湄公河次区域跨境动物疫病防控"南南合作项目协议签署，旨在建立澜湄区域动物疫病联防联控机制，提升边境动物移动管理能力，保障区域跨境贸易安全。③ 在针对虫媒传染病联防联控方面，"澜湄次区域虫媒传染病联防联控平台"于

---

① 《澜沧江-湄公河次区域边境卫生合作成为南南合作典范》，云南网，2019年3月26日，https://yn.yunnan.cn/system/2019/03/26/030236860.shtml。
② 《澜沧江—湄公河合作五年行动计划（2018—2022）》，中国政府网，2018年1月11日，http://www.gov.cn/xinwen/2018-01/11/content_5255417.htm。
③ 《"中国—FAO大湄公河次区域跨境动物疫病防控"南南合作项目协议在京签署》，中国农业农村部网站，2018年7月4日，https://www.moa.gov.cn/xw/zwdt/201807/t20180703_6153501.htm。

2017年9月正式上线。目前已经形成了以区域卫生防控部门为业务指导，以中国科学院软件研究所、中科软科技股份有限公司为信息技术支持机构，在国内云南省的县级CDC和边境口岸、乡镇级医院监测和境外省县两级医院监测的联防联控体系。截至2020年，该平台在中老边境、中缅边境基层卫生院部署发热门诊监测站点19个，在边境沿线部署伊蚊媒介调查点2227个，区域气象站16个，为境内外培训相关技术人员200余人次，建成澜湄区域虫媒传染病联防联控数据中心，收集各类监测数据近20万条，形成蚊媒及传染病监测、区域地理数据、区域气象数据、遥感数据和区域社会人文5大类15个主题数据集，初步实现智能化分析和预测预警，为湄公河区域虫媒传染病防控科学决策提供了有力支撑。[1] 2020年，中国科学院团队与老挝相关部门开始合作实施"中老重大虫媒传染病智能化监测预警平台建设与示范"项目，扩大在老挝的虫媒传染病监测站点部署范围，并向澜湄其他国家推广。2021年2月，"澜沧江-湄公河次区域虫媒传染病联合防控平台"研讨会进一步就如何加快澜湄地区疟疾和登革热联防联控进行交流。目前，中国与缅甸、老挝、越南、柬埔寨和泰国均建立了联合工作站与联络办公室，跨境联防联控边境实施项目和边境疟疾/登革热检测点分别增至19个和21个，并设立了一个热带病研究中心和20个疟疾/登革热联合监测研究工作站，[2] 澜湄区域基本形成了一个防治结合的立体式跨境传染病联防联控体系。

（三）不断丰富区域卫生合作内容

2020年初，新冠肺炎疫情突袭而至，澜湄国家就共同抗击疫情开展密切合作。一方面，中国与澜湄五国在线上开展了及时透明共享疫病信息、防控方案研讨等一系列交流合作；另一方面，中国先后向柬埔寨、老挝、缅甸派出抗疫专家组，分享与交流经验，提供诊疗和防控指导与咨询。

---

[1] 周兴武等：《澜沧江-湄公河合作疟疾和登革热联防联控建设成效与启示》，《中国公共卫生》2020年第12期，第1747~1751页。
[2] 魏玲、杨嘉宜：《规则、关系与地区安全治理——以大湄公河次区域公共卫生协作治理为例》，《国际安全研究》2022年第1期，第45~46页。

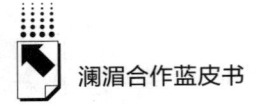

在持续深化抗疫合作的同时，六国还在澜湄合作框架下不断丰富合作内容（见表2）。一是体现在合作治理的疾病范畴不断拓展，从最初的传染病逐渐扩展到非传染性疾病和慢性病，进而再扩展到全健康领域。泰国是湄公河地区卫生治理水平最高的国家，在地区卫生治理乃至全球卫生治理中都发挥着重要作用。2020年12月，中泰双方签署了澜湄合作专项基金2020年度卫生合作协议，根据协议中国将资助泰国在澜湄次区域牵头开展艾滋病防控工作。① 二是体现在合作方式日益多元。澜湄合作框架下的区域卫生合作不仅涉及地区内六国，更囊括了六国各级地方政府、社会组织，还对国际组织的联合行动持开放态度。三是体现在澜湄合作框架下的地区卫生合作强调对地区特色医疗技术的关注，六国通过实施"热带病防控行""健康心行动""本草惠澜湄"等项目，通过视频会议、远程教学等方式开展疟疾、心血管疾病和中医针灸培训工作，共同加强公共卫生能力建设。②

表2 澜湄合作首批"早期收获"项目清单中的区域公共卫生合作

| | |
|---|---|
| 中国 | 光明行——为湄公河国家开展免费白内障复明手术 |
| | 澜湄次区域媒体热带病风险评估及监督预警合作 |
| | 湄公河国家红十字会社区卫生发展 |
| 泰国 | 湄公河区域虫媒传热带病防治合作 |
| 老挝 | 老挝跨境传染病防治 |
| 柬埔寨 | 应对柬埔寨媒传染病风险评估、监控、早期预警的联合研究与技术开发 |
| | 社区卫生促进项目 |

资料来源：笔者根据澜沧江-湄公河合作首批"早期收获"项目相关资料汇编。

## 五 澜湄卫生合作新挑战与应对建议

在疫情影响与中美竞争加剧的背景下，澜湄地区卫生合作面临新挑战。

---

① 《中泰携手推进澜湄卫生合作》，中国政府网，2020年12月7日，http://www.gov.cn/xinwen/2020-12/07/content_ 5567780. htm。
② 《王毅谈疫情背景下澜湄合作新进展》，澜沧江-湄公河合作网站，2021年6月8日，http://www.lmcchina.org/2021-06/08/content_ 41587181. htm。

湄公河国家卫生治理能力较差，卫生物力人力资源短缺，卫生治理体系不健全，构建有效的跨境传染病联防联控体系任重而道远。2021年，世界卫生组织宣布中国疟疾清零，中国抗击疟疾取得了伟大的胜利。然而，疟疾仍然是湄公河国家较为突出的卫生安全问题。尤其是该地区疟疾治疗的抗药性、耐药性日益显著，为遏制疟疾在该地区的传播造成极大阻碍。因此，随着中老铁路的正式通车，我国将面临更大的传染病输入压力，对跨境传染病联防联控也提出了更高要求。筑牢我国"外防输入"的防线成为未来澜湄合作框架下跨境传染病联防联控的重要任务。如何通过澜湄合作机制增强中国与湄公河国家的地区卫生合作，防止域外国家过度干涉成为未来澜湄合作机制深化的重要思考方向。

另外，澜湄合作框架下的中国援助行动仍有提升空间。我国对湄公河国家的卫生援助行动虽然取得了不少成绩，但在援助规模、援助时间、援助队伍层次以及援助供给与当地需求对接等方面仍存在一部分问题，这将会在很大程度上削弱我国的卫生援助效果，从而长久影响到地区卫生合作的开展。首先，我国需要在澜湄合作框架下继续坚持多边主义合作理念，不断推动地区多边卫生合作的机制化，为增进区域卫生合作奠定制度基础，也能在一定程度上缓解部分湄公河国家在与中国开展双边合作时可能产生的焦虑感和防备心理。其次，深化合作共识，打造能真正让澜湄国家民众共情的合作话语，增强澜湄合作的社会性叙事，讲好澜湄合作的故事，为增进区域卫生合作奠定认知基础。最后，加大对湄公河国家卫生基础设施和人力资源开发的投入力度，着重帮助卫生治理能力较弱的国家提升治理水平，为增进区域卫生合作奠定能力基础。

# 国别合作篇
Countries and the LMC

## B.7
## 2020~2021年中国对澜沧江-湄公河合作的参与

陈松涛*

**摘　要：** 2020年，澜湄合作机制进入全面发展期，根据《澜沧江—湄公河合作五年行动计划（2018—2022）》可知，2020~2022年为澜湄合作的巩固和深化推广阶段。2020~2021年，尽管受到新冠肺炎疫情的影响，澜湄合作仍在互联互通、水资源合作、贸易与投资合作、产能与产业合作和抗疫合作等方面取得了突出成效。2022年1月1日，《区域全面经济伙伴关系协定》正式生效为澜湄合作提供了新的发展机遇。同时，澜湄合作也面临复杂的国际与地区形势，新冠肺炎疫情起伏反复，缅甸局势存在较大变数，中国对澜湄合作的参与应契合湄公河国家的关切和需要，重点是深化抗疫合作和推进经济复苏，维护澜湄次区域的安全稳定，促进次区域的包容性与可持续性发展。

---

\* 陈松涛，云南大学国际关系研究院讲师，博士研究生。

**关键词：** 中国　澜湄合作　进展　总结

# 一 2020~2021年澜湄次区域相关机制的合作重点

## （一）澜湄合作

《澜沧江—湄公河合作五年行动计划（2018—2022）》将2020~2022年作为澜湄合作的巩固和深化推广阶段，主要目标是加强五大优先领域（互联互通、产能、跨境经济、水资源、农业和减贫）的合作，不断完善澜湄合作模式并开拓新的合作领域。

2020年2月，澜沧江-湄公河合作第五次外长会讨论了《澜沧江—湄公河合作五年行动计划（2018—2022）》，强调应根据澜湄国家的发展需求开拓新的合作领域，中国提出把打造澜湄流域经济发展带、抗击疫情、应对流域旱情、推动农业合作升级等作为重点工作，在合作机制方面建议推动澜湄合作与东盟、"一带一路"倡议、三河流域机制、湄公河委员会（MRC）和大湄公河次区域经济合作（GMS）等现有合作机制的对接。

2020年8月，《澜沧江—湄公河合作第三次领导人会议万象宣言》（以下简称《万象宣言》）规划了澜湄合作的未来蓝图，重点讨论了将水资源合作、澜湄合作与"国际陆海贸易新通道"对接两个议题，提出要深化域内国家间跨境经济合作、贸易投资合作、互联互通及产能合作、通关便利化合作及建设更有韧性和可持续性的地区产业链和供应链等。[①] 中国代表还就水资源合作、贸易与互联互通、公共卫生、民生领域等方面的合作提出建议。《万象宣言》再次强调扩大产业联通，将"多国多园"合作打造成澜湄产能合作的亮点。2020年12月，澜湄"多国多园"合作交流对接会暨境内

---

① 《关于澜湄合作与"国际陆海贸易新通道"对接合作的共同主席声明》，澜沧江-湄公河合作网站，2020年8月25日，http://www.lmcchina.org/2020-08/25/content_41447176.htm。

外园区互动发展推介会围绕"'多国多园'合作助力打造澜湄国家命运共同体"的主题，探讨了"多国多园"的合作模式、路径、政策支持、金融支撑与保障措施等，重点突出优化产能合作布局，推动产业链、供应链、价值链融合发展。

2021年6月，澜沧江-湄公河合作第六次外长会围绕"团结战胜疫情，共促疫后发展"主题，回顾了5年来澜湄合作的进展并规划了下阶段的合作重点。会上通过《关于加强澜沧江—湄公河国家可持续发展合作的联合声明》，强调六国应加强水资源、生态环境等领域合作，打造创新驱动的经济增长模式，助力疫情后的经济恢复与重建。会上分享了《关于深化澜沧江—湄公河国家地方合作的倡议》《关于在澜沧江—湄公河合作框架下深化传统医药合作的联合声明》《〈澜湄合作五年行动计划〉2020年度进展报告》《澜湄流域经济发展带与"国际陆海贸易新通道"对接合作联合研究报告》《2021年度澜湄合作专项基金支持项目清单》《澜湄合作热线信息平台》等文件和研究报告。中国提交了《中国相关省区市与湄公河国家地方政府合作意向清单》和《中方推进澜湄流域经济发展带与"陆海新通道"对接初步建议与举措》等清单。①

## （二）大湄公河次区域经济合作

2020年6月，大湄公河次区域经济合作2020年第二次高官会讨论了亚洲开发银行（ADB）针对次区域抗击新冠肺炎疫情的应对预案，包括疫情对大湄公河次区域经济合作框架下卫生合作、农业、旅游、运输和贸易与环境等行业部门的冲击影响及中长期的恢复方案等。2021年6月，大湄公河次区域经济合作2021年第四次高官会重点研究了《大湄公河次区域经济合作应对新冠肺炎疫情和经济复苏计划（2021—2023）》、《大湄公河次区域经济合作2030战略框架》（以下简称《战略框架》）等成果文件，《战略框架》规划了大湄公河次区域经济合作未来10年的发展，将共同体、联通、竞争力作为三

---

① 《王毅谈疫情背景下澜湄合作新进展》，澜沧江-湄公河合作网站，2021年6月8日，http：//www.lmcchina.org/2021-06/08/content_ 41587181.htm。

大支柱。会上还研究起草了大湄公河次区域性别战略、区域投资框架（RIF）进展报告、组建劳动力流动工作组和贸易与投资工作组、建立大湄公河次区域知识网络等议题。

2021年9月，大湄公河次区域经济合作第七次领导人会议围绕"GMS：巩固实力应对十年挑战"的主题，探讨了未来十年的合作方向，提出2030年要实现大湄公河次区域经济合作"一体化、繁荣、可持续和包容性发展"的愿景。[1] 会上通过了《大湄公河次区域经济合作应对新冠肺炎疫情和经济复苏计划（2021—2023）》及《大湄公河次区域经济合作2030战略框架》等文件，六国领导人认为应坚持睦邻友好、倡导开放包容，共同构建大湄公河次区域命运共同体，[2] GMS合作进入新的阶段。

总体而言，2020年、2021年澜湄合作与大湄公河次区域经济合作相关会议内容都涉及未来合作规划、抗疫合作及疫后经济复苏等。澜湄合作机制经历了5年的"黄金"发展时期，中国倡导打造澜湄流域经济发展带、将澜湄合作与"国际陆海贸易新通道"对接、提升水资源合作与农业合作、扩大产业联通等，有助于推进澜湄合作机制及五大优先合作领域的进一步深化和拓展。

## 二 2020~2021年中国参与澜湄合作的重要进展

### （一）互联互通深度推进

中泰铁路一期（曼谷—呵叻段）2017年开工以来线下土建工程进展顺利，2020年10月，一期线上工程2.3合同签约。2020年12月，中老共同投资建设的老挝第一条高速公路万象至万荣段正式通车，该路段是中国—中南半岛交通大动脉的核心组成部分，全程440公里，设计时速80~100公

---

[1] 《GMS第七次领导人会议达成诸多共识 将秉持初心继续拓宽合作领域》，网易网，2021年9月10日，https://www.163.com/dy/article/GJHEBFT005350VO8.html。
[2] 《荣鹰、马婕：共创大湄公河次区域合作新局面》，环球网，2021年9月13日，https://m.huanqiu.com/article/44kIjBZfVWj。

里。2021年4月底，重庆—云南磨憨口岸—老挝万象跨境公路班车开通，全长约1900公里，用时4天，使用西部内陆省市第一个GMS行车许可证，中国货车在边境口岸无须换车便可直达目的地，开启了澜湄运输合作的新篇章。2021年8月，中老国际物流通道货运班车（昆明往返万象）开始运行，经由云南磨憨口岸出境抵达老挝万象。2021年9月底，全国首趟采用进出境铁路快速通关模式的中越班列在广西凭祥口岸开行，这一模式实现了"报关审核、铁路编组发运、车辆换装等海关监管和铁路作业环节的无缝衔接"，大大提升了中越班列的运行效率。

2021年12月3日，全长1035公里的中老铁路（昆明至万象）正式通车，运行10小时，是采用中国标准、中老合作建设运营的东南亚第一条现代化铁路，也是与中国铁路网直接联通的跨境铁路。中老铁路的开通使老挝迈入铁路运输新时代，走在了区域基础设施互联互通的前列。

### （二）水资源合作提升新高度

2020年9月，澜湄水资源合作联合工作组第二次会议审议通过了《在澜湄水资源合作联合工作组机制下中方向其他五个成员国提供澜沧江全年水文信息的谅解备忘录》及《建设澜湄水资源合作信息共享平台意向书》，同意成员国之间加强水资源数据、信息、技术、知识和经验共享。2020年，澜湄合作先后实施应对气候变化、大坝安全、饮水安全、洪旱灾害管理等方面共20个务实合作项目。2021年12月，以"携手应对挑战，促进共同繁荣"为主题的第二届澜湄水资源合作论坛回顾了5年来澜湄国家水资源合作的成效，分析了水资源合作面临的挑战并提出了相关建议。会上发布了《第二届澜湄水资源合作论坛北京倡议》，中方提出推动实现区域绿色和可持续发展，助推澜湄水资源合作提质升级，共建澜湄水资源合作信息和知识共享平台。

近年来，在气候因素（全球气温升高、季风异常等）影响下，澜湄流域面临严峻的自然灾害挑战。为助力下游国家的水情预报和减灾行动，2020年中国提供了两项"公共产品"：一是主动将澜沧江水文信息共享范围从汛期扩展至全年，2020年11月1日起正式向湄公河国家提供澜沧江允景洪和曼安两个国际水文站全年的水文信息；二是于2020年11月底率先开通澜湄水资源合作信息共享平台网站，与湄公河国家客观准确地分享跨界河流知识。① 中国政府设立的亚洲合作资金资助了"澜湄甘泉行动计划""澜湄国家小流域综合治理示范"等项目，帮助湄公河国家提升小流域综合治理和水资源管理水平。"澜湄甘泉行动计划"选择了柬埔寨、老挝和缅甸三国开展技术推广与示范，以提升当地农村供水工程建设管理能力。2021年6月，老挝琅勃拉邦哈克村饮水示范项目移交使用，可保障900多名哈克村村民及周边学校近1000名师生的饮水安全。② 2020年，老挝丰沙里省阳鄂村一期项目完工，作为中老建交60周年暨中老友好年的庆祝活动之一，2021年9月在该省又启动了二期项目，将通过坡改梯田、种植经果林、改造供水管路、收集垃圾并进行处理等工程，开展水资源保护空间管控、水资源保护利用与环境治理示范建设。

### （三）贸易与投资合作逆势上扬

尽管受到新冠肺炎疫情的影响，2020年，中国同湄公河五国的贸易额仍然高达3221亿美元，同比增长约12.0%，较5年前增长66.3%。③ 2021年，中国与五国的贸易额再创新高，达3980亿美元，同比增长23.0%。④

2020年是中柬建立全面战略合作伙伴关系10周年，6月召开中柬政府间协调委员会第五次会议，确定委员会为推动落实共建中柬命运共同体的主要机制，签署了《关于新形势下提升中柬政府间协调委员会机制统筹协调

---

① 《为澜湄地区发展注入"源头活水"》，《人民日报》2020年11月29日，第2版。
② 《澜湄合作饮水示范项目在老挝哈克村顺利移交——"饮水安全有了保障"》，澜湄水资源合作信息共享平台，2021年6月20日，http://cn.lmcwater.org.cn/dynamic_news/202106/t20210621_35284.html。
③ 《澜湄合作越五载，砥砺前行绘新篇——王毅国务委员兼外长在澜湄合作启动五周年暨2021年"澜湄周"招待会上的讲话》，澜沧江-湄公河合作网站，2021年4月14日，http://www.lmcchina.org/2021-04/14/content_41529752.htm。
④ 《中国参与澜湄及湄公河次区域合作2021年十大新闻》，澜沧江-湄公河合作网站，2022年1月27日，http://www.lmcchina.org/2022-01/27/content_41868608.htm。

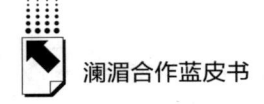

作用的谅解备忘录》，宣布建立人员往来"快捷通道"和货物"绿色通道"。在双边贸易方面，2020年中柬双边贸易额达95.6亿美元，同比增长1.4%（见表1）；2021年，双边贸易额约为111.4亿美元，其中，柬对华出口额为15.1亿美元（同比增长39%），进口额为96.3亿美元（同比增长37%）。①

中国是老挝的最大出口贸易国，2020年中老双边贸易额为35.5亿美元，2021年增加至43.5亿美元，老挝出口额达26.8亿美元（同比增长28.2%），进口额为16.7亿美元（同比增长11.9%）。②中老国际铁路的开通使昆明至万象的货物运输时间从3天缩减为30个小时，广州、成都、重庆、上海等10多个城市先后开通了中老铁路国际货物列车，经昆明出境到达老挝万象再转往泰国、缅甸等东盟国家，1个月之内开行列车380列、运输货物17万吨，其中国际货物5万吨，总额突破5亿元人民币。③在投资合作方面，中国是老挝的最大投资国，1989~2021年，中国企业在老挝投资项目共821个，其中2021年有20个，投资总额超过10亿美元，为老挝创造了大量就业岗位并促进了社会经济的发展。④2020年11月底，由中老企业共同投资建设的老挝石油化工股份有限公司300万吨/年炼化项目一期工程投产，这是老挝首个石油炼化项目，填补了老挝石油化工产业的空白。2021年11月，中国援建的老挝玛霍索综合医院项目一期工程移交使用，是中国截至当时援外史上建筑面积最大、床位数最多、投资规模最大、设计标准最高的医院项目，中老两国最高领导人会晤成果取得了里程碑式的进展。

中国是越南第二大贸易合作伙伴，2020年，中越双边贸易额达1922.8亿美元，同比增长18.7%（见表1）。根据中国海关的统计，2021年中越双

---

① 《2021年柬中贸易额超111亿美元》，澜沧江-湄公河合作网站，2022年2月1日，http://www.lmcchina.org/2022-02/01/content_41870165.htm。
② 《2021中老贸易额逆势增长21.4%！贸易总额超43亿美元！》，中-老信息网，2022年2月15日，http://www.zgmh.net/Article_show.aspx?id=36884。
③ 《货值突破5亿 中老铁路开通一月运货17万吨》，澜沧江-湄公河合作网站，2022年1月4日，http://www.lmcchina.org/2022-01/04/content_41871285.htm。
④ 《2021中老贸易额逆势增长21.4%！贸易总额超43亿美元！》，中-老信息网，2022年2月15日，http://www.zgmh.net/Article_show.aspx?id=36884。

边贸易额达 2302 亿美元，首次突破了 2000 亿美元大关，同比增长 19.7%。[①] 2020 年，中国企业对越南全行业直接投资达 13.8 亿美元（同比增长 5.9%），中企在越南新签工程承包合同额为 49.5 亿美元（同比增长 12.7%），完成营业额 29.3 亿美元（同比下降 25.6%）。[②]

2020 年，中缅双边贸易额达 188.9 亿美元，同比增长 1.0%（见表 1），2021 年上半年，双边贸易额达 90.7 亿美元，同比增长 7.0%。[③] 2021 年 10 月，缅甸中央银行宣布增加人民币和日元为外汇市场合法交易货币，准许在当地外汇市场合法兑换。2021 年，缅甸中央银行发布第 48 号令，准许在中缅两国边境地区直接使用人民币/缅币进行支付结算，进一步优化了两国银行间的结算体系，对边贸发展而言是个极大的利好因素。2020 年是中缅建交 70 周年，习近平主席于 1 月出访缅甸，双方达成了一系列重要成果，其中包括中国援建的缅甸滚弄大桥项目，该项目有助于改善缅甸掸邦北部与中国云南边境地区的交通和物流条件，于 2020 年 6 月正式动工修建。

2020 年，中国与湄公河五国新签工程承包合同额为 292.8 亿美元，其中与泰国签约额度最高，达 96.7 亿美元（同比增长 190.5%），缅甸签约额度呈现负增长（见表 2）。受新冠肺炎疫情的影响，工程完成情况总体上并不理想。

**表 1 2020 年中国与湄公河五国的双边贸易统计**

单位：亿美元，%

| 国家 | 进出口 | | 出口 | | 进口 | |
|---|---|---|---|---|---|---|
| | 金额 | 同比增长 | 金额 | 同比增长 | 金额 | 同比增长 |
| 越南 | 1922.8 | 18.7 | 1138.1 | 16.3 | 784.7 | 22.4 |
| 泰国 | 986.3 | 47.5 | 505.3 | 10.8 | 481.0 | 4.2 |
| 缅甸 | 188.9 | 1.0 | 125.5 | 1.9 | 63.4 | -0.7 |

---

① 《越南海关统计：2021 年越中贸易同比增长近 25%》，中国商务部网站，2022 年 1 月 27 日，http://vn.mofcom.gov.cn/article/jmxw/202201/20220103240106.shtml。

② 《2020 年 1-12 月中国—越南经贸合作简况》，中国商务部网站，2021 年 10 月 15 日，http://yzs.mofcom.gov.cn/article/t/202103/20210303042847.shtml。

③ 《2021 年 1-6 月中国与亚洲国家（地区）贸易统计》，中国商务部网站，2021 年 9 月 15 日，http://yzs.mofcom.gov.cn/article/date/202109/20210903198796.shtml。

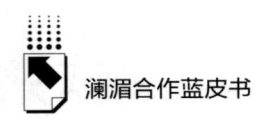

续表

| 国家 | 进出口 | | 出口 | | 进口 | |
|---|---|---|---|---|---|---|
| | 金额 | 同比增长 | 金额 | 同比增长 | 金额 | 同比增长 |
| 柬埔寨 | 95.6 | 1.4 | 80.6 | 0.9 | 15.0 | 3.7 |
| 老 挝 | 35.5 | -9.2 | 14.9 | -15.2 | 20.6 | -4.3 |

资料来源：中国商务部亚洲司。

表2　2020年中国对湄公河五国新签工程承包额及完成营业额统计

单位：亿美元，%

| 国家 | 新签工程承包额 | | 完成营业额 | |
|---|---|---|---|---|
| | 金额 | 同比增长 | 金额 | 同比增长 |
| 越 南 | 49.5 | 12.7 | 29.3 | -25.6 |
| 泰 国 | 96.7 | 190.5 | 26.3 | -8.2 |
| 缅 甸 | 54.1 | -14.2 | 18.6 | 100.0 |
| 柬埔寨 | 66.2 | 18.8 | 34.9 | 25.7 |
| 老 挝 | 26.3 | 22.2 | 38.3 | -26.5 |

资料来源：根据中国商务部《2020年度中国对外承包工程统计公报》整理。

## （四）产能与产业合作成效显著

### 1. 农业合作成果丰硕

2020年，澜湄合作开始实施"丰收澜湄"集群项目，中国农业农村部牵头开展了13个农业合作项目，涉及水稻、天然橡胶、香蕉、动植物疫病防控等多个领域的技术交流合作，为湄公河国家培训人员1000多人次。[①] 2020年，澜沧江-湄公河合作第五次外长会发布《澜湄农业合作三年行动计划（2020—2022）》，成员国间通过加强农业政策对话、农业产业发展、农产品贸易、农业私营部门的投资合作、能力建设与知识分享等途径提升澜湄农业合作水平及农业发展水平。澜沧江-湄公河合作第三次领导人会议强调要促

---

① 《澜湄农业合作成果获多方点赞》，中国农网，2021年6月21日，http://www.farmer.com.cn/2021/06/21/99872680.html。

进澜湄区域农村发展，促进区域绿色、可持续及创新型农业发展。2021年4月，澜湄农产品质量与食品安全合作研讨会以"保障果蔬质量，改善你我生活"为主题，聚焦果蔬产品质量安全，与会代表认为果蔬产业发展与次区域农业农村可持续发展、农业贸易与投资合作密切相关。2021年5月中旬，在澜湄浙江果业合作周期间，中国同湄公河国家的交易额达3.13亿元。① 2021年7月，首届澜湄水果节暨澜湄农业农村发展合作论坛邀请湄公河国家驻华外交官线上参与，讨论澜湄农业合作并宣传各国的优质水果；7月下旬，中国举办的"主要农作物病虫害绿色防控技术培训班"吸引了60多名柬埔寨、缅甸和越南学员的参与。2021年12月，澜湄农业农资经贸技术综合信息平台上线运行，成为澜湄合作农业信息化建设的新通道。

2020年，中国与湄公河五国的农产品贸易总额达237.4亿美元（同比增长12.0%），其中进口总额达130.8亿美元（同比增长16.5%），出口总额达106.6亿美元（同比增长7.0%）。② 2021年，中国与湄公河五国的农产品贸易总额达282亿美元（同比增长18.6%），③ 继续保持增长势头。

在中柬农业合作方面，柬埔寨大米、香蕉等农作物对华出口量持续增长。2020年6月，两国签署柬埔寨鲜食芒果输往中国的植物检疫议定书。2021年5月，柬新鲜芒果开始出口中国，是继香蕉之后第二种直接出口中国的水果。2021年，柬埔寨向中国出口大米30.6万吨（同比增长22.82%），首次突破30万吨。④

中国已成为泰国最大的农产品出口国，2010~2020年，中泰两国农产品贸易额从36.8亿美元增至143.1亿美元，增加了2.9倍（年均增幅14.5%），泰国对中国出口额从24.9亿美元增至100.3亿美元，中国对泰出口额从11.9亿

---

① 《中国参与澜湄及湄公河次区域合作2021年度十大新闻》，中国网，2022年1月27日，http://news.china.com.cn/2022-01/27/content_78015472.htm。
② 《共庆澜湄周｜澜湄农业合作：耕耘的五年》，澜沧江-湄公河合作网站，2021年3月31日，http://www.lmcchina.org/2021-03/31/content_41516893.htm。
③ 《中国参与澜湄及湄公河次区域合作2021年度十大新闻》，中国网，2022年1月27日，http://news.china.com.cn/2022-01/27/content_78015472.htm。
④ 《2021年度柬埔寨输华大米首超30万吨！》，澜沧江-湄公河合作网站，2022年1月3日，http://www.lmcchina.org/2022-01/03/content_41849534.htm。

美元增至42.8亿美元。2020年,中泰农产品贸易仍逆势增长,进出口额分别增长了15.0%和42.9%。① 2020年,中泰两国开通了跨境"水果专列",泰国全年对华出口总额达29亿美元(同比增长39.43%),其中榴莲出口额超过15亿美元(同比增长77.57%)。② 2021年上半年,泰国出口中国的新鲜水果总额为24.2亿美元(约为745.4亿泰铢),同比增长71.11%。③

中国是老挝农业产业的第一大投资国。至2020年10月,共有515家外国公司投资老挝的农林领域(投资总金额为22.0亿美元,注册资金为8.8亿美元),中国企业占239家(投资总额约为5.9亿美元),位列第一。2020年,老挝向中国出口甘蔗30万吨,其次为木薯、玉米、香蕉和西瓜等。④ 作为中老农业合作项目的一部分,2021年4月,老挝首批肉牛正式出口中国。2021年9月和11月,中老分别签署百香果、柑橘类输华植物检疫要求议定书。至此,双方共完成了9种老挝农产品输华议定书。

中国是越南蔬菜水果的第一大出口国,占其出口总额的64%以上。2020年受新冠肺炎疫情的冲击,两国农产品贸易额为143亿美元,同比下降4%。2021年上半年,越南对中国的果蔬出口总额达12亿美元,同比增长16%,至2021年,越南已有9种水果获准向中国出口。⑤ 2021年5月,中越两国农业部门在广西东兴市北仑河口举行第四次联合增殖放流与养护活动,投入鱼虾类种苗近5600万尾。⑥ 2021年8月,两国举办了农业产品

---

① 《走进RCEP成员国:中泰农产品贸易前景如何?》,中国自由贸易区服务网,2021年8月20日,http://fta.mofcom.gov.cn/article/rcep/rcepgfgd/202108/45601_1.html。
② 《泰国2020年对华水果出口增长近四成》,澜沧江-湄公河合作网站,2021年2月23日,http://www.lmcchina.org/2021-02/23/content_41475738.htm。
③ 《2021上半年泰国水果出口成长42.2%》,中国农业信息网,2021年8月10日,http://www.agri.cn/V20/ZX/sjny/202108/t20210805_7738513.htm。
④ 《中国为老挝最大农业投资国》,中国商务部网站,2020年10月21日,http://la.mofcom.gov.cn/article/jmxw/202010/20201003009694.shtml。
⑤ 《【兄弟园区】中越两国签署农业和水果销售合作备忘录的新篇章》,搜狐网,2021年8月9日,https://www.sohu.com/a/482360467_121124407。
⑥ 《中越联合举行北部湾渔业资源增殖放流与养护活动 共投放鱼虾类苗种近5600万尾》,广西壮族自治区农业农村厅网站,2021年5月12日,http://nynct.gxzf.gov.cn/xwdt/gxlbfcg/t8905345.shtml。

（果蔬）线上推介交流会并签署了农业和水果销售合作备忘录。

2. 电力合作与旅游业合作持续推进

2020年8月，澜沧江-湄公河合作第三次领导人会议通过《万象宣言》，明确提出澜湄国家间要推进电力互联互通。至2020年底，由中国投资的老挝水电项目有11个，装机容量为2256千瓦，占老挝总电力供应的44%。[①]2021年3月，中老签署老挝国家输电网公司（EDL-T）特许经营权协议，将建立贯通老挝南北的输电网络并与周边国家联通，有利于电源企业将电力出口至周边及次区域国家。2021年9月，中国电力建设集团有限公司投资开发的老挝南欧江流域梯级水电站项目投产发电，该项目是老挝大型清洁能源项目，也是具有战略性质的电力工业发展项目。2021年6月，越南小中河水电站二期扩建项目开工，这是该国境内第一个与外商合资的水电扩机项目，由云南国际公司与越南北方电力公司共同投资成立的越中电力投资公司开发建设，年发电量将增加约500万千瓦时，高峰时段电量增加约800万千瓦时。

澜湄旅游城市合作联盟是六国开展旅游产业深度合作的一个重要平台。为落实澜沧江-湄公河合作领导人第三次会议达成的关于澜湄旅游城市合作联盟的共识，中国确定了首批13个成员城市（重庆市、南京市、杭州市、厦门市、长沙市、广州市、南宁市、海口市、成都市、贵阳市、昆明市、西安市、深圳市），于2020年12月在南京举办了澜湄旅游城市合作联盟交流活动。2021年10月，澜湄旅游城市合作联盟大会暨澜湄市长文化旅游论坛重点围绕"疫后旅游恢复与安全协调机制""澜湄城市合作与内陆城市国际化""旅游发展与乡村振兴"3个主题进行了交流，讨论并通过了《澜湄旅游城市合作联盟工作方案》、《澜湄旅游城市合作联盟五年行动计划》及《澜湄旅游城市合作联盟章程（草案）》。

（五）树立了携手抗疫合作的新标杆

面对新冠肺炎疫情，中国主动加强与湄公河国家的信息沟通和交流，提

---

[①]《又是第一！中国成老挝第一大能矿投资国 供应全国44%的电力 35家中资开矿企业》，中-老信息网，2021年3月6日，http://www.zgmh.net/Article_show.aspx?id=20883。

供力所能及的抗疫物资与技术支持，遏制了疫情的蔓延。至 2021 年底，中国通过援助和商采等方式向湄公河五国提供了约 1.9 亿剂新冠疫苗。① 自新冠肺炎疫情发生以来，中国政府派遣了医疗专家组协助老挝开展抗疫工作，8 次向老挝提供共计 890 多万剂新冠疫苗，成为对老挝提供抗疫援助最多的国家。② 2020 年 11 月底，中国援助的老挝新冠病毒核酸检测实验室在万象投入使用，该实验室是老挝国内技术最新、设施最全的核酸检测中心，每天可检测 1600 人次。2021 年 10 月，中国援建的缅甸木姐地区新冠肺炎医疗救治中心投入使用，共有 1000 张床位。至 2021 年底，中国共向缅甸提供了 4000 万剂的新冠疫苗。③ 2020～2021 年，云南在越、老、缅 3 个国家的 22 个边境县建立了重大传染病境外联防联控试点区域，建成"澜湄流域重大虫媒传染病大数据监测与预警服务平台"，先后在昆明、红河、德宏 3 个自贸片区组建了国际诊疗保健合作中心联盟，启动建设中国东盟 10+1 中老医疗卫生服务合作体，该合作体是中国首家跨境医疗卫生服务合作体。

### （六）教育合作、环境合作与媒体交流不断拓展

2020 年 8 月，中国（云南）自由贸易试验区德宏片区澜湄职业教育培训基地挂牌，该基地先后在中缅、中越、中老边境口岸设立 9 个培训基地，境外开设 2 个培训基地及 1 所分院，形成"9+3"的跨境合作模式。至 2021 年 11 月，基地为湄公河国家 4 万多跨境务工人员提供汉语、法律、卫生、实用技能等方面的培训。④ 2021 年 3 月，云南民族大学、柬埔寨人力资源大

---

① 《中国参与澜湄及湄公河次区域合作 2021 年十大新闻》，中国网，2022 年 1 月 27 日，http://news.china.com.cn/2022-01/27/content_78015472.htm。
② 《老中合作委员会召开会议总结 2021 年中老双边经贸合作》，中国商务部网站，2022 年 2 月 22 日，http://la.mofcom.gov.cn/article/zwjingji/202202/20220203281636.shtml。
③ 《中国红十字会援助缅甸 20 万剂新冠疫苗启运》，中国红十字会网站，2021 年 12 月 22 日，https://www.redcross.org.cn/html/2021-12/82873_1.html。
④ 《培训跨境务工人员逾 4 万人次！澜湄职业教育基地探索人才合作新模式》，云南网，2021 年 11 月 16 日，https://yn.yunnan.cn/system/2021/11/16/031771691.shtml。

学、中国路海建设咨询有限公司（柬埔寨）签署共建澜湄职业教育基地（柬埔寨人力资源大学基地）的合作协议，这是继缅甸、老挝基地之后的第三个澜湄职业教育基地，立足于开展技术技能型人才培养。2021年3月，在首届澜沧江-湄公河青年交流校地合作论坛举办期间，"澜湄青年在线"平台启动运行，这是一个集沟通、在线学习、赛事管理于一体的综合平台，六国高校师生可通过手机和电脑终端在线学习、交流；澜湄青年实践基地、澜湄青年交流合作中心博导工作站同时揭牌。2021年12月，澜湄合作专项基金资助泰国开展澜湄国家技术和职业教育培训能力建设，是第3个由泰方主导实施的职业教育培训项目。

环保和气候变化一直是澜湄区域合作的重点领域，2021年相关会议讨论了区域气候变化与可持续基础设施合作、澜湄区域碳中和等议题，实施了中老大气环境自动监测示范项目，建立了柬埔寨低碳示范区，中国向老方提供设备并开展人员业务培训，提升了老挝大气监测能力和管理水平。柬埔寨低碳示范区是第一个落地的中方合作建设的低碳示范区，2020年12月，中方向示范区建设项目交付了太阳能路灯、光伏发电系统等首批物资。

2020年10月，"同饮一江水、共话澜湄情"澜湄万里行中外媒体采访活动历时18天、行程约4000公里，旨在促进和深化澜湄各国媒体交流、提升澜湄合作的知名度，2021年澜湄万里行中外媒体大型采访活动再次举办，成为澜湄流域新的人文交流平台。

## 三 2020~2021年中国参与澜湄合作总结及2022年合作展望

### （一）合作总结

**1. 新冠肺炎疫情的冲击在一定程度上影响了澜湄合作的进展**

2020年，新冠肺炎疫情对澜湄六国产生了不同程度的影响和冲击，尤其是湄公河五国，在经济层面总体表现为生产和贸易下滑、国内需求大幅下降、旅游业停滞、失业增加、经济增长减缓等。2020年湄公河五国的

GDP增速放缓甚至出现负增长（如柬埔寨和泰国）。2021年疫情的反复及病毒新变种继续产生影响，经济复苏乏力，疫情防控也影响了跨界物资及人员的流动往来，产业链和供应链受阻，一些大型建设项目停工或者进展缓慢。

2. 澜湄合作的惠民效应不断凸显

2017年，中国政府设立澜湄合作专项基金用于支持六国的中小型合作项目，至2021年已累计开展了近540个惠民项目。① 2020年6月，澜湄合作专项基金柬埔寨第三批20个合作项目签约，获得722万美元的资金用于教育、农业、文化遗产等领域，该国已连续三年获批55个项目，总资金投入超过2000万美元。② 2020年3月，澜湄合作专项基金为缅甸22个惠民项目提供670多万美元，涉及农业、教育、信息技术等。2021年8月，缅甸第四批21个项目签约，涵盖人力资源、文化、农业、环保、金融等多个领域。2018年以来，缅甸成为获得澜湄合作专项基金获批项目数最多（73个）、资助金额最多的成员国。③ 2020年11月，澜湄合作专项基金出资支持泰国4个农业合作项目，用于食品安全、土壤治理、病虫害防治、可持续发展农业系统推广等。

2020年8月，澜沧江-湄公河第三次领导人会议再次聚焦减贫合作并制定了未来减贫合作的新方向，将遵循联合国2030年可持续发展议程和"东亚减贫合作倡议"，提升澜湄合作专项基金项目、"东亚减贫合作倡议"示范工程及其他减贫合作项目的实效。④ 2020年11月，澜湄合作减贫联合工作组第四次会议回顾了澜湄减贫合作五年计划，研讨未来两年减贫合作的思

---

① 《王毅谈疫情背景下澜湄合作新进展》，澜沧江-湄公河合作网站，2021年6月8日，http：//www.lmcchina.org/2021-06/08/content_41587181.htm。
② 《中柬签署澜湄合作专项基金柬方新项目合作协议》，澜沧江-湄公河合作网站，2020年6月24日，https：//www.lmcchina.org/2020-06/24/content_41447566.htm。
③ 《中缅签署2021年澜湄合作专项基金项目协议》，新浪网，2021年8月10日，https：//finance.sina.com.cn/tech/2021-08-10/doc-ikqciyzm0665056.shtml。
④ 《澜湄区域减贫合作：既讲"效益"，又讲"情义"》，参考网，2020年11月17日，https：//www.fx361.com/page/2020/1117/7234202.shtml。

路。"东亚减贫合作倡议"援助项目从2017年开始先后在缅甸、老挝、柬埔寨三国开展减贫示范合作，重点推广中国的"精准扶贫"经验及开发式扶贫模式。柬埔寨项目（2017年7月开始，干丹省谢提尔普洛斯村和斯瓦安普村）已于2020年12月顺利通过验收。老挝项目（2017年6月启动的万象市金花村）通过竣工验收。缅甸项目自2018年2月启动以来，为内比都市的埃羌达和敏彬两个示范村同时进行"硬件"和"软件"建设，既修建道路、学校、饮水工程等基础设施，也为当地居民提供创收技能培训，如农作物种植和家禽家畜的养殖等，埃羌达村于2019年入选为第十一届东盟农村发展与减贫部长级会议的考察示范村。2021年11月，澜湄合作减贫联合工作组第五次会议主要围绕澜湄国家应对新冠肺炎疫情、农村发展及减贫进行了经验分享。同年11月21日，"澜湄民族地区社会创业与减贫合作国际会议"在中国武汉召开，参会代表围绕社会创业和减贫主题进行了经验分享并探讨了合作途径。

**3. 地方政府合作为澜湄合作机制增添动力**

2021年5月，"中国云南省与越南老街、河江、莱州、奠边省省委书记会晤机制"正式启动，这是中越地方交流合作的一个重要平台，有助于加强中越全面战略合作伙伴关系。2021年12月，首届澜沧江-湄公河地方政府合作论坛以"加强地方交流，深化澜湄合作"为主题，强调澜湄国家是天然的合作伙伴和紧密的友好邻邦，地方政府作为澜湄合作的重要参与者和受益者，要通过建立和发展友城关系加快建设澜湄流域经济发展带。

## （二）2022年合作展望

**1.《区域全面经济伙伴关系协定》为澜湄合作提供了新机遇**

2020年，东盟发起《区域全面经济伙伴关系协定》的谈判，2021年11月，15个亚太国家（东盟10国+中、日、韩、澳、新）正式签署协定，并于2022年1月1日正式生效。《区域全面经济伙伴关系协定》是涉及全球人口最多、经贸规模最大（占全球1/3的经济体量）的自由贸易区协定，①将成为区域乃至全球贸易投资增长和经济复苏的重要推动力。RCEP成员国包括了澜湄合作中的五个国家，澜湄合作迎来新的发展机遇，RCEP和澜湄合作的叠加，有望加强成员国间的经贸联系，促进制造业、农业等领域的优势互补，进一步完善区域产业链、供应链，贸易便利化水平也将继续提升。

经济与可持续发展是澜湄合作实现地区发展和经济增长的关键要素和主要推动力。随着疫情的好转，湄公河五国的制造业、建筑业、服务业等行业逐步复苏，从中长期来看，五国经济仍具有较大的增长潜力。新冠肺炎疫情对全球投资模式和消费行为产生了长期影响，疫情加快了经济社会的数字化进程，湄公河国家希望与中国进行更密切的经济合作，尽快恢复经济，除了交通、电力等基础设施，加快数字基础设施建设、推动实体经济和数字经济的协调发展也是当前的需求。

在国别合作方面，2019年底，中国和柬埔寨开始自贸协定谈判，2020年7月两国最终完成谈判并发表《中华人民共和国与柬埔寨王国完成自由贸易协定谈判的联合声明》，同年10月签署了《中华人民共和国政府和柬埔寨王国政府自由贸易协定》，双方互免关税比例将超过90%，还涉及"一带一路"倡议、服务贸易、经济技术合作、电子商务等领域。②该协定于2022年1月1日正式生效，对于加快构建中柬命运共同体具有经济上和政治上的重要意义。农业作为柬埔寨支柱产业之一，柬方希望进一步扩大农产品对华出口，欢迎中国企业扩大对柬投资领域，尤其是在基础设施、电子商务等领域的合作。该协定与RCEP的叠加将助益两国农业领域的合作，2021年12月，中国—柬埔寨经贸合委会第六次会议签署了《中华人民共和国商务部与柬埔寨发展理事会关于建立投资和经济合作工作组的谅解备忘录》。

中老铁路开通与RCEP的叠加成为中老双边合作的新动力，两国间商品

---

① 《中柬自贸协定2022年1月初生效，互免关税比例超过90%》，腾讯网，2021年12月7日，https://new.qq.com/omn/20211207/20211207A09VB800.html。
② 《中柬自贸协定2022年1月初生效，互免关税比例超过90%》，腾讯网，2021年12月7日，https://new.qq.com/omn/20211207/20211207A09VB800.html。

贸易成本将进一步降低，尤其将助推农产品贸易的发展。2021年11月，中老召开经济走廊合作视频会议，签署《关于建立中老经济走廊合作联合委员会的谅解备忘录》和《关于确认并共同推动产能与投资合作第三轮重点项目的协议》，将依托中老铁路，促进中老经济走廊建设。

**2. 澜湄合作面临更加复杂多变的国际与地区形势**

近年来，全球化遭遇逆流，贸易保护主义和单边主义势头上升，美国实行了一些排他性地区机制，对中国的周边形势及区域合作构成了一定的影响。2020年以来，新冠肺炎疫情持续，病毒新变种导致疫情不断起伏反复，世界经济复苏乏力。2022年，澜湄合作面临的国际环境更加复杂多变，在澜湄次区域，缅甸局势导致了地缘政治紧张，仍是较大变数。根据相关国际机构的预测，缅甸因疫苗接种率相对较低、可能存在发生第四波疫情的风险，澜湄国家间的抗疫合作仍不可松懈。

2022年澜湄合作面临的挑战不容乐观，应以合作的"不变"应对国际形势的复杂多变，根据湄公河国家当前的需求，将深化抗疫合作和推动经济复苏作为两大重点任务，推动澜湄合作的继续深化。

# B.8
# 2020~2021年柬埔寨形势及其对澜沧江-湄公河合作的参与

李涛 李雪*

**摘　要：** 2020~2021年，在政治领域，柬埔寨政府虽然面临国内反对党的新旧问题和挑战，但在人民党的领导下，柬埔寨政治形势总体趋向稳定，洪玛奈将成为洪森卸任后最有力的首相候选人之一。在经济领域，因新冠肺炎疫情柬埔寨经济发展受挫，但因政府措施得当，出现先骤降后缓升的发展趋势，数字经济时代也趁势启航。在外交领域，柬埔寨积极发展与周边国家及区域外大国之间的关系，不断加强多层次、多领域的交流与合作，并于2022年担任东盟轮值主席国，国际话语权和地位不断提升。此外，柬埔寨积极参与澜湄合作，加强次区域多边关系以推动区域一体化建设。

**关键词：** 柬埔寨　中柬关系　大湄公河次区域合作　澜湄合作

## 一　政治形势：新旧问题交织叠加，挑战不减，但总体趋向稳定

自2018年柬埔寨大选以来，人民党在洪森的领导下牢牢掌控政局，即便反

---

\* 李涛，云南大学国际关系研究院副院长、副研究员、博士；李雪，云南大学国际关系研究院2021级硕士研究生。

对派对柬埔寨人民党和王国政府不断挑衅造谣，但均被人民党化解。在 2022 年乡选即将到来之际，前救国党领导金速卡和桑兰西闹分裂，多名前救国党人员重获参政权。此外，洪森政治地位更加稳固，深受广大民众爱戴，而且洪森公开支持其长子作为新的接班人，这一想法得到党内及高层官员高度支持。

### （一）反对派挑衅不止，人民党逐一破解

柬埔寨党派林立，党派之争由来已久。洪森首相领导的人民党长期是柬埔寨的第一大党，执政党发展态势良好，紧握国家大权。但 2020~2021 年反对派一直对人民党进行挑衅，造谣生事，甚至煽动人民群众推翻政府。针对反对派的诸多挑衅，人民党都一一化解，并对相关人员进行相应的惩罚和制裁，牢牢掌控大局，政治局势基本保持稳定。

在国内反对派的滋事挑衅中，原救国党领袖桑兰西非常活跃，几次三番跳出来与执政党作对，散布谣言。针对桑兰西散布的谣言，王国政府更是制定了国家领导人不得拥有外国国籍的《宪法》修改草案，以保证国家领导人忠诚于国家和人民，避免外国势力以任何方式干涉柬内部事务，限制国家重要领导人必须只拥有柬单一国籍，不得拥有其他国籍。《宪法》修改草案一旦生效，意味着在柬国内拥有一批支持者的反对派领袖桑兰西将无缘被推举为首相候选人，除非他决定放弃法国国籍。①

### （二）反对党前救国党领导层内讧不止，引发部分高层被迫出走

2021 年 11 月，金速卡通过社交媒体 Facebook，公开要求桑兰西和他的支持者在未经获得其本人同意下，停止使用其名字和图片，以达到个人政治目的和意图。金速卡公开与桑兰西"划清界限"，首次以指名道姓的方式指责桑兰西，并强调不支持未经本人允许以自己的名义将两人捆绑在一起并企图制造混淆、掩盖事实以达到个人和集团利益的行为，已被解散的前救国党宣告

---

① 《〈宪法〉修正案生效 限制国家领导人不得拥有外国国籍》，〔柬〕《柬口时报》2021 年 11 月 4 日。

正式分裂。①而后桑兰西还称是金速卡受到威胁才如此发言,但金速卡及洪森首相均表示并未有威胁这一说。另外,金速卡叛国案即将开审,桑兰西也将继续流亡海外。

2017年11月16日原救国党被高等法院裁定解散,该党118名高层被禁止从政5年。但根据新《政党法》规定,被禁止从政的政客可提出申请,获国王批准后便可恢复从政权。截至2021年12月10日,28名原救国党高层已陆续获准恢复从政权。在恢复从政权后,一部分原救国党高层已设立新政党或加入其他党派,以备战2022年乡分区理事会选举和2023年全国大选。②2022年乡选即将到来,各项筹备工作有序进行,有7个政党共派出4886名代表参加,还有来自12个机构、协会的3389名观察员,其中包括来自12家媒体单位的94名记者参加了2021年选民名单审核和选民登记工作。③这对人民党来说,形成了一定的挑战。

### (三)洪森首相地位稳固,为其长子洪玛奈铺平未来接班人道路

1985年以来,柬埔寨首相洪森执政已37年,地位相当稳固。洪森首相重视维护国内稳定,以经济建设作为国家首要任务,制定了多项国家发展战略,并积极发展对外关系,加强双边、多边合作,在他的带领下柬埔寨不断发展进步。洪森首相本人一直致力于为柬埔寨追求和平,积极参与区域建设和国际事务,并获得第5届鲜鹤平和赏④(Sunhak Peace Prize)创始人奖,该奖表彰其对柬埔寨和东南亚地区的稳定、经济发展与和平所做出的贡献。⑤

洪森在2021年12月2日公开表态,支持柬埔寨王家军副司令、陆军司

---

① 《金速卡公开指责桑兰西 前救国党领导层闹分裂》,〔柬〕《柬中时报》2021年11月29日。
② 《又2名原救国党高层获准恢复从政权》,〔柬〕《柬华日报》2021年12月12日。
③ 《全国选举委员会(NEC)发言人:七个党共计近5000名代表以及3000多名观察员》,〔柬〕《柬埔寨之光报》2021年10月31日。
④ 鲜鹤平和赏是一项国际和平奖,该奖项旨在表彰以模范方式为人类服务的个人和组织,为子孙后代创造更美好的世界。
⑤ 《洪森首相获得2022年鲜鹤平和赏创始人奖》,〔柬〕《柬华日报》2022年1月30日。

令、人民党中央青年工作组组长洪玛奈为未来接班人,并重申他将担任首相至少10年,继续强化权力基础,以"剿灭"反对派极端分子,为未来接班人铺平道路。① 柬埔寨各界纷纷公开力挺洪玛奈,在政府官员中,包括副首相、国务部部长、国务秘书和副国务秘书,立法机构的国会、参议院的领袖和议员,以及全国各省市首长等,都表示支持洪玛奈成为首相接班人。他们通过社交媒体或新闻媒体发表请愿书,鼎力支持洪森的表态。② 在柬埔寨人民党第43届中央委员会上,全体一致推选洪玛奈为人民党未来的首相候选人。另外,洪森在参加柬埔寨国防部新大楼启用仪式时透露,他可能在2023年后卸任首相,日后将成为首相的父亲,甚至在2040年成为首相的祖父。③ 一旦洪森首相卸任,不出意外,洪玛奈将是首相未来接班人中强有力的人选。

## 二 经济形势:经济增长出现下滑,但仍保持向好趋势

2020~2021年,柬埔寨经济面临诸多困难和挑战,特别是疫情严重遏制柬埔寨经济发展,经济增速减缓,部分行业受到沉重打击,但也有行业出现逆势发展态势。在经济发展艰难的形势下,柬埔寨政府制定相关战略,采取诸多应对措施,并且签订了三大自贸协定以促进经济复苏,经济形势逐渐好转。即便柬埔寨经济仍将面对一些困难和挑战,但发展前景乐观。

### (一)宏观经济先骤降后缓升

2020年,柬埔寨不仅面对新冠肺炎疫情和洪水灾害,还面对欧盟撤销

---

① 《洪森首次公开表态:支持长子作为首相接班人》,〔柬〕《柬中时报》2021年12月2日。
② 《柬埔寨各界纷纷通过媒体和社交脸书公开力挺洪玛耐将军成为首相接班人》,Fresh News,2021年12月3日,http://cn.freshnewsasia.com/index.php/en/16670-2021-12-03-13-38-59.html。
③ 《洪森:2023年后我将成为首相的父亲》,〔柬〕《柬中时报》2021年12月29日。

部分柬埔寨的 EBA 待遇的情况。柬埔寨旅游业、工业、手工业、建筑业等均明显受到影响，投资领域也受到冲击，但农业和对外贸易逆势小幅增长。据柬政府初步统计，全年柬 GDP 为 262.12 亿美元，贸易额同比下降 3.7%。人均 GDP 为 1683 美元。其中，旅游业遭受疫情冲击最大，产值同比下降 9.7%；建筑业产值同比下降 3.0%；农业产值同比增长 1.0%；工业和手工业产值同比下降 27.0%。年均通货膨胀率为 2.9%。瑞尔兑美元汇率平均在 4045∶1 的水平，同比升值 0.7%。年末外汇储备为 213.34 亿美元，同比增长 13.7%，可满足 11.17 个月的进口需求。①

柬埔寨央行发布的《2021 年宏观经济和银行业发展以及 2022 年展望》报告指出，2021 年，因为各类防疫措施和超过 90% 的新冠疫苗接种率，柬疫情得到有效控制，经济活动逐渐恢复，并于年底重开国门。伴随全球经济的复苏，2021 年柬埔寨经济增速约为 3%。成农业、批发零售业、通信业、交通和建筑业的反弹，农业的发展以及其他制造业产品出口的持续高增长是经济复苏的主要动力来源。与此同时，国外资本流入增长 2.5 倍，央行储备充足，增强了货币政策的有效性和投资人对柬经济的信心。央行累计投入约 5 亿美元，将汇率稳定在 4099 瑞尔兑 1 美元。石油相关产品价格的反弹和食品等核心通胀的下降，使 2021 年通胀率保持在 2.9% 的较低水平。银行和金融机构信贷增长 21.2%，达到 457 亿美元。银行存款上升 15.4%，达到 385 亿美元。尽管收入减少，但政府仍有足够财政缓冲，以实施现金补助、企业减税等缓解社会经济困难的举措。②

对比 2020 年和 2021 年经济发展态势，柬埔寨数个领域呈增长势头，如农业领域，2021 年柬埔寨农业生产总值达 180 亿美元，比 2020 年增长了 43% 以上。③ 但是作为支柱产业的旅游业却因疫情影响受到沉重打击，据柬埔寨旅游部统计，2021 年的国际游客人数相比 2019 年下降 84.96%，国际

---

① 《2020 年柬埔寨宏观经济形势及 2021 年预测》，中国商务部网站，2021 年 5 月 14 日，http://www.mofcom.gov.cn/article/zwjg/zwxw/zwxwyz/202105/20210503061381.shtml。
② 张保：《柬埔寨经济复苏前景乐观》，《经济日报》2022 年 1 月 11 日，第 4 版。
③ 《政府制定农业发展政策以提高劳动生产率》，〔柬〕《柬华日报》2022 年 1 月 16 日。

旅游收入仅为1.84亿美元，较2020年的10.23亿美元锐减82.0%，比2019年的历史峰值49.19亿美元下降96.3%。旅游业在2021年占GDP的比重仅为1.8%，低于2020年的3.0%和2019年的12.1%。①

### （二）政府出台了应对疫情和经济困境的相关措施

受疫情影响，柬埔寨经济整体发展速度减缓，且少数产业受到严重打击。对此，柬埔寨政府积极采取应对举措，保持稳定的政治环境，不断推出纾困措施，降低新冠肺炎疫情对经济方面的不利影响。柬政府针对防疫抗疫颁布相关文件并制定一系列措施，其中经济方面的措施包括以下两点。

一是制定相应的防控疫情和降低疫情影响的法律与措施。首先，政府制定并通过《防控新冠肺炎病毒和其他致命性传染病法》《国家紧急状态法》；卫生部拨款对返城工人进行健康检查；柬埔寨全面开启疫苗接种运动；政府下达停课、歇业等指令来对疫情进行防控。其次，政府进行了10轮经济救济，减免受创行业的税收，发放失业补助金、贫困救济金等；财政拨款支持农村建设，缓解失业问题与减少贫困；对一般食物不征增值税；国家银行要求信贷机构减免收费；等等。政府通过这些举措来降低疫情对民众、企业、行业的影响。

二是制定并实施促进经济复苏的法律和措施。首先，重点扶持农业。根据柬官方公布的《新冠肺炎疫情新常态下振兴和复苏经济政策框架》草案得知，该国振兴和复苏经济策略集中于四大经济领域，即农业、旅游业、成衣业和非成衣制造业。农业对柬经济发展来说举足轻重，政府重点扶持农业发展，给予该领域相关政策和资金支持，如向被列入优先领域的中小企业提供优惠贷款，鼓励银行和金融机构向该领域企业发放贷款，解决农民缺乏抵押品的问题等。此外，政府为部分大型现代化农业项目注资，还将豁免或暂停征收进口农业设备的增值税或进口税等。② 其次，重振旅游业。政府一边

---

① 《柬埔寨旅游业对GDP占比降至1.8%》，〔柬〕《高棉日报》2022年2月23日。
② 《促进经济复苏 柬埔寨政府将重点扶持农业发展》，中国新闻网，2021年11月16日，https：//www.chinanews.com.cn/gj/2021/11-16/9610074.shtml。

提供税收优惠以减小受创程度，一边启动"柬埔寨：绿色和安全旅游目的地"复苏战略以加速推动旅游业发展，并专门成立全国旅游和生态旅游社区管理和发展委员会以统一管理和发展生态旅游社区，还采取外国游客购物可退增值税、拟推出"旅行泡泡"两国双向协议往来无须隔离等措施来吸引游客。再次，推动在柬中小企业发展。政府做出诸多努力并采取多项措施，其中比较重要的措施有减免受疫情影响较大的中小企业的税收并给予一些优惠条件，如放宽中小企业融资条件、调整联合融资机制、向中小企业发放低息贷款等，以进一步推动本地中小企业发展壮大。最后，创造良好的投资环境以吸引更多投资。政府一方面通过基础设施建设、政府反腐建设、提升政府服务效能、严厉打击违法犯罪行为等来营造良好的投资环境；另一方面通过健全法制建设以及制定优惠政策来吸引外商投资，如修改《劳工法》、废除单班制和自动补假、修订《商业企业法》和《商业法规和商业注册法》等，其中新《投资法》的颁布将成为疫情防控常态化时期社会经济恢复重要、有效和及时的保障。由柬埔寨发展理事会负责起草的新《投资法》草案，进一步优化营商环境，有效吸引本地和外国投资者，进而推动柬埔寨经济和社会发展。

### （三）签订三大贸易协定促发展

2020年，柬埔寨对外贸易总额为358亿美元，同比微增2.54%。其中，出口额同比增长16.72%，达172亿美元，而进口额则同比下降7.84%，达186亿美元。柬埔寨在2020年出口保持增长，主要是由黄金出口大增带动的。2020年前8个月，黄金出口额高达22.74亿美元，同比增长超过700%。① 2021年前10个月，柬埔寨对外贸易总额为373.46亿美元，同比增长28%。其中，柬埔寨的进口额为230.60亿美元，出口额达142.86亿美元。2021年前10个月柬埔寨进口额同比增长58%，出口额仅增长2%。②

---

① 《新冠疫情影响 柬埔寨去年对外贸易微增2.54%》，〔柬〕《柬中时报》2021年4月5日。
② 《2021年柬埔寨商业总结和2022年商业目标报告》，柬埔寨商务部网站，https：//s1.moc.gov.kh/mocspace/mocspace_1639731271788.pdf。

2021年，柬埔寨海关和税务收入超50亿美元。根据柬海关总局公布的数据，成衣（服装、鞋子和旅行用品）是柬埔寨最主要的出口商品，2020年，柬埔寨成衣出口额为99.50亿美元，占出口总值比重的57%，同比下降8%。2021年，柬埔寨制衣产品（服装、鞋子和箱包）出口额达113.89亿美元，同比增长15.2%。① 总的来说，2020~2021年柬对外贸易保持增长势头。2020年受疫情影响对外贸易增长势头减缓，但仍保持小幅增长。针对疫情对柬经济造成的影响，政府制定并出台了一系列举措，积极寻找外援，签订了三大贸易协定以促进柬埔寨经济恢复与发展，2021年柬对外贸易得以持续快速增长。

2020年11月15日，柬埔寨和RCEP其他14个成员国正式签署《区域全面经济伙伴关系协定》（RCEP）。RCEP是世界上最大的贸易协定，柬埔寨是较早完成RCEP国内审批的国家之一。未来柬埔寨将面对亚太14个国家的大市场，并且将在这些市场享有特殊待遇，有助于柬埔寨更好地融入区域生产链和价值链。在投资领域，RCEP的签订为各成员国带来了更多投资便利，将形成区域性的投资高潮。据柬埔寨政府援引东盟和东亚经济研究院调查，一旦RCEP正式生效，将使柬的GDP在现有7.3%的水平上，每年再增长2.0%；而柬出口和投资也将分别增长7.3%和23.4%。②

2020年10月12日，中柬双方正式签署自贸协定。根据协定安排，双方货物贸易零关税产品税目比例均达到90%以上，服务贸易市场开放承诺也体现了各自给予自贸伙伴的最高开放水平，并且协定覆盖领域广，包含"一带一路"倡议合作、投资合作、经济技术合作、电子商务等章节，涵盖了双边经贸、旅游、交通、农业等广泛合作领域。③ 中柬自贸协定让两国合作迈上新台阶，促进了柬经济复苏。

2021年10月26日，柬韩自贸协定正式签署，双方同意取消韩国95.6%的关税和柬埔寨93.8%的关税，以实现高度开放。柬韩自贸协定将进

---

① 《2021年制衣产品出口额高达113.89亿美元》，〔柬〕《柬华日报》2022年2月12日。
② 刘旭：《遇见RCEP，柬埔寨借势腾飞》，《国际商报》2021年12月10日，第4版。
③ 《干货！中国—柬埔寨自由贸易协定权威解读》，〔柬〕《高棉日报》2020年10月12日。

一步促进柬埔寨经济发展，扩大服装、纺织品、电器、农产品等产品对韩出口，同时进一步拓展韩企的业务范围，吸引更多韩国公司来柬投资。①

RCEP与中柬自贸协定于2022年1月1日正式生效，而柬韩自贸协定也有望于2022年底生效。从长远来看，这些贸易协定将为柬经济发展提供更多机遇，有助于区域和国家之间互联互通，增强市场潜力和社会经济韧性，对促进柬经济增长至关重要。此外，柬还制定战略以实现自贸协定效益最大化。柬正在研究与日本等签订双边自贸协定的可行性，并正与澳大利亚、新西兰、俄罗斯、美国、加拿大和英国等多个国家进行自贸谈判。② 2021年9月11日，柬称与欧亚经济联盟拟开启自由贸易协定谈判工作，以进一步深化双方贸易和投资合作关系。③

### （四）2035年实现数字化转型：愿景良好但仍然困难重重

新冠肺炎疫情给全球经济和社会带来严重危机，在这场危机中，推动数字社会和经济发展十分重要，它以一种灵活的方式促进了地区和世界的相互交流，以及经济、贸易和投资活动的联系。加快区域数字互联互通和社会经济数字化转型，将成为疫后经济复苏和未来可持续弹性发展的关键驱动力。④

柬财经部正草拟数字经济发展路线图，争取在2035年实现数字化转型，数字经济规模将占GDP的5%~10%。目前，柬埔寨数字经济处在"草创"阶段，政府正在致力加强通信基础设施建设、建立关键应用服务、推动公共服务数字化、制定数字法规和培养更多资讯和通信技术（ICT）人才。政府目标是在2025年，城市地区的高速互联网覆盖率达到100%，乡村地区则须达到70%。到了2030年，主要公共服务须数字化，私人企业数字技术普及

---

① 刘旭：《遇见RCEP，柬埔寨借势腾飞》，《国际商报》2021年12月10日，第4版。
② 刘旭：《遇见RCEP，柬埔寨借势腾飞》，《国际商报》2021年12月10日，第4版。
③ 《柬埔寨与欧亚经济联盟计划启动自贸协定谈判》，中国新闻网，2021年9月11日，https://www.chinanews.com.cn/gj/2021/09-11/9563278.shtml。
④ 《洪森首相：柬埔寨将颁布国家数字经济政策》，〔柬〕《柬中时报》2020年11月27日。

应用率须达到70%，从事ICT行业人员占就业人口比重须达到4%。2035年，柬将完成"数字化转型"，数字经济将形成一定的规模，建立创新和智能企业与工厂，拥有大数据和人工智能等专门技术人才，并拥有至少一个"智能城市"。上述数字经济发展路线图与政府愿景相契合，即争取于2030年成为中等收入国家，于2050年成为高收入国家。

柬商业部与世界贸易组织携手合作，推动微型和中小型企业搭上"数字经济"列车。在世界贸易组织倡导的强化综合框架项目协助下，柬商业部于2020年7月完成《电子商务战略》的制定，目的是要帮助本地中小企业发展，将柬打造成为区域乃至全球的电子商务枢纽。《电子商务战略》也将结合《2019—2023年柬埔寨贸易整合战略》和《2015—2025年柬埔寨工业发展政策》，推动柬走向经济多样化。在政府政策的推动支持及与其他国家和组织的合作下，柬埔寨数字经济有了一定的发展。[①] 2021年，柬埔寨的电子支付迅速发展，电子支付总交易量达6.988亿笔，交易额为1997.6亿美元，达国家GDP的787%。[②] 然而，柬发展数字经济仍面临诸多艰难挑战，包括数字经济基础设施落后、缺乏ICT人才、公共和私人领域对数字技术普及应用不足、网速缓慢且网络费用高昂等问题。受疫情影响，许多民众选择居家作业、减少外出、进行网上购物，柬大部分微小企业无法应用数字技术来调整经营模式，以应对疫情防控"新常态"对贸易造成的冲击。[③]

## 三 对外交流与合作：多层次、多领域的交流与合作再上新台阶

2020~2021年，柬埔寨坚持以平等尊重为基础，积极加强同周边国家和大国的合作与交流，以和平和发展的眼光处理对外关系中的矛盾与冲突，多层次、多领域的交流与合作再上新台阶。

---

① 《商业部联合世贸组织　推动柬埔寨数字经济发展》，〔柬〕《柬中时报》2021年3月29日。
② 《2021年柬埔寨电子支付交易量近7亿笔》，〔柬〕《柬华日报》2022年1月14日。
③ 《数字经济发展路线图（2020—2035）》，〔柬〕《柬中时报》2021年7月30日。

## （一）中柬关系：在考验中"铁杆"友情更上一层楼

### 1.政要关系亲密，政治高度互信

中柬两国建立了牢不可破的友谊，两国政治高层来往频繁，在涉及彼此核心利益问题上互相给予坚定的支持，在对方有难时毫不犹豫伸出援助之手，不断加强对两党两国关系的政治引领，携手为中柬命运共同体建设添砖加瓦，政治互信达到新高度。2020~2021年，两国关系之亲密、政治领域之高度互信在以下几个方面体现得淋漓尽致。

一是两国政府和人民守望相助，共克时艰。中柬合作抗疫，两国的"铁杆"友情再次得到见证和升华。柬政府坚定支持中国抗疫，对中国表示关切，西哈莫尼国王和莫尼列太后为中国抗疫慷慨解囊，首批运抵武汉的抗疫物资来自柬埔寨，洪森更是逆行访华。中国也"投桃报李"，在柬疫情高发之际多方面援柬，如帮助解决原材料供应问题、派遣医疗专家赴柬帮助抗疫、捐助防疫物资、为柬供应新冠疫苗、在柬广泛使用中医药等。二是两国高层保持密切来往。中国外长两次访柬；习近平总书记就人民党成立70周年向人民党主席洪森致贺信；西哈莫尼国王、莫尼列太后、人民党主席洪森分别致函中共中央总书记、国家主席习近平祝贺中共建党百年；等等。两国领导人的情谊在来往中不断加深。三是柬埔寨坚定维护中国核心利益。洪森首相第三次担任东盟主席，就协调解决南海问题阐述立场。洪森首相宣布三个原则，即呼吁各方继续充分和有效落实《南海各方行为宣言》；呼吁各方以双边谈判协商和平解决问题；柬决心努力做好东盟主席国角色，促成"南海行为准则"签署。① 除此之外，2020年11月，习近平主席为莫尼列太后颁授中华人民共和国"友谊勋章"；2021年1月，莫尼列太后访问中国驻柬使馆并出席"中柬友谊园"落成剪彩仪式。

### 2.经济合作领域逐步拓展，合作机制日益健全，合作水平不断提高

在"一带一路"倡议和"澜湄合作"的背景下，两国不断加强经济领

---

① 《柬埔寨2022年担任东盟主席  洪森：努力促成COC签署》，〔柬〕《柬中时报》2021年12月15日。

域的合作，即便受到疫情影响，中柬贸易仍取得了一定成果，提前实现2023年中柬双边贸易额突破100亿美元的目标。2021年中柬贸易额达111.44亿美元，较2020年的81.18亿美元，增长37.28%。①

中柬两国在经济领域密切合作。在农业领域，柬埔寨的香蕉、杧果可以直接出口到中国，龙眼、巴沙鱼和胡椒等正开展评估有望输华；柬食用水生动物出口企业完成在中国海关总署的备案可出口至中国市场；柬埔寨大米输华数量不断上升，从2020年的25万吨增长到2021年的30万吨，中柬双方签署的关于中国购买40万吨柬埔寨大米的合作谅解备忘录从2021年12月开始实施；签署动植物检疫和食品安全协议等。在投资领域，中国对柬投资逆势增长，在柬重点投资项目克服疫情影响得以顺利推进，如华电西港火电站完成主厂房钢结构吊装；金边—西港高速完成总工程量的39%；西哈努克港经济特区入园企业继续增加，进出口额创历史新高；吴哥国际机场航站楼、飞行区开始施工；等等。2021年12月，柬埔寨发展委员会（CDC）与中国商务部在线签署谅解备忘录成立投资与经济合作工作组。

除此之外，中柬还签订多项经济合作文件，如《中柬经济技术合作协定》《中华人民共和国政府和柬埔寨王国政府自由贸易协定》《西哈努克省医院扩建项目可行性研究立项换文》等，合作机制日益健全。其中，《中华人民共和国政府和柬埔寨王国政府自由贸易协定》的签署标志着双方全面战略合作伙伴关系、共建中柬命运共同体和"一带一路"合作进入新时期，是双边经贸关系发展新的里程碑，必将推动双边经贸关系提升到新的水平，不断增进两国企业和人民福祉。②

**3. 在人文、援助、军事、执法等多领域多层次合作格局初步形成**

在人文领域，中柬两国人文交流频繁，文化广泛交融。两国以多种方式促进人文交流发展，包括互换留学生、举办文化交流活动、举办中柬文化交

---

① 《去年柬中贸易额达111亿美元 同比增长37.28%》，〔柬〕《柬中时报》2022年1月28日。
② 《钟山部长与柬埔寨商业大臣潘索萨共同签署中国—柬埔寨自由贸易协定》，"中国经济网"百家号，2020年10月12日，https://baijiahao.baidu.com/s?id=1680356541513575285&wfr=spider&for=pc。

流会、举办首届柬中国际文化艺术交流展、中柬文化创意园讲述"中柬故事"、开展"中柬优秀电影巡映"活动等。其中，影响力较大的是于2021年12月成功举办的首届中柬文化交流论坛和顺利成立的中柬文化交流联盟。论坛以"创新、共识、发展"为主题，旨在汇集两国文化交流、国际传播、可持续发展等领域的优质资源，推动中柬两国文化互融互通，深化中柬两国学术合作与人文交流，促进两国文明互鉴、民心相通。①

在援助领域，中国援柬取得多项成果。中国援柬11号国家公路改扩建项目工程通车；由中国提供优惠贷款援建的斯登特朗—格罗奇马柬中友谊大桥落成通车；柬埔寨国家体育场建成移交并正式启用；助柬建立疫苗灌装工厂；金边—西港高速公路在2022年建成；等等。至2021年8月末，中国已累计向柬埔寨提供约30亿美元贷款，用于兴建道路、桥梁等基础设施。②

在军事领域，两国合作不断深化。中柬"金龙2020"两军联合训练在柬贡布省成功举行，实现了练兵备战和疫情防控"两不误"，体现了两军合作的高水平。③ 柬埔寨王家军总司令翁比塞称，柬方视中方为全方位战略伙伴，将全力推动柬中两军合作取得更大发展。④

在执法领域，两国合作联系在不断加强。2021年6月3日，中柬执法合作年工作总结会议通过视频形式举行，双方共同回顾总结了中柬执法合作年开启两年来取得的重大成效，一致同意将继续深化执法合作，充分发挥中柬执法合作协调办公室作用，聚焦重大案件，联合打击恶性暴力犯罪、跨境网络赌博、电信网络诈骗、跨国贩毒和组织偷渡等违法犯罪活动，为推进中柬命运共同体建设、维护两国社会安全稳定、增进两国人民福祉做出新贡献。⑤ 2021年9月28日，柬埔寨副首相兼内政部部长苏庆和中国国务委员、公安

---

① 《首届中柬文化交流论坛暨中柬文化交流联盟成立》，〔柬〕《高棉日报》2021年12月16日。
② 《柬埔寨已向中国贷款30亿美元 推进基础设施建设》，〔柬〕《柬中时报》2021年8月30日。
③ 《2020年中柬关系十大新闻》，〔柬〕《柬华日报》2020年12月31日。
④ 《柬王家军总司令：推动柬中两军合作取得更大发展》，中国新闻网，2021年11月3日，https：//www.chinanews.com.cn/gj/2021/11-03/9601539.shtml。
⑤ 《中柬两国执法合作年工作总结会成功召开》，澜沧江—湄公河合作网站，2021年6月4日，http：//www.lmcchina.org/2021-06/04/content_41583936.htm。

部部长赵克志出席两国关于继续推进中柬执法合作年行动视频会晤和签字仪式。①

## （二）邻国关系：各领域、各层次的交流与合作健康发展

### 1. 柬泰关系

在政治方面，两国关系平稳推进，政治高层保持密切联系。泰国副总理兼外交部部长敦·帕马威奈于2021年12月对柬埔寨进行正式访问，与柬副总理兼外交部部长巴速坤共同主持在金边举行的柬泰双边合作联合委员会第11次会议，会议以"和平、繁荣、共同复苏"为主题，两国外交部部长回顾了2016年柬泰双边合作联合委员会第10次会议记录，讨论两国在双边和多边框架内各领域的合作，提出进一步加强和推动两国密切和全面合作，促进两国在新冠肺炎疫情危机后快速复苏。②敦·帕马威奈礼节性拜会洪森首相，双方就两国共同关心和关切的区域与国际事宜举行会谈。泰国外交部部长在会谈中祝贺柬即将担任东盟轮值主席，祝贺柬在洪森的英明领导下有效控制疫情，并实现90%的疫苗接种率。③

在抗疫方面，柬泰两国加强防疫抗疫合作以控制疫情跨境传播。为降低柬埔寨在泰劳工返乡引起的疫情传播风险，泰国延长工作证将于当年到期的柬劳工在泰逗留时间，向所有在泰务工的柬公民提供新冠肺炎检测服务，确诊劳工可获得治疗。

在执法方面，柬泰两国密切加强执法合作。2021年11月24日，柬埔寨第817边防营和泰国边防巡逻队举行会谈，商讨严防非法入境行为。双方达成3点共识：合作防止向泰国非法出口武器的行为；合作防止人口贩卖；如发生犯罪案件，及时交换信息和加强合作。此外，泰国边防巡逻队希望双方保持良好关系，每个月安排一次会谈，防止偷盗金矿行为及柬埔寨劳工非

---

① 《柬中两国继续推进执法合作》，〔柬〕《高棉日报》2021年9月29日。
② 《泰国外长抵柬开启正式访问》，〔柬〕《柬华日报》2021年12月16日。
③ 《泰国外长礼节性拜会洪森首相》，〔柬〕《柬华日报》2021年12月17日。

法入境泰国。①

在经贸方面，受新冠肺炎疫情影响，柬泰经贸合作受挫。2020年，柬泰双边贸易总额达72.5亿美元，较2019年的94.0亿美元下降约23%。② 2021年，柬泰双边贸易总额为79.7亿美元，较2020年的72.3亿美元增长约10%。泰国政府计划2022年双边贸易总额再增5%~7%。为实现该目标，泰政府除了开通现有的38个国际口岸，还计划重新开放过去因疫情而关闭的12个边境口岸。③ 为促进柬泰两国贸易和旅游业发展，两国还拟建新的边检站，拟开放更多的边境口岸。

2. 柬越关系

在政治方面，柬越两国领导人来往密切，不断加强两国传统友谊与睦邻友好关系。2020年，柬越外交部部长共同主持柬越经济、文化与科技合作联合委员会第18次会议。越南国家主席在2021年底对柬埔寨进行国事访问，柬越发表联合声明重申双边关系的重要性，并在柴桢省设立柬越纪念碑，表明柬越关系发展趋好。但两国边界纠纷一直未解决，双方现已达成共识，决定尽快划定边界。双方承诺尊重和充分落实两国陆地边界勘界立碑协议以及两国有关边境问题的协定和协议，同意推动两国边境联合委员会寻找双方均能接受的措施解决未完成勘界立碑工作的边界线问题。④

在安全防务合作方面，柬越官员对过去一年两国安全合作计划进行评价，并签署新一年的合作计划。双方强调，将继续在双边、多边框架下保持更加密切的合作，挫败敌对势力破坏两国关系的阴谋，有效打击跨境犯罪、新兴犯罪等，致力于推进两国乃至地区的和平与合作，造福两国人民。⑤

在抗疫方面，越南是继老挝之后获得柬埔寨20万剂疫苗援助的国家，柬埔寨不仅向越南提供疫苗，还捐赠了现金和物资，2021年7月，柬捐助

---

① 《柬泰边防部队商讨严防非法越境》，亚太时报网，2021年11月25日，https://www.aptimes.com/home/news/14/0/3223.html。
② 《7个月柬泰贸易额突破46亿美元》，〔柬〕《柬中时报》2021年8月31日。
③ 《2021年柬泰双边贸易额近80亿美元》，〔柬〕《柬华日报》2022年2月8日。
④ 《柬越发表联合声明重申双边关系重要性》，〔柬〕《高棉日报》2021年12月22日。
⑤ 《柬埔寨—越南合作打击跨境犯罪》，〔柬〕《高棉日报》2020年1月21日。

越110万只口罩、20万美元、100台制氧机。在柬组织协会也向越南捐款，体现了两国的睦邻友好关系。①

在经贸方面，2020年柬越双边贸易额为53.27亿美元，比2019年增长0.84%。②尽管受到疫情影响，柬越双边贸易额2021年也达93.00亿美元，比2020年增加39.73亿美元，年激增74.58%。2021年越南企业在柬埔寨投资案计4件，投资额逾8890万美元，越南企业在柬累计投资额逾28.4亿美元，越南成为柬重要外资来源国之一。为推动经济发展和旅游业恢复，柬越两国采取多项措施，如在2021年11月的柬越双边旅游合作联合工作组第二次会议上，两国决定启动联合行动计划，促进疫苗接种者旅游计划的实施。③此外，2021年12月，越南国家主席阮春福访柬时，双方同意加快制定连接柬越经济走廊的总体规划和签署柬越边境贸易合作协议，同意协商"疫苗护照"互认工作，并签署7项重要合作文件。④

**3. 柬老关系**

在政治方面，柬老一直保持良好关系，两国本着睦邻友好、团结互助的精神，保持着优良的传统友谊，不断深化两国长期战略伙伴关系。2021年是柬老正式建交65周年，洪森向老挝总理致贺电，老挝领导人于2021年11月访柬，两国一直致力于在经济、安全、抗疫、人文交流等领域展开合作。

在抗疫合作方面，柬埔寨多次援助老挝，包括资金、疫苗、医疗物资等，在柬企业也向老挝捐款助其抗疫。在安全合作方面，2021年，柬埔寨内政部和老挝公安部签署《2022年安全合作谅解备忘录》，同意继续促进两国在安全方面的合作。双方评估了两国2020~2021年的安全合作项目，承诺将本着传统友谊、团结和睦邻的精神共同前进。此外，双方同意完善打击贩毒活动的合作机制，扩大信息交流范围，以进一步打击边境沿线的毒品贩

---

① 《柬政府捐赠大批防疫物资支持越南抗击疫情》，〔柬〕《柬华日报》2021年7月17日。
② 《2021年越柬双边贸易大幅增长》，中国商务部网站，2021年12月20日，http://hochiminh.mofcom.gov.cn/article/jmxw/202112/20211203229816.shtml。
③ 《柬越将互开国门 柬民下月可去新加坡》，〔柬〕《高棉日报》2021年11月26日。
④ 《越南国家主席阮春福访问柬埔寨》，〔柬〕《高棉日报》2021年12月21日。

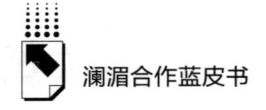

运活动。两国同意加大边境管控力度，防止各种跨境犯罪，尤其是走私、盗伐、盗猎等活动。①

在人文交流方面，2021年11月19日，那塔腊基里省长纽桑翁与即将结束任期的老挝驻柬埔寨大使安非金达旺举行会晤并提出，那塔腊基里省将协同老挝，加入柬老友好协会，意在推动双方建立更好的合作关系。柬老友好协会为柬埔寨祖国团结发展阵线下属机构，该协会的宗旨是促进柬老两国的友好交流与合作，推动两国人员互访交流。②

在经济合作方面，2020年柬老电网顺利接通，柬埔寨旱季不再缺电。2021年12月，柬埔寨国家银行与老挝央行举行双边会晤，双方将共同开发跨境支付系统，会议将每年举行一次，以加强两国央行间的合作关系。③

（三）与区域外大国关系：在大国间保持平衡，在合作中谋求利益最大化

1. 柬美关系：矛盾中求合作

在政治领域，柬美政治高层存在摩擦和冲突。在政治领域，柬美政治高层在一些问题上存在摩擦和分歧，如柬埔寨的人权问题、云壤海军基地问题等。虽然柬美两国存有矛盾，并不妨碍两国在其他方面的合作往来。在经贸合作领域，柬美两国在疫情肆虐的背景下，经济贸易往来增多。据美国商务部公布的数据显示，2021年柬美双边贸易额达91.58亿美元，相比2020年的69.05亿美元增长了32.63%。其间柬对美出口额为87.45亿美元，同比增长33.26%；柬自美进口额为4.13亿美元，同比增长

---

① 《柬老将提高边境管控 两国签署〈2022年安全合作谅解备忘录〉》，亚太时报网，2021年11月24日，https：//www.ap-times.com/home/news/14/0/3146.html。
② 《柬老达成共识，将边境省份纳入友好协会》，亚太时报网，2021年11月20日，https：//www.ap-times.com/home/news/14/0/3007.html。
③ 《柬老明年将开发跨境支付系统》，亚太时报网，2021年12月17日，https：//www.ap-times.com/home/news/14/0/4380.html。

20.40%。美国是柬当前最大的出口市场，而欧盟则是第二大出口市场。① 柬美在其他领域的合作也得到加强。2021年9月，柬埔寨金融科技联合协会和柬埔寨美国总商会签署了一份谅解备忘录，双方达成合作意向，支持柬在金融科技领域发展。② 此外，柬美还承诺合作抗击艾滋病、疟疾和肺结核等传染病。

**2. 柬日关系：传统友好进一步发展**

在政治领域，柬日关系持续友好发展，柬日高层保持密切来往。柬埔寨致电祝贺岸田文雄当选日本首相，日本对柬埔寨于2022年接任东盟轮值主席国表示支持和祝贺，洪森称"柬埔寨是日本忠诚的朋友"，日本政府宣布邀请柬埔寨王家军副司令兼陆军司令洪玛奈访日等。

在援助领域，日本对柬公共设施、排雷、教育、医疗环境保护等多个领域进行援助，为柬社会经济发展做出重大贡献。特别是疫情下，日本多次向柬捐赠防疫物资，还提供优惠贷款助柬各领域发展提速等。2020~2021年，柬日共同推动多个项目发展，如暹粒省与日本国际协力机构签署谅解备忘录打造智慧城市、柬埔寨卫生部与日本国际协力机构启动应对新冠肺炎危机能力建设项目、改善柬埔寨物流系统项目等。

在经贸领域，柬日经济合作虽受疫情影响，但发展形势乐观，柬日自由贸易协定进展顺利。2020年，柬日双边贸易额近17亿美元，较2019年下降了16%。③ 2021年柬日双边贸易额达17亿美元，与2020年基本持平。尽管2021年柬日双边贸易额增长较少，在柬的日本投资商还是很多，许多日本公司在金边和国公省经济特区进行投资。柬日自贸协定通过后，两国之间的贸易将会进一步发展。④

---

① 《2021年柬美双边贸易额超91亿美元》，〔柬〕《柬华日报》2022年2月12日。
② 《柬金融科技联盟协会和柬美国商会达成合作 支持柬埔寨金融科技发展》，亚太时报网，2021年9月22日，https://www.ap-times.com/home/news/14/1/779.html。
③ 《去年柬日双边贸易同比下降16%》，〔柬〕《柬华日报》2021年2月19日。
④ 《2021年柬日贸易额达17亿美元》，亚太时报网，2022年1月14日，https://www.ap-times.com/home/news/14/0/5954.html。

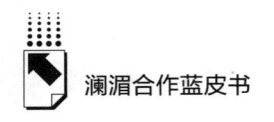

## 四 2020~2021年柬埔寨对澜沧江-湄公河合作的参与

澜湄合作成立5年来，柬埔寨始终是主要的参与者和推动者。2020~2021年，在新冠肺炎疫情流行的背景下，澜湄合作锐意进取、逆势前行，显示出强大的生命力。澜湄合作为柬带来机遇和发展，柬也积极参与澜湄合作相关建设和活动，积极参与澜湄合作区域内多边外交合作与交流，提升区域经济一体化水平。

### （一）积极主办大湄公河次区域合作第七次领导人会议

在新冠肺炎疫情起伏反复、国际地区局势错综复杂、世界经济复苏乏力的背景下，洪森首相于2021年9月9日在线主持召开大湄公河次区域经济合作第七次领导人会议，中国国务院总理李克强、老挝总理潘坎、缅甸国家管理委员会主席敏昂莱、泰国总理巴育、越南政府总理范明正、亚洲开发银行行长浅川雅嗣出席。此次会议以"加强合作，应对新十年的挑战"为主题，回顾了2018年3月在河内举行的第六次领导人会议以来的合作情况，探讨了接下来十年的合作方向以及克服当前特别困难时期的解决方案。会议通过了《大湄公河次区域经济合作应对新冠肺炎疫情和经济复苏计划（2021—2023）》和《大湄公河次区域经济合作2030战略框架》。其中，各国领导人提出2030年实现大湄公河次区域一体化、繁荣、可持续和包容性发展的愿景。六国领导人一致认为，要珍惜次区域良好发展局面，坚持睦邻友好，照顾彼此重大关切，维护次区域国家共同利益，共建大湄公河次区域命运共同体；要弘扬多边主义，倡导开放包容，积极推动大湄公河次区域经济合作与共建"一带一路"、澜湄合作等机制协调发展，发挥各自优势，凝聚发展合力，推动建设更加融合、繁荣、可持续和包容的次区域。

中方在会上表示将继续在力所能及的范围内优先向湄公河国家提供疫苗及医疗物资援助，共同开展疫情监测、传统医药、传染病防控合作。六国将以互联互通、竞争力和共同体为支柱，在交通、能源、农业、旅游、气候、环境、城市发展、贸易便利化等领域广泛开展合作；共同建设"国际陆海贸易新通道"，深化农产品、中小企业、边境贸易、跨境电商合作，加快建设 5G、陆地光缆等信息基础设施建设，共同打造交通、物流、商贸、产业深度融合的经济走廊。①

### （二）积极参与澜湄合作框架内的多边会议和活动

柬埔寨大力支持"一带一路"建设，积极参与澜湄合作机制的一系列工作会议和活动，推动相关多边会议和活动。如澜沧江—湄公河合作（以下简称"澜湄合作"）第十次外交联合工作组会；澜湄合作第五次外长会，会议通过了《澜湄合作第五次外长会联合新闻公报》，正式通过《澜湄农业合作三年行动计划（2020—2022）》；2020年"澜湄周"水资源领域活动暨澜湄水资源合作成果宣传片发布仪式；澜湄水资源合作联合工作组视频会议；澜湄流域绿色经济发展带：生物多样性与可持续基础设施圆桌对话；澜湄合作第三次领导人会议，会议发表了《澜沧江—湄公河合作第三次领导人会议万象宣言》和《澜沧江—湄公河合作第三次领导人会议关于澜湄合作与"国际陆海贸易新通道"对接合作的共同主席声明》；澜湄水资源合作联合工作组2020年第二次视频会议；2020澜沧江—湄公河合作媒体云峰会；澜湄合作减贫联合工作组第四次会议；共同启动澜湄水资源合作信息共享平台网站；澜沧江—湄公河水上联合搜救桌面推演；澜湄"多国多园"合作交流对接会暨境内外园区互动发展推介会；澜湄合作第六次外长会；首次澜湄合作地方政府合作论坛；澜湄农业农资产品、产能、经贸、技术对接交流会；第二届澜湄水资源合作论坛；2021年"澜湄周"环境合作系列活动；澜湄民族地区社会创业与减贫合作国际会议；"澜湄书香"公益活动；等等。

2020~2021年，柬埔寨积极参与澜湄合作建设，并与国家发展战略、

---

① 《GMS第七次领导人会议达成诸多共识 六国将秉持合作初心继续拓宽合作领域》，〔柬〕《柬华日报》2021年9月9日。

"一带一路"倡议对接，在水资源、环境保护、基础设施、农业发展、可持续发展、区域合作、经贸合作、文化交流等多领域取得一定成效。柬方已连续三年成为获批澜湄合作专项基金项目数最多的成员国，包括2021年在内共有55个项目获批，总资金投入超过2000万美元，体现了柬方对澜湄合作的积极参与，表明中柬在澜湄框架下合作卓有成效。① 柬埔寨通过积极参与澜湄合作框架内的多边会议和活动，以及相关项目的顺利实施极大地提高了柬人民生活水平，加快了柬经济社会各项事业的发展速度。

### （三）加强柬老越"发展三角区"合作，提升区域经济一体化水平

在澜湄合作框架下，柬埔寨还与越南、老挝加强多边合作与交流，提升区域经济一体化水平。2020年7月，柬老越军队计划联合举行救灾演习，旨在做好准备及时性救灾，以及保护受自然灾害影响的灾民性命和财产。② 12月柬老越政府首脑共同出席柬老越发展三角区第11届峰会（CLV-11），三国领导人高度评价"发展三角区"于2010~2020年在经济社会方面取得的成就，同时高度评价联合协调委员会以及三国各部委、各行业为展开共同合作所付出的努力。三国领导人强调建设和平、稳定、可持续发展和繁荣的"发展三角区"的重要性，同时与东盟其他成员国密切配合，成功实现2025年东盟共同体愿景，并重申了合作保护环境和可持续利用、管理水资源和森林资源的合作政策。③

2021年3月，柬老越以视频方式举行会谈，就促进三国关系向前发展和面向繁荣发展目标交换意见。对于三国合作关系，三国领导人一致同意继续用好现有的有效合作机制，加大边境省份的合作交流力度，大力开展关于边境管理的合作协议，加强合作确保共同边界线的安全，力促至2030年越

---

① 《中国通过澜湄合作专项基金再向柬埔寨提供720万美元》，〔柬〕《高棉日报》2020年6月23日。
② 《柬埔寨、老挝和越南计划近期内联合举行救灾演习》，Fresh News，2020年7月15日，http://cn.freshnewsasia.com/index.php/en/14561-2020-07-15-12-19-30.html。
③ 《洪森首相出席柬老越发展三角区第11届峰会》，〔柬〕《柬华日报》2020年12月10日。

老柬三国经济对接计划展开。对于三国共同关心的地区问题，三国领导人希望缅甸局势早日恢复稳定，通过和平方式解决分歧，并一致同意加强在利用与管理湄公河水资源方面的合作以及加大在绿色能源和可再生能源领域的合作力度。①

2021年4月，柬老越三国青年友好交流会在越南坚江省举行；同期，柬老越三国文化交流活动在胡志明市举行；8月，柬老越三国合作提升印度支那国家审计地位并举行柬老越三国国家审计署第九次会议；9月，柬埔寨国会的外交、国际合作与新闻宣传委员会主办了主题为"促进国会可持续发展伙伴关系和应对柬老越发展三角地区疫情"的第八届柬老越国会外交事务委员会会议。以上活动促进了三国的文化交流，增进了三国人民的友谊。

## 五 未来展望

2020~2021年，柬埔寨国内政治形势牢牢掌握在执政党人民党手中，局势保持稳定。在经济方面，宏观经济增长因疫情而骤降，也因政府出台应对疫情的相应经济措施而缓升。对外经济保持增长势头，还签订了RCEP、中柬和韩柬三大贸易协定，经济形势发展乐观。柬埔寨一直重视对外关系发展，积极拓展外交领域，与周边国家和大国的合作与交流不断迈上新台阶，并且积极参与国际地区事务，接任2022年东盟轮值主席国。柬埔寨还重视澜湄合作，积极主动参与其中，推动区域内双多边关系发展，深化区域内双多边合作，加强双多边关系交流与沟通，推动区域一体化建设，实现互利共赢发展。2022年，东盟轮值主席国从文莱移交至柬埔寨，这是柬埔寨第三次担任东盟轮值主席国，得到了多个国家和国际组织的支持。洪森表示，在柬埔寨2022年担任东盟轮值主席国期间，重点关注三项优先任务：一是在政治和安全支柱方面，促进东盟韧性和弹性，以应对日益加剧的地缘政治竞

---

① 《越老柬三国首次举行视频会谈》，越通社，2021年3月11日。

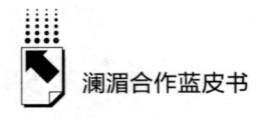

争、跨国犯罪、恐怖主义、气候变化和流行病的压力和影响,确保和平、安全和繁荣;二是在经济支柱方面,保障所有商定的倡议和措施的有效实施,并充分利用自由贸易协定;三是在社会文化支柱方面,促进人力资源开发以满足区域建设的实际需求,并促进妇女和青年参与维护和建设和平及发展环境友好的社会保护体系。① 在担任东盟轮值主席国期间,柬埔寨无疑将继续按照东盟核心精神,加快推进东盟共同体建设,加强东盟区域协调机制和与外部伙伴的联系,努力促进区域以及自身国家的经济复苏。

---

① 《柬埔寨接任东盟轮值主席国 洪森承诺促进区域经济复苏》,〔柬〕《高棉日报》2021年10月28日。

# B.9 2020～2021年老挝形势及对澜沧江-湄公河合作的参与

方芸 何秀云*

**摘　要：** 2020～2021年，在老挝人民革命党的领导下，老挝实现党和政府的新老更替，采取积极抗疫防疫措施，实现政治稳定和社会安宁；经济受疫情影响，发展速度明显放缓，失业率上升，政府采取积极措施予以应对，总体经济运行稳定；老挝党和政府克服疫情物理障碍，保持正常外交工作和联系，拓展外交空间，在巩固双边关系的同时积极参与区域合作，落实和推进"陆锁国"转变为"陆联国"的发展战略。

**关键词：** 老挝　政治　经济　澜湄合作

2020～2021年，老挝人民革命党面对政治交接、防疫抗疫和经济下行的重大考验，保持定力、积极作为，实现了社会政治稳定和经济平稳。人民革命党"十一大"顺利召开，党的领导集体顺利换届，第九届国会和新一届政府顺利产生，政治形势保持稳定。面对新冠肺炎疫情持续和蔓延，老挝政府采取果断措施，有效控制疫情扩散。面对新冠肺炎疫情对经济造成的下行压力，政府努力改善营商环境予以应对，调整经济增长目标，维持经济平稳运行。在外交方面，老挝政府主动巩固双边关系，

---

\* 方芸，云南大学国际关系研究院/周边外交研究中心研究员；何秀云，云南大学国际关系研究院2020级硕士研究生。

同时积极参与多边和区域、次区域合作，坚守国际承诺，维护良好的国际形象，提高国际声誉。

## 一 "十一大"顺利召开，政治形势稳定

2020~2021年，老挝人民革命党、国会、政府经历了新老更替和换届选举，顺利完成各级领导更替和换届，迎来新一届的党政领导集体，开启未来五年的发展征程。

### （一）人民革命党"十一大"顺利召开

为迎接老挝人民革命党"十一大"召开，自2020年初起，老挝全国各级地方党组织着手部署，自下而上地举行党代表大会，逐步完成地方换届工作。老挝县级党代表大会和领导干部的换届工作于5~6月进行，而省级党代表大会和领导干部换届工作于9~10月圆满落幕完成。① 截至2020年12月，老挝全国148个县、17个省和万象直辖市及其他部委都已经举行党代会并完成换届工作。②

2021年1月13~15日，老挝人民革命党第十一次全国代表大会于在首都万象市隆重召开，大会回顾了"十大"以来的国内外形势，总结了"十大"以来各领域取得的主要成就，提出了继续坚持革新开放路线不动摇的方针，审议并通过了党章修正案，提出了新时期完善人民民主制度的基本理念，明确未来五年，即"九五"规划的"六大奋斗目标"，提出需重点解决的"七大问题"。在"十一大"精神指引下，老挝人民革命党将继续加强党的建设，坚持社会主义方向，团结奋进，积极探索符合本国国情的发展道路。

大会选举产生新一届领导班子，新老领导班子顺利交接。第十一届中央委员会由71名中央委员和10名中央候补委员组成。其中，中央政治局委员

---

① 卫彦雄：《老挝：2020年回顾与2021年展望》，《东南亚纵横》2021年第1期。
② 卫彦雄：《老挝：2020年回顾与2021年展望》，《东南亚纵横》2021年第1期。

共13人，中央书记处成员9人，通伦·西苏里当选老挝第十一届中央委员会总书记。① 总体而言，老挝第十一届中央委员会年龄结构、学历结构、性别和民族结构都比较合理，有利于老挝人民革命党党建工作有力推进，可促进老挝全国各族人民大团结。② 修订后的新党章强调老挝人民革命党肩负的历史使命和任务，即继续坚持实施革新路线，带领全国各族人民建设和完善人民民主制度。③ 老挝新修订的党章为贯彻落实这一路线提供了政治上、思想上、组织上和行动上的保障。

### （二）第九届国会选举有序进行

老挝国会原称最高人民议会，是国家最高的权力机构和立法机构，负责制定国家宪法和起草各项法律，有权决定国家的各项基本事务，监督各政府机关活动，每届国会任期五年。④

2021年2月21日，老挝举行第九届国会议员和第二届省人民议会议员选举，全国选民共计4279243名，其中女性选民共计2128167名。全国设置了7217个投票站，并为不便前往投票站的选民设置移动投票服务，还设有40个海外投票站供在国外的选民投票。本次选举将从224名候选人中选出164名第九届国会议员，从另外789名候选人中选出492名第二届省人民议会议员。⑤

3月22~26日，老挝第九届国会第一次会议在万象举行，赛宋蓬·丰威汉当选老挝第九届国会主席。会议选举老挝人民革命党中央委员会总书记通

---

① 〔老〕《老挝人民革命党第十一次全国代表大会成果》，老挝巴特寮通讯社，2021年1月15日，http://kpl.gov.la/detail.aspx?id=57299。
② 方文、方素清：《从老挝人民革命党十一大看老挝革新趋势》，《当代世界社会主义问题》2021年第1期。
③ 方文、方素清：《从老挝人民革命党十一大看老挝革新趋势》，《当代世界社会主义问题》2021年第1期。
④ 〔老〕《2015年老挝宪法》，老挝国会，2015年12月8日，https://na.gov.la/wp-content/uploads/2021/10/Constitution-lao-2015.pdf。
⑤ 〔老〕《老挝选民投票选举第九届国会议员和第二届省人民议会议员》，老挝巴特寮通讯社，2021年2月21日，http://kpl.gov.la/detail.aspx?id=57925。

伦·西苏里为国家主席，巴妮·雅陶都、本通·吉玛尼担任副主席；会议选举产生了老挝新一届政府领导人和内阁成员，人民革命党中央政治局委员潘坎·维帕万当选为政府总理，占沙蒙·占雅拉担任老挝副总理兼国防部部长，宋赛·西潘敦担任老挝副总理兼计划与投资部部长，吉乔·凯坎皮吞担任老挝副总理，赛宋蓬·丰威汉担任老挝国会主席，顺通·赛娅扎、乍伦·叶宝贺、坎拜·丹拉、宋玛·奔舍那、素翁·棱奔米担任老挝国会副主席。① 新当选的国家主席通伦·西苏里表示，全党必须以老挝人民革命党"十一大"精神为指导，弘扬老挝人民革命党团结创新的优良传统，团结带领全国各族人民，继续贯彻执行党制定的各项方针政策，高度重视经济社会问题，大力推进老挝经济社会各领域深刻变革和发展。②

老挝第九届国会第二次会议于 2021 年 11 月 1~17 日召开。③ 本次会议审议并通过了多项报告和发展规划，包括《2021 年社会经济发展计划的执行情况和 2022 年工作计划的报告》、《2021 年财政预算、货币政策的执行情况和 2022 年预算草案的报告》和老挝国家审计署、检察署、最高人民法院、最高人民检察院以及国会工作情况的相关报告和规划等，审议和通过《陆地交通工具法》《国家边界法》《高科技法》《测绘法》四项法律草案，并修订《政府法》《国家预算法》《立法法》等七项法律。④

### （三）新一届政府履职

2021 年 4 月 8~9 日，第九届政府第一次会议在万象举行。会议议程包括宣布关于总理和副总理权责分配的总理决定、讨论起草 2021~2025 年第

---

① 〔老〕《老挝国会选举产生第九届政府领导班子》，老挝巴特寮通讯社，2021 年 3 月 22 日，http：//kpl. gov. la/video. aspx？id=1973。
② 〔老〕《老挝第九届国会第一次会议选举通伦·西苏里为国家主席》，老挝巴特寮通讯社，2021 年 3 月 22 日，http：//kpl. gov. la/video. aspx？id=1971。
③ 〔老〕《第九届国会第二次会议审议通过社会经济发展规划和政府财政预算等报告》，老挝巴特寮通讯社，2021 年 11 月 2 日，http：//kpl. gov. la/detail. aspx？id=62895。
④ 〔老〕《老挝第九届国会第二次会议圆满落幕》，老挝巴特寮通讯社，2021 年 11 月 17 日，http：//kpl. gov. la/detail. aspx？id=63203。

九届政府的工作计划、起草关于第九届政府工作机制和规章制度的决定、起草关于解决经济金融方面困难的议案、起草关于2021~2025年国家禁毒工作的议案等。老挝人民革命党总书记、国家主席通伦·西苏里到会并做出重要指示。总理潘坎·维帕万在会议期间呼吁各位副总理和政府成员共同努力，集中精力，发挥智慧，创造性地发表意见，确保根据法律探究探讨会议的议题和问题，以便达成奋斗目标，不辜负全国各族人民的期望，让第九届政府树立"为人民讲真话、干实事、勤奋努力、节约、忍耐"的形象。

### （四）坚定反贪反腐

2021年3月25日，国家监察委主席康潘·蓬玛塔向第九届国会代表大会提交的报告显示，2016~2020年，国家监察机构先后立案4000余个，其中贪腐金额高达56891.2亿基普、3177万美元、3889万泰铢，轿车5辆，参与贪污腐败人员762人，其中，国家公务员310人，国企人员338人，企业人员103人，一般群众11人。国家可追回资产10644亿基普、290万美元、1110万泰铢，轿车4辆。[①] 老挝总理潘坎·维帕万说："我们必须敢于接受真相，方可妥当解决问题。如果不接受真相，那将仅仅是粉饰太平的报告。"这表明了老挝党和政府反腐的决心和信心。

## 二 积极防疫抗疫，维护社会稳定

2020~2021年，面对新冠肺炎疫情的出现、持续和蔓延，老挝政府高度重视，积极作为，有效防疫抗疫，实现疫情的可控化和影响最小化。

### （一）疫情传播和防控

2020年初，老挝周边国家开始出现新冠肺炎疫情确诊病例，老挝政府

---

① 〔老〕《过去五年（2016-2020）国家监察机构先后监察4000余个目标》，老挝巴特寮通讯社，2021年3月25日，http：//kpl.gov.la/video.aspx？id=1982。

及时应对，第一时间采取措施，关闭老挝境内26个国际口岸。老挝政府于1月27日举行总理、副总理及各部部长特别会议，讨论和制定疫情防控措施，包括设立疫情防控专门委员会，由时任副总理兼财政部部长的宋迪·隆迪担任专门委员会主任。同时，老挝政府决定设立疫情防控专项资金，用于疫情防控工作各项开支。为确保获取全球新冠肺炎疫情发展情况，及时与国际社会交换信息并争取抗疫援助，老挝政府授权外交部积极主动与世卫组织及全球各国保持密切联系。① 2020年全年，从防控疫情传播到防控疫情蔓延，老挝先后10次发布相关通知和政府令，有效控制疫情，逐步进行复工复产，政府和省级议会换届得以顺利开展。

2021年，老挝疫情形势整体较为严峻，多次出现疫情反弹。截至2021年12月28日，老挝累计确诊病例为107740例，累计死亡病例为342例，疫情高发阶段连续多天单日新增确诊病例超过1000例。② 政府采取严格防控措施，包括限制出行、居家办公、停止上课等，控制疫情扩散。

（二）疫情影响和政府的应对

新冠肺炎疫情的蔓延对老挝经济社会产生严重影响，主要表现为经济发展放缓、贫困问题加剧和失业率上升。

一是在社会经济方面。2020~2021年，老挝国内生产总值增速持续下滑，2020年为3.3%，2021年为2.8%。在2021年度全国财政工作总结会议暨2022年度规划会议上，财政部部长本忠·乌本巴瑟指出，新冠肺炎疫情严重影响了国家社会经济发展，最主要的问题在于保证执行疫情防控措施的同时，着力解决包括汇率变动、通货膨胀、债务状况、财政赤字、就业岗位创造、推动国内生产以及新冠肺炎疫情防疫措施的执行等问题。③

---

① 卫彦雄：《老挝：2020年回顾与2021年展望》，《东南亚纵横》2021年第1期。
② 〔老〕《老挝12月28日新增确诊病例962例，死亡病例14例》，老挝巴特寮通讯社，2021年12月28日，http://kpl.gov.la/detail.aspx?id=64112。
③ 〔老〕《老挝计划投资工作总结》，老挝人民报网，2021年12月13日，http://www.pasaxon.org.la/pasaxon-detail.php?p_id=75760&act=politic-detail。

二是在贫困问题方面。老挝是世界上最不发达的国家之一,贫困问题长期以来是老挝政府工作的重中之重。疫情出现以来,老挝各地停工停产,经济发展下行,贫困问题不断加剧。针对这一问题,老挝劳动与社会福利部于2021年6月30日下拨62500万基普专项救济资金,用于解决由于疫情带来的万象市贫困人口问题,首批专项救济资金名单共涉及万象市9县2250人。①

三是在失业率方面。据KPL报道,受疫情影响,老挝共有49.6万名失业人员,其中本地员工439082人,海外归国务工人员56918人。2020~2021年9月,有224118名老挝工人分别居住在泰国、马来西亚、韩国、日本等国家,其中215671人先后返回老挝。② 一些工人返乡务农,其他人则需要寻找新的工作。老挝劳动和社会福利部部长拜康·卡迪娅在国会上作的报告显示,2021年老挝失业率上升了21.8%。③ 新冠肺炎疫情的出现使国内企业和工厂减产、暂停甚至关闭,大量人员失业,老挝政府努力找到解决方案并提供援助,包括协调就业中心和私营部门。

## 三 经济增速放缓,总体运行平稳

受新冠肺炎疫情影响,2020~2021年老挝国内生产总值增速下降,2020年GDP同比增长3.3%,约197亿美元,人均2664美元,旅游业受到重创。④ 2021年是老挝第九个社会经济发展五年计划(2021~2025年)首年,GDP同比增长2.8%,尽管并未达到政府预期目标,但老挝宏观经济总体运行较为平稳。

---

① 〔老〕《政府为受疫情影响的贫困人口下拨疫情专项救济资金》,老挝巴特寮通讯社,2021年7月1日,http://kpl.gov.la/detail.aspx?id=60445。
② 〔老〕《疫情期间老挝失业人口超40万》,老挝巴特寮通讯社,2021年11月5日,http://kpl.gov.la/detail.aspx?id=62976。
③ 〔老〕《疫情期间老挝失业人口超40万》,老挝巴特寮通讯社,2021年11月5日,http://kpl.gov.la/detail.aspx?id=62976。
④ "Annual Economic Report 2020", Bank of Lao PDR, April 29, 2021, http://www.acledabank.com.la/la/assets/pdf_zip/ACLEDA_AnnRept2020.pdf.

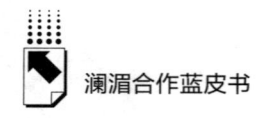

## （一）宏观经济持续放缓

2020年是老挝第八个社会经济发展计划（2016~2020年）的收官之年，GDP同比增长3.3%。受新冠肺炎疫情的影响，加之下半年南部省份遭受洪涝灾害，全年经济生产受到重创。2020年底和2021年第一季度老挝经济复苏态势明显，但在2021年第二季度，由于失业率暴增、家庭收入及企业利润下降，加之第二轮新冠肺炎疫情出现，老挝经济持续下行。世界银行2021年4~5月随机对2000个老挝家庭进行调查，51%的受访家庭表示处于失业或不得不停止工作的状态，而2021年2~3月该占比仅为17%。在服务行业，超过半数从事批发或零售贸易的人员不得不停止工作或者换工作。截至2021年5月，5.5%的企业倒闭，33%的企业暂时关闭，而继续营业的企业中有65%的企业利润水平较封城前显著减少，43%的家庭收入水平显著下降，受访者普遍担心社区内食品供应不足。①

外汇方面，截至2021年5月，老挝外汇储备约为12亿美元。7月初，老挝汇率开始贬值，基普兑美元同比贬值12.6%，基普兑泰铢同比贬值8.2%。外汇市场方面，官方汇率与平行市场兑换点汇率报价差距仍然较大，7月初扩大至17%。2021年整体通胀率由于食品、油价及核心通胀率上升而进一步提高，总体通胀率从1月的同比增长2%升至6月的同比增长4%左右。②

## （二）产业发展

2020年老挝工业增长率为6.8%，农业增长率为2.3%，服务业增长率为1.6%。③ 老挝2019年接待游客479万人次，游客数量较2018年增长

---

① 《老挝第二季度经济持续下行》，中国商务部网站，2021年9月8日，http://la.mofcom.gov.cn/article/jmxw/202109/20210903196176.shtml。
② 《世界银行发布新一期老挝经济监测报告》，中国商务部网站，2021年9月9日，http://la.mofcom.gov.cn/article/jmxw/202109/20210903196178.shtml。
③ 《老挝国家概况》，中国外交部网站，https://www.mfa.gov.cn/web/gjhdq_676201/gj_676203/yz_676205/1206_676644/1206x0_676646/。

7%。① 2019年是中国老挝旅游年，全年中国赴老游客为100万人次，同比增长25%。但在新冠肺炎疫情影响下，2020年共接待游客约为98万人次，同比减少约80%。② 疫情形势下，老挝经济有所下滑，而电力和矿产行业成为老挝新的经济增长点。2020年，老挝电力生产达402.19亿千瓦时，同比增长20.5%，总产值达18.77亿美元；矿产资源行业的总产值达8.93亿美元。③

## 四 扩展外交，务实合作

2020~2021年，老挝政府坚持和平、独立、友好、合作共赢的外交原则，克服新冠肺炎疫情的物理障碍，积极参与国际事务，不断扩展外交关系，继续与世界主要国家、地区和国际组织保持密切联系，继续维持双边和多边关系，主动参与地区和国际事务，致力于实现国家"陆锁国"变"陆联国"战略。2021年，老挝与多米尼加、巴拿马、乌干达三国建交，与老挝正式建交的国家总数达149个，老挝在全球范围内设立了40多个使领馆。

### （一）与中国的关系

#### 1. 高层保持密切联系

2020年新冠肺炎疫情出现以来，中老两国高层以实地到访、互通电话、视频会晤等多种方式紧密联系和沟通，及时就双边关系重大问题和国际地区形势加强战略沟通。

2020年1月6日，习近平会见到访的老挝总理通伦。习近平总书记指出，2021年是中老建交60周年，也是中老两国关系承前启后的关键阶段，

---

① 《澜湄合作蓝皮书：澜沧江-湄公河合作发展报告（2020）》，社会科学文献出版社，2021，第145页。
② 《老挝国家概况》，中国外交部网站，https：//www.mfa.gov.cn/web/gjhdq_676201/gj_676203/yz_676205/1206_676644/1206x0_676646/。
③ 〔老〕《老挝2020年经济发展报告和2021年发展趋势》，老挝国家数据中心，https：//laosis.lsb.gov.la/board/BoardList.do? bbs_bbsid=B404。

中方愿同老方一道，推动中老命运共同体建设和两国发展战略对接，① 推动中老全面战略合作伙伴关系再上新台阶。通伦表示，老挝将学习和借鉴中国经验，坚定沿着社会主义道路走下去的决心，老挝正认真逐项落实习近平主席和本扬总书记达成的老中命运共同体行动计划。② 2020年4月3日，中共中央总书记、国家主席习近平应约同老挝人民革命党中央总书记、国家主席本扬通电话。③

2021年，老挝党和国家领导人新老更替、顺利交接，中老两党两国领导人继续保持密切沟通的传统，开展全方位、多层次、机制性对话交流，共同巩固和发展双边关系。2021年是中老建交60周年。2021年1月21日，中共中央总书记、国家主席习近平同老挝人民革命党中央总书记通伦互通电话，④ 共同宣布正式启动中老友好年。4月25日，习近平同通伦就中老建交60周年互致贺电，习近平在贺电中指出中老60年的交往"树立了国家间交往的典范，为推动构建人类命运共同体作出了积极贡献"，通伦在贺电中表示，老方愿同中方继续发展全面战略合作伙伴关系，扩大两国友好交往，加强各领域合作，共同推动老中命运共同体建设。⑤ 12月3日，中老铁路正式通车，两国领导人以视频连线方式共同出席通车仪式。

### 2. 经贸合作不断深化

中老经贸关系发展顺利。2020年，中老双边贸易额为35.5亿美元，同比减少9.2%，其中中国出口额为14.9亿美元，同比减少15.2%，进口额为20.6亿美元，同比减少4.3%。2021年，中老双边贸易额达到43.5亿美元，同比增长22.5%，其中老挝进口额为16.7亿美元，同比增长

---

① 《外交小灵通》，《世界知识》2020年第2期。
② 《习近平会见老挝总理通伦》，中国外交部网站，2020年1月6日，https：//www.fmprc.gov.cn/zyxw/202001/t20200106_347760.shtml。
③ 《习近平同老挝人民革命党中央总书记、国家主席本扬通电话》，中国外交部网站，2020年4月3日，https：//www.fmprc.gov.cn/zyxw/202004/t20200403_348106.shtml。
④ 《习近平同老挝人民革命党中央总书记通伦通电话》，新华网，2021年1月21日，http：//www.xinhuanet.com/world/2021-01/21/c_1127010666.htm。
⑤ 《习近平就中老建交60周年同老挝党中央总书记、国家主席通伦互致贺电》，中国政府网，2021年4月25日，http：//www.gov.cn/xinwen/2021-04/25/content_5602068.htm。

12.1%，出口额为 26.8 亿美元，同比增长 30.1%。① 中国已成为老挝最大出口目的地。

2020 年 1~12 月，中国企业对老全行业直接投资 12.4 亿美元，同比增长 8.9%。中国在对老挝投资的 53 个国家中居首位。1989~2021 年，中国企业在老挝投资项目共计 821 个，价值 160.7 亿美元，其中，2021 年共有 20 个投资项目总额超过 10 亿美元，对促进老挝经济社会发展、提高当地民众就业水平起到了重要作用。② 2021 年 8 月，中国驻老挝大使馆与老挝计划投资部在万象共同举办第五届老挝政府与中资企业对话会，就金融、交通基础设施、开发区建设、电力矿产、加工制造、农业合作等领域展开沟通交流。③

**3. 电力合作不断升级**

电力行业对老挝经济发展和民生改善发挥支撑作用，连续多年对国内生产总值贡献率超过 10%，在出口额中约占 30%。特别是近年来随着老挝工业化、现代化进程提速，电站建设突飞猛进，仅水电站就已建成 78 座，总装机容量接近 1 万兆瓦、年均发电 522 亿千瓦时。④ 中老双方高度重视电力合作。2020 年 9 月 1 日，中国南方电网和老挝国家电力公司签署老挝国家输电网公司（EDL-T）股东协议，旨在加快建设覆盖老挝全国的一体化骨干电网，为 EDL 提供安全稳定的输电设备和网络，同时加强与澜湄国家电力互联互通对接，助力老挝运用好资源优势，并将其转化为经济产出，实现打造"东南亚蓄电池"的战略目标，在可持续发展中纾解老挝电

---

① 〔老〕《2021 年中老双边贸易额达 43.5 亿美元，同比增长 21.4%》，老挝巴特寮通讯社，2022 年 2 月 14 日，http://kpl.gov.la/detail.aspx?id=65064。
② 《老中合作委员会召开会议总结 2021 年中老双边经贸合作》，中国商务部网站，2022 年 2 月 22 日，http://la.mofcom.gov.cn/article/jmxw/202202/20220203281634.shtml。
③ 《中老共同举办老挝政府与中资企业对话会》，澎湃新闻，2021 年 8 月 15 日，https://www.thepaper.cn/newsdetail_forward_14054268。
④ 《中老电力合作促进老挝发展、助力地区联通》，中国驻老挝大使馆网站，2020 年 9 月 2 日，http://la.china-embassy.org/xwdt/202009/t20200902_1545238.htm。

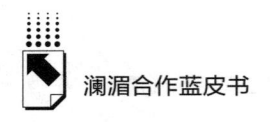

力行业面临的实际困难,并努力把 EDL-T 打造成中老电力合作的典范项目。[1]

**4. 减贫合作不断加强**

老挝高度重视减贫问题,继续加强与中国的减贫合作。中国在老挝实施的东亚减贫示范合作技术援助项目村——版索村自 2017 年接受援助以来,村内基础设施、农业技术培训和教育援助顺利推进,产生了良好的社会效益和经济效益,受到当地政府和群众的认可。2020 年 9 月 15 日,老挝工贸部部长兼老中合作委员会主席开玛妮·奔舍那对中国援老挝减贫示范合作项目的组织实施给予充分的肯定,表示中老双方可认真提炼和总结好的经验,使项目积极发挥示范性、可复制性,得到有效推广。[2]

**5. 守望相助,共同抗疫**

自新冠肺炎疫情出现以来,中老两国守望相助,共同抗疫。中国秉持中老命运共同体精神和理念,第一时间援助老挝新冠疫苗和抗疫物资,包括病毒检测试剂、呼吸机、重症监护仪等一批老挝急需的抗疫物资。截至 2022 年 1 月,中国已向老挝提供疫苗援助 8 批次,共计 890 万剂新冠疫苗。[3] 同时,中国向老挝派遣了医疗队。根据老方需求,医疗队成员包括骨科、心脏内科、妇产科和神经内科等领域专家,助力老挝人民军打赢疫情阻击战。[4] 至 2021 年 12 月,中国援老医疗队派遣共计 6 批次。老挝同中方共建边境隔离点、强化联防联控,并为在老中国公民接种疫苗做出专门安排。

老挝对中国的医疗援助给予高度肯定,2021 年 11 月 16 日,中国人民解放军援老挝医疗专家组荣获老挝人民军三级英勇勋章和友谊勋章。老挝总

---

[1] 《中老电力合作促进老挝发展、助力地区联通》,中国驻老挝大使馆网站,2020 年 9 月 2 日,http://la.china-embassy.org/xwdt/202009/t20200902_1545238.htm。
[2] 《老挝官员积极评价中国援老挝减贫示范合作项目》,"国际在线"百家号,2020 年 9 月 16 日,https://baijiahao.baidu.com/s?id=1677982300711370549&wfr=spider&for=pc。
[3] 《援老挝第八批新冠疫苗在万象举行交接仪式》,中国商务部网站,2022 年 1 月 26 日,http://la.mofcom.gov.cn/article/jmxw/202201/20220103239576.shtml。
[4] 《中国军队第六批援老挝医疗队抵达万象》,中国国防部网站,2021 年 11 月 26 日,http://www.mod.gov.cn/action/2021-11/26/content_4899811.htm。

理潘坎表示，自老挝出现新冠肺炎疫情以来，中方向老方援助疫苗共计890万剂，充分体现了中老两党和两国人民的深情厚谊以及中方对柬方的宝贵支持。① 得益于中国疫苗援助，老挝才能提前完成2021年新冠疫苗50%人口的接种任务，并有信心实现2022年80%的人口接种目标。②

### （二）老挝与湄公河流域四国关系

#### 1. 老挝与越南关系

老挝和越南同为中南半岛社会主义国家，长久以来保持着老越特殊友好关系。2020年，老越双方在双边合作机制框架下持续密切各层级交流互访。在新冠肺炎疫情反复的背景下，双方仍以视频连线方式多次举行交流活动，积极落实双方各项合作项目。此外，老越双方不断密切高层互访。时任老挝总理的通伦·西苏里于2020年1月、7月和12月先后三次率团对越南进行正式访问，并于12月与越南政府总理阮春福共同主持第43次老越联合委员会会议。③ 新任老挝党中央总书记、国家主席通伦·西苏里于2021年6月对越南进行国事访问。2021年8月9～10日，越南国家主席阮春福对老挝进行为期两天的国事访问，其间两国领导人重申优先加强两国之间的伟大友谊、特别团结和全面合作，充分肯定了双边在政治、安全、对外事务、经济贸易、投资、科技、教育和社会文化领域的合作成就；两国领导人一致同意敦促两国有关部委和机构加强基础设施一体化、旅游、能源、清洁农业等项目的合作。访问期间双方签署了14项合作文件，同意举办庆祝2022年老越两国建交60周年、《老越友好合作条约》签署45周年等一系列纪念活动。④

---

① 肖新新：《携手抗击疫情 共筑免疫屏障》，《人民日报》2022年2月14日，第3版。
② 《老挝总理表示将加强中老新冠疫情联防联控合作》，中国驻老挝大使馆网站，2022年1月26日，http：//la.china-embassy.org/dssghd/202201/t20220126_10634178.htm。
③ 〔老〕《老挝总理对越南进行正式访问》，老挝巴特寮通讯社，2020年12月7日，http：//kpl.gov.la/detail.aspx?id=63653。
④ 〔老〕《老越两党会晤并制定未来合作方针》，老挝巴特寮通讯社，2021年8月10日，http：//kpl.gov.la/detail.aspx?id=61299。

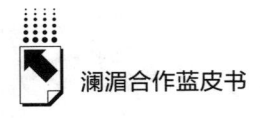

老越双边经贸合作不断深化。据老越合作委员会的统计数据，2011～2020年，老越两国贸易额超过100亿美元。越南对老挝投资项目达414个，投资额达42.2亿美元。越南在对老挝投资的53国中位列第三，仅次于中国和泰国。①

老越互联互通合作不断深入。2021年10月4日，老挝政府公布连接万象和河内的高速公路的两条路线方案。第一条路线将穿过万象市—巴神—万通—清水县—河内，6条车道，全程707公里，预计成本约为45.0亿美元。第二条路线将沿途经过万象市—赛颂本—川圹—华潘—河内，6条车道，全程730公里，预计成本约为92.7亿美元。②

2. 老挝与泰国关系

老挝和泰国一直保持睦邻友好关系，两国不断加强经贸合作，巩固双边关系。2020年，老挝工贸部和泰国商业部共同举办投资贸易交流会，以促进两国经贸往来，加强贸易投资、基础设施和教育合作。③ 2021年，是老挝与泰国建立正式外交关系70周年。2021年4月8日，老挝总理潘坎和泰国总理巴育互通电话，密切双边联系，巩固两国关系，潘坎感谢泰国政府在教育和体育、农业和卫生等优先领域，通过提供长期和短期奖学金特别支持老挝的人力资源开发；感谢泰国对老挝抗击新冠肺炎疫情的支持和对在泰老挝工人的帮助，希望泰国继续为老挝工人提供工作机会。④ 11月2~5日，老挝外交部部长沙伦赛受泰国外交部部长邀请对泰国进行正式访问和参加第二十二次老泰合作会议。会议就泰老双边关心的议题进行讨论，包括加强双边禁毒合作、经济复苏、新冠肺炎疫情防疫问题、边境治安、互联互通机制讨论，加强边境贸易和数字经济合作，加强生态经济、循环经济、绿色

---

① 卫彦雄：《老挝：2020年回顾与2021年展望》，《东南亚纵横》2021年第1期。
② 《45亿美元！老挝万象—河内高速公路项目选线两方案出炉》，"老挝资讯情报"微信公众号，2021年10月5日，https：//mp.weixin.qq.com/s/6OAA7urXBqouIQzGxbpIeQ。
③ 〔老〕《老挝-泰国举办投资贸易交流会》，老挝巴特寮通讯社，2020年3月16日，http：//kpl.gov.la/detail.aspx?id=51072。
④ 〔老〕《老挝总理和泰国总理举行电话会谈》，老挝巴特寮通讯社，2021年4月9日，http：//kpl.gov.la/detail.aspx?id=58810。

经济合作,加强卫生合作,在老挝第9个五年社会经济发展计划(2021~2025年)和泰国第13个社会经济发展计划(2021~2025年)框架下加强人力资源合作等。会议期间,两国举行建交70周年庆祝活动,双方表示未来将会继续提高两国合作水平,努力将老泰建设为"共同繁荣和长期发展的命运共同体"。①

**3. 老挝与柬埔寨关系**

2020~2021年,老挝和柬埔寨深化两国全面战略合作关系,克服世界和地区局势复杂化、新冠肺炎疫情的影响,继续加强和深化双边关系和合作。时任老挝人民革命党中央总书记、国家主席的本扬·沃拉吉于2020年2月9日率团对柬埔寨进行国事访问。老柬双方领导人重申将双边关系提升为全面战略合作关系的重要性,双方同意派遣有关机构就深化两国政经关系、社会人文、军事国防和疾病预防等领域合作进行交流。② 3月5日,通伦总理在老挝首都万象接见柬埔寨内政部部长及副部长,推动两国合作关系进一步发展。③

老挝和柬埔寨继续加强边境安全合作,双方在万象签署2020年合作备忘录,同意继续就打击毒品和人口贩运等边境问题开展合作,维护两国边境地区安全与秩序,打击非法越境行为,为两国人民合法出入境提供便利,并就合作培训安全部队达成一致协议。④ 双方还表示将采取坚决措施,预防和遏制与毒品有关的犯罪。

2021年11月29~30日,老挝总理潘坎·维帕万对柬埔寨进行国事访问,讨论双边关系与合作。双方同意敦促两国具体部门在现有机制下举行双

---

① 〔老〕《老挝外交部部长出席老泰双边会议》,老挝巴特寮通讯社,2021年11月6日,http://kpl.gov.la/detail.aspx? id=63000。
② 〔老〕《老挝国家主席对柬埔寨进行国事访问》,老挝巴特寮通讯社,2020年2月10日,http://kpl.gov.la/detail.aspx? id=50533。
③ 〔老〕《老挝总理接见柬埔寨高层代表团》,老挝巴特寮通讯社,2020年3月11日,http://kpl.gov.la/detail.aspx? id=51011。
④ 〔老〕《老挝-柬埔寨加强边境安全合作》,老挝巴特寮通讯社,2020年3月16日,http://kpl.gov.la/detail.aspx? id=51061。

边会议，特别是敦促双边合作联合委员会和联合边界委员会贯彻落实两国领导人签署的相关协议。柬埔寨首相洪森代表柬埔寨政府捐助300万美元，柬埔寨商业界人士捐资1000万美元，共计1300万美元援助老挝抗击新冠肺炎疫情。① 在柬埔寨开放期间老挝总理对柬埔寨进行正式访问，无疑有助于巩固两国之间的传统友谊和全面战略伙伴关系。

4. 老挝与缅甸关系

老挝与缅甸保持良好互动，两国友谊和双边合作不断加强。2020年3月4~7日，缅甸国际合作部部长吴觉丁应老挝外交部部长沙伦赛邀请访问老挝，出席老挝-缅甸双边合作联合委员会第12次会议，探讨通过双边和多边框架加强旅游合作，签署《老缅关于加强旅游合作协议》，发展双边旅游合作，促进老挝和缅甸人民的友好往来。② 显然，新冠肺炎疫情的出现阻碍了双边这一合作的顺利开展。

### （三）老挝与区域外大国关系

1. 老挝与美国关系

老挝与美国是全面合作伙伴关系，双方不断加强抗疫合作。2020~2021年，向老挝提供抗疫物资是美国保持与老挝正常关系的主要方式之一。2020年，美国向老挝提供医疗设备、阿斯利康/牛津疫苗和辉瑞生物技术疫苗。2021年7月，美国通过新冠疫苗全球供给计划向老挝捐赠100万剂强生新冠疫苗。老挝国家副主席巴尼在捐赠仪式上表示，这批疫苗将加速老挝实现到2021年底50%的人口接种新冠疫苗的目标。③ 12月8日，

---

① 〔老〕《老挝总理对柬埔寨进行正式访问》，老挝巴特寮通讯社，2021年11月30日，http：//kpl.gov.la/detail.aspx? id=63460。

② "Foreign Minister of Myanmar Paid an Offcial Visit to the Lao PDR and Attended the 12th Meeting of the Lao-Myanmar Joint Commission for Bilateral Cooperation," http：//www.mofa.gov.la/index.php/activities/state-leaders/3516-foreign-minister-of-myanmar-paid-an-offcial-visit-to-lao-pdr-and-attended-the-12th-meeting-of-the-lao-myanmar-joint-commission-for-bilateral-cooperation.

③ 〔老〕《老挝政府高度评价美国新冠疫苗援助》，老挝巴特寮通讯社，2021年7月21日，http：//kpl.gov.la/detail.aspx? id=60863。

美国驻老大使和老挝外交部部长举行两国建交65周年及老美全面战略伙伴关系确立5周年的庆祝活动。

2. 老挝与日本关系

2020年,老挝与日本建立外交关系65周年,两国举行了简单的庆祝活动。2021年,日本援助老挝61.682万剂阿斯利康新冠疫苗。2021年4月7日,老挝总理潘坎与日本首相菅义伟举行电话交谈,以加强老挝和日本之间的友谊与合作。两位领导人都赞扬了2020年新冠肺炎疫情期间两国建交65周年和老日战略伙伴关系5周年庆祝活动的成功举办,肯定了过去65年里两国各领域的关系与合作的不断加强。总理潘坎表示,老挝愿意与日本密切合作,在两国战略伙伴关系基础上加强两国的友谊与合作,并宣布通过一项行动计划,推进老日战略伙伴关系进程。两国领导人还讨论了双方的合作方向,特别是在老挝的国防和投资、日本资助的项目以及双方共同关心的区域和国际问题上加强合作。①

3. 老挝与韩国关系

2021年,老挝与韩国加强优惠贷款合作。8月,老挝公共工程与运输部和韩国对外经济发展合作基金(EDCF)举行会谈,商讨并签署优惠贷款备忘录,老挝公共工程与运输部部长旺沙瓦·西潘顿、韩国驻老挝经济发展合作基金负责人以及相关部门共同出席。韩国对外经济发展合作基金(EDCF)同意向老挝提供5亿美元的优惠贷款,用于14个政府优先项目。其中3亿美元用于全国各省6个防洪堤优先项目,在2020~2023年合作框架内,韩国对外经济发展合作基金(EDCF)提供3项可行性研究拨款。②

## (四)老挝对东盟和大湄公河次区域经济合作的参与

1. 老挝参与东盟合作

1997年,老挝正式加入东盟。自加入之日起,老挝始终积极参与东盟

---

① "PM Holds Phone Talks with His Japanese Counterpart," Lao News Agency, TIME, April 8, 2021, http://kpl.gov.la/En/Detail.aspx?id=58791.
② 〔老〕《老挝公共工程与运输部长接见韩国经济发展合作基金(EDCF)负责人》,老挝公共工程与运输部,2021年8月5日,https://www.mpwt.gov.la/news_page/401。

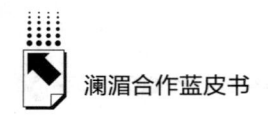

事务，并认真履行东盟成员国义务。2021年，老挝积极参加第38届和第39届东盟峰会，推动东盟共同体建设。① 峰会期间共有11场会议，就政治安全共同体、经济共同体和社会文化共同体三大东盟核心问题，达成疫后经济复苏、疫苗采购与国际合作、灾害应对、支持多边主义等成果。②

老挝政府高度重视利用东博会平台加强与中国和东盟在各领域的交流与合作。老挝时任总理通伦在2020年第17届东博会开幕大会上高度评价东博会。2021年第18届东博会期间，老挝作为主题国，在东博会上举办"魅力之城"开馆仪式、中国-老挝建交60周年纪念活动暨2021中老经贸合作论坛、主题国领导人与中国企业家座谈会等系列主题国活动，全面展示老挝风采和商机，创造更多合作机遇。老挝企业同时参加东博会实体展和"云上东博会"展示，使用实体展展位54个，在"云上东博会"上展示老挝啤酒、Dao牌咖啡、大米、茶叶、木制家具、银饰和手工艺品等特色产品。③

**2. 老挝参与大湄公河次区域经济合作（GMS）**

大湄公河次区域经济合作（GMS）第七次领导人会议于2021年9月9日以视频连线方式在线上进行，老挝总理潘坎参加会议，并与李克强总理视频会晤。中国和湄公河国家同饮一江水，命运紧相连，大湄公河次区域各国应凝聚命运共同体共识，加强战略对接和政治互信，不断拓宽澜湄各国合作领域，共同推动大湄公河次区域的可持续和包容发展。④ 此次会议发表了《大湄公河次区域经济合作第七次领导人会议宣言》，通过了《大湄公河次区域经济合作2030战略框架》和《大湄公河次区域经济合作应对新冠肺炎疫情和经济复苏计划（2021—2023）》等成果文件。

---

① 〔老〕《老挝总理出席东盟峰会》，老挝巴特寮通讯社，2021年10月27日，http://kpl.gov.la/detail.aspx?id=62807。
② 付宇：《世界大事综览》，《国际研究参考》2021年第11期。
③ 〔老〕《第18届中国-东盟博览会在广西南宁举办》，老挝巴特寮通讯社，2021年9月13日，http://kpl.gov.la/detail.aspx?id=61960。
④ 《外交动态》，《世界知识》2021年第19期。

## 五 积极参与推动澜湄合作

2020~2021年,老挝通过线下、线上主持和参与多个澜湄合作会议,共同谋划澜湄合作,主动融入澜湄合作发展,共同推进澜湄合作项目落地开花结果。

### (一)老挝对澜湄合作机制的参与

2020年1月16日,澜湄合作外交联合工作组老挝组长、外交部经济司副司长宋蓬与中国组长、外交部亚洲司副司长毛宁共同主持澜湄合作第十次外交联合工作组会,① 会议对自第四次外长会以来的澜湄合作工作进展进行回顾,并对澜湄国家未来合作方向进行讨论和展望,② 为将于2020年举行的高级别会议做准备。

2020年2月,在新冠肺炎疫情防控的特殊背景下,澜湄合作第五次外长会于老挝万象顺利召开,体现了澜湄国家同甘共苦、共克时艰的命运共同体精神。③ 老挝外长沙伦赛在会上积极回应中方提出推动澜湄合作与"国际陆海贸易新通道"相结合的建议,并表示澜湄农业合作机制将极大满足老挝农产品出口需求。沙伦赛外长充分肯定本次外长会议成果,指出此次外长会聚合作、谋发展,将大力助推澜湄命运共同体建设迈上新台阶。④

2020年8月24日,澜湄合作第三次领导人会议以视频方式在线上进行,会议由澜湄合作共同主席国老挝时任总理通伦·西苏里和中国国务院

---

① 《澜湄合作第十次外交联合工作组会在重庆举行》,澜沧江-湄公河合作网站,2020年1月22日,http://www.lmcchina.org/2020-01/22/content_41447299.htm。
② 《澜湄合作历程》,《重庆与世界》2020年第Z1期。
③ 《深化澜湄合作 共同应对挑战》,澜沧江—湄公河合作网站,2020年2月26日,http://www.lmcchina.org/2020-02/26/content_41447371.htm。
④ 《深化澜湄合作 共同应对挑战》,澜沧江-湄公河合作网站,2020年2月26日,http://www.lmcchina.org/2020-02/26/content_41447371.htm。

总理李克强共同主持,① 各方共同发表《澜沧江—湄公河合作第三次领导人会议万象宣言》,② 宣布加强政治安全、经济可持续发展、社会人文交流和澜湄合作机制伙伴关系。③ 老挝自然资源与环境部部长宋玛·奔舍那表示"远亲不如近邻",褒扬中国公开共享湄公河水文数据的负责任大国形象,并表示将与其他五国对口部门一道,积极推动落实澜湄水资源合作共识,打造澜湄经济带,助力地区繁荣与发展。④

2021年6月8日,澜沧江-湄公河合作第六次外长会在重庆举行,老挝外长沙伦赛出席会议。会议围绕"团结战胜疫情,共促疫后发展"主题,回顾了澜湄合作进展,总结了5年来的有益经验,规划了下阶段合作重点。

## (二)积极参与澜湄产业合作

2020年12月28日,澜湄"多国多园"合作交流对接会暨境内外园区互动发展推介会在北京与湄公河五国通过视频连线举行。老挝国家经济研究院研究中心主任乌沙万参加会议,表示要以务实高效的合作机制推动"多国多园"合作高质量发展,以多元化的资金支持助力"多国多园"可持续发展,以"多国多园"建设推动产业链融合发展。⑤ 老挝赛色塔综合开发区和中老(挝)磨憨-磨丁经济合作区在线上参加了园区推介会。

---

① 《规划合作蓝图 建设澜湄国家命运共同体——多国人士高度评价澜湄合作第三次领导人会议成果》,澜沧江-湄公河合作网站,2020年8月26日,http://www.lmcchina.org/2020-08/26/content_41447481.htm。
② 成晓叶、刘喆、成汉平:《美国建立"湄公河-美国伙伴关系"的战略意图——基于"澜湄合作机制"之视角》,《唯实》2021年第8期。
③ 《澜湄合作擘画未来新蓝图》,中工网,2020年8月31日,https://www.workercn.cn/32830/202008/31/200831152058527.shtml。
④ 《综合消息:规划合作蓝图 建设澜湄国家命运共同体——多国人士高度评价澜湄合作第三次领导人会议成果》,云南网,2020年8月25日,http://news.yunnan.cn/system/2020/08/25/030910979.shtml。
⑤ 《澜湄"多国多园"合作交流对接会暨境内外园区互动发展推介会成功举行》,澜沧江-湄公河合作网站,2021年1月6日,http://www.lmcchina.org/2021-01/06/content_41465960.htm。

## （三）参与澜湄人文交流合作

2020年7月6日，老挝国立大学作为理事单位代表，出席以线上方式召开的澜湄青年交流合作中心理事会第二次会议暨澜湄青创赛国际组委会会议。澜湄六国理事单位一致同意启动交流合作中心"云"平台建设。[1] 老挝国立大学副校长宋占·本潘米高兴地表示："这个平台让老挝国立大学能够有机会与六国学校加强学术合作。"与会代表围绕青年创新创业、在线教育合作、合作办学、学术交流等议题进行深入讨论。[2] 2021年6月24日，老挝苏发努冯大学和上海应用技术大学以及来自两国的协会和企业共同发起成立的"一带一路"澜湄铁路互联互通中心在上海应用技术大学揭牌。"一带一路"澜湄铁路互联互通中心将以中老、中泰、中缅铁路等"一带一路"建设项目为依托，联合相关铁路行业企业，协同澜湄流域高校开展专业设置和人才培养合作，致力于成为澜湄铁路科教之窗和共享交流载体。[3] 12月1日，"2021年澜湄电视周暨老挝主题日"系列文化活动在云南昆明启动，电视周以"睦邻惠邻、互联互通"为主题，聚焦展现澜湄国家广电视听合作丰硕成果，集中宣传中老传统友好情谊。[4]

## （四）参与澜湄生态合作

2021年1月，中老大气环境自动监测示范项目在老挝落地。由澜沧江-湄公河环境合作中心牵头，澜湄合作专项基金和有关企业资金共同资助的大气质量连续自动监测设备抵达老挝万象，开始为老挝自然资源与环境部提供

---

[1]《江海梅：让玉树成为东南亚六国青年文化寻源、生态体验、研学旅行的基地！》，光明地方网，2020年7月13日，https：//difang.gmw.cn/qh/2020-07/13/content_33990150.htm。
[2]《澜湄青年交流合作中心理事会在线召开第二次会议暨澜湄青创赛国际组委会会议》，澜沧江-湄公河合作网站，2020年7月15日，http：//www.lmcchina.org/2020-07/15/content_41447248.htm。
[3]《中老发起成立"一带一路"澜湄铁路互联互通中心》，澜沧江-湄公河合作网站，2021年6月25日，http：//www.lmcchina.org/2021-06/25/content_41739320.htm。
[4]《2021年澜湄电视周暨老挝主题日系列活动启动》，澜沧江-湄公河合作网站，2021年12月3日，http：//www.lmcchina.org/2021-12/03/content_41818859.htm。

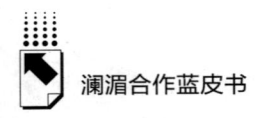

大气质量连续自动监测。项目将在老挝建设大气质量自动监测示范试点，并开展大气环境自动监测相关人员业务培训。① 这一项目是澜沧江-湄公河环境合作中心积极实施"绿色澜湄计划"的旗舰项目，旨在提升澜湄国家环境治理能力，共同推动区域绿色可持续发展。

---

① 《绿色澜湄计划——中老大气环境自动监测示范设备顺利运抵老挝万象》，澜沧江-湄公河合作网站，2021年1月8日，http：//www.lmcchina.org/2021-01/08/content_ 41465998.htm。

# B.10
# 2020~2021年缅甸形势及其对澜沧江-湄公河合作的参与

张 添 孟姿君*

**摘 要：** 2020~2021年，缅甸经历了从文官执政的民盟政权向接管国家权力后的军人政权的变化。2020年缅甸政局总体稳定，民盟着力筹办大选并赢得压倒性胜利，但军政关系恶化，2021年2月军人接权。军人接权后缅政局风云突变，民盟与部分少数民族武装联合反抗，虽然军人总体控局，但多重矛盾叠加。2020年民盟执政时期缅甸经济放缓，但对外经济略增，军人接管国家权力后经济各方面均出现衰退。民盟政府和军政府均面临外交压力，民盟政府的压力主要源于若开罗兴亚人问题引发的国际压力，军政府则面临国际合法性的挑战。缅甸作为2020~2021年澜湄合作的联合主席国，以抗疫为抓手，参与机制拓展，扩大合作领域，与其他澜湄成员国密切合作。

**关键词：** 缅甸 政治 经济 澜湄合作

## 一 军政关系恶化，政局风云突变

2020年缅甸政局总体稳定，民盟着力筹办大选并赢得压倒性胜利，但

---

\* 张添，博士，北京大学区域与国别研究院助理研究员；孟姿君，云南大学缅甸研究院助理研究员，云南大学国际关系学院博士研究生。

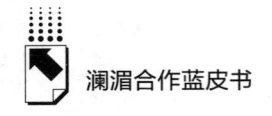

军政关系恶化，2021年2月军人接管国家权力。之后缅政局风云突变，民盟与部分少数民族武装联合反抗，虽然军人总体控局，但多重矛盾叠加。

（一）民盟执政时期总体稳定

民盟执政期间的主要工作是筹备大选，尽管在修宪问题上出现军政对峙，在民族和解上一度出现军人同若开军僵持不下的局面，但形势并未恶化，总体保持稳定。

1. 着力开展大选，民盟占尽优势

筹备并举行大选是2020年民盟执政的首要任务。联邦选举委员会（UEC）依宪手握重权。一方面，UEC按部就班对大选进行规范化和流程化，如公布"自由、公正、透明、可信、反映人民的意愿"五项原则，禁止假消息和负面言论，开展选举名单审查和邀请社会监督与国际监督。① UEC还与各类非政府组织的选举改革协调机构会面，对选举公正进行承诺；积极开展海外动员，做好旅居国外缅甸公民提前投票部署；做好卫生防疫部署，减少因投票可能带来的人员聚集；公布参选的92个政党名单及进行线上竞选演讲等。另一方面，UEC利用职务便利实施了一些颇受争议的措施，如公布"将不在军营里设投票站"，被认为有挤兑军人之嫌；公布只进行线上竞选并严格依照防疫指令限制15人以上的集会和入户宣讲竞选，被认为民盟坐拥执政党的便利而挤兑其他小党；宣布将取消和推迟部分冲突地区的选举，被认为挤兑在若开占主要优势的当地政党，因为若开地区被取消或推迟的选区最多。②

由于执政5年成绩并不彰显，社会上对民盟执政非议声不少，甚至有组织在社交媒体上发起"2020年选举不投票运动"。③ 此外，社会调研显示民众对参与大选有所倦怠，加上"第三势力政党"的兴起，一开始民盟并不

---

① The Global New Light of Myanmar, "UEC Holds Coord Meeting on 2020 General Election," Jan. 24, 2020.

② Eleven, "UEC Cancels Elections in Locations across 6 States and Regions, Including 9 Locations in Rakhine State," Oct. 17, 2020, https：//elevenmyanmar.com/news/uec-cancels-elections-in-locations-across-6-states-and-regions-including-9-locations-in-rakhine/.

③ Myanmar Times, "NLD Official Slams Campaign to Boycott Polls," July 22, 2020.

认为自己会取得压倒性胜利。① 不过在角逐过程中，民盟除了控制 UEC 取得了一系列制度优势，还得到了其他支持。例如，原本被民盟视为对手的联邦改善党（UBP）主席瑞曼突然宣布自己不参加竞选，而人民党（PP）表示将在选举中支持民盟并放弃在中部城市派出参选者。② 最终，民盟取得压倒性胜利，获得联邦议会 498 个民选议席中的 396 个，得票率甚至高于 2015 年。相反，踌躇满志派出 1129 名候选人的军人政党巩发党仅获得 33 个议席。③

### 2. 谋求修宪失败，军政关系恶化

民盟在 2020 年筹备大选期间，将修宪作为并行开展的另一项工作，此举一在兑现执政初期修宪承诺，以作为争取选民支持的工具；二在试探军人底线，即便修宪不成亦可打悲情牌，向选民暗示"军人才是阻挡缅甸民主之罪魁祸首"，间接打击军人政党的支持率。2020 年 1 月 20 日修宪草案起草工作完成，主要内容是针对宪法第 436（A）条（须得到 75%以上议员批准和 50%以上合格选民的投票）和 436（B）条（须得到 75%议员但无须 50%合格选民的投票）涉及的部分条款进行修改。由于军人依宪占有 25%议会议席，加上军人政党的协助，最终在 3 月 10 日开始的宪法修正案投票中，只有两条无关痛痒的修辞性条款得到修订，其余重要条款均未得到通过。④

在修宪前后，军政关系出现不断恶化的倾向。例如，2 月 10 日支持军人的 1000 名民族主义者从仰光大金塔游行至市政厅，指责昂山素季政府未能保护缅甸占多数的佛教徒而只是"忙着内斗"（军人）。⑤ 2 月 28 日，巩

---

① 《缅甸"第三势力"人民党将参加 140 个选区的竞选》，"缅华网"微信公众号，2020 年 7 月 28 日，https：//mp.weixin.qq.com/s/f3kGIEjvnPvjsNAMxqInSg。
② Myanmar Times, "8888 Uprising Veterans Vow Support for NLD," Aug. 12, 2020, https://www.mmtimes.com/news/8888-uprising-veterans-vow-support-nld.html.
③ The Irrawaddy, "Official Results Show Another Election Landslide for Myanmar's Ruling NLD," Nov. 16, 2020.
④ The Glolbal New Light of Myanmar, "Pyidaungsu Hluttaw Vote on Proposals for Constitutional Amendment," Mar. 11, 2020.
⑤ Mizzima, "Protest Held in Yangon over Constitutional Amendments," Feb. 10, 2020, http://www.mizzima.com/article/protest-held-yangon-over-constitutional-amendments.

发党议员联合抵制"有外国人家庭的昂山素季"通过修宪当上国家总统。① 3月5日,军方议员警告,民盟修宪将给军政关系带来负面影响,这些条款是对军人的歧视,并暗示可能会出现1962年政变那样的危机。② 相对地,民盟动员前议员撰写请愿书,要求废除宪法。③ 在修宪失败后,民盟议员暗讽军方操控之下缅甸"不可能有真正的民主","选民已经看到我们的努力"。④ 3月24日,民盟议员呼吁起草一部新宪法,以取代议会未能修改之2008年宪法。⑤

除了修宪,军政矛盾还体现在各个方面。其一,民盟坚持不召开国防和安全委员会(NDSC)会议。随着疫情的加重,军人政党巩发党议员提议召开NDSC会议,但遭民盟拒绝。在民族和解受挫、若开压力增大以及大选后军政面临谈判危机的情况下,军方再次要求召开NDSC会议,再次遭民盟拒绝。其二,民盟主导的议会削减国防部的预算开支。5月28日,联邦议会将国防部的补充预算削减了106亿缅元(约合755万美元),军方指责民盟"滥用职权"。⑥ 其三,军派议员弹劾议长吴迪孔妙,认为议长在各类议案中偏袒民盟,民盟则表示该项弹劾为"肮脏的政治手段",并通过投票否决了弹劾法案。⑦ 此外,民盟11月选举胜利后对军方提出的质疑给予坚决否认,并反复拒绝后者提出的审查要求,为次年军人接权埋下了隐患。

### 3. 族际关系缓和,和解流于形式

2020年大选是民盟"第一要务",民族和解不被列为紧要待办事项,但

---

① The Irrawaddy, "Myanmar Opposition Lawmaker Falsely Claims US Presidency Limited to Christians," Feb. 28, 2020.
② The Irrawaddy, "NLD Constitutional Amendments Would Disrupt Democratic Transition: Military MPs," Mar. 5, 2020.
③ Myanmar Times, "Former MPs to Seek UN Help in Nullifying 2008 Constitution," Mar. 12, 2020.
④ Japan Times, "Myanmar's Parliament Blocks Bid by Aung San Suu Kyi's Party to Reduce Military's Power," Mar. 11, 2020.
⑤ Myanmar Times, "Drafting a New Charter Better than Amendments, MP Says," Mar. 24, 2020.
⑥ Myanmar Times, "Myanmar Parliament Cuts Defence Ministry Budget by K10. 6 Billion," May 28, 2020.
⑦ The Irrawaddy, "Myanmar's Opposition, Military Lawmakers Seek House Speaker's Impeachment," May 28, 2020.

民族和解又是民盟执政三大承诺之一，因而只能流于形式。即便如此，2020年民盟对民族和解的推进力度仍强于2019年。1月初，昂山素季与10个已签署《全国停火协议》（NCA）的少数民族武装（以下简称"民地武"）领袖恢复此前中断已久的执行协调会议（JICM），以便尽快举行第四届21世纪彬龙大会。为了扫清障碍和搁置争议，昂山素季又在3月中旬恢复中断两年的国家级联邦和平对话联合委员会会议（UPDJC），动员各方尽快通过政治对话完成《联邦协议》（UA）第三部分的编制。① 由于很难动员新的民地武加入NCA，军、政、少数民族各方观点争执难定，加之新冠肺炎疫情恶化，彬龙大会反复推迟，但最终还是在8月19~21日举行。会上各方缔结并完成《联邦协议》第三部分内容，尽管内容有所删减，但至少从形式上为民盟执政口号三大承诺之一的民族和解取得了一项里程碑意义的文本成果。

举办21世纪彬龙大会前后，民盟与各个利益相关方密集接触，各方在核心问题上有所退让，这使原本日趋紧张的族际关系得到缓和。比如，2019年与缅军交火日趋激烈的若开军开始参与缅北联盟宣布的停火声明，2020年3月将若开军宣布为"恐怖组织"的缅军也开始宣布并多次延长停火声明。12月初，若开军与军方和平委员会首次召开线上会议，就和平进程进行交流，军方欢迎若开军为和平工作做出的努力。② 除了零星交火，各方未有大规模冲突，大部分民地武未在大选前滋事。缅北最强民地武佤联军（UNWA）还强调，佤邦自治区将与联邦选举委员会合作，落实在该组织领土上举行2020年大选所需的程序。③

---

① The Global New Light of Myanmar, "Speech Delivered by the State Counsellor and Chairperson of UPDJC Daw Aung San Suu Kyi at the Eighteenth UPDJC Meeting," Mar 13, 2020; The Global New Light of Myanmar, "State Counsellor Attends 18th Union Peace Dialogue Joint Committee Meeting," Mar. 13, 2020.

② The Irrawaddy, "Myanmar Military Holds Meeting With Arakan Army Officials in Wa Region," Dec 10, 2020.

③ The Irrawaddy, "Wa Army Says It's Willing to Work With Myanmar Govt to Hold Voting in Its Territory," Mar. 3, 2020.

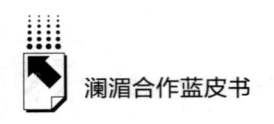

## （二）军人接权后局势突变

2021年2月1日，缅甸国防军以联邦议会无权强行召开新一届议会和民选政府违背宪法第417条为由，突然在凌晨时宣布接管国家权力，国家进入紧急状态。[①] 军人接管国家权力后废除了2020年11月选举的结果，在缅甸国内外引发一系列连锁反应。

军人接管政权后，宣布依据"国防军第9号令"成立国家管理委员会（SAC），代行过渡政权最高决策指挥权。2021年8月初，军人宣布改组SAC为看守政府，并许诺在2023年6月重新大选，在2023年末交权。不过，军人通过一年多的管制维稳基本控制住了局面，并未引发大规模内战。2月1日接权后，军人采取"冷应对"的措施，对国内出现非暴力的"公民不服从运动"（CDM）未做过度回应。随后，大选获胜的民盟议员宣布组建反抗者议会——当选议员代表委员会（CRPH），并进行国际动员。3月中旬出现"打砸抢烧事件"后，针对一些过激的反抗行动或者蓄意破坏，军人开始暴力回应。自4月中旬反抗者成立"民族团结政府"（NUG）以来，军人开始多手段并举，以压制反抗者国内外动员的努力，将NUG和CRPH从法律上界定为"恐怖组织"，对反抗者成立的"人民防卫军"（PDF）更是毫不手软，在边境地区实施"戒严令"，防止更多民地武受动员加入其中。[②] 军人在"紧急状态公告"的法律支持下以"剿除恐怖主义"为名对反抗者尤其是参与的民地武进行各个击破，同时尽量安抚未参与战事的民地武，以避免爆发国际社会担心的"全面内战"。

军人认为2020年大选的选民名单存在诸多致命漏洞，为此，军人接管国家权力后对不同级别民盟前高官进行罪行调查，兼而进行起诉、审判和判罚，尤其是对昂山素季进行全方位打压。除昂山素季外，其余前民盟高官或

---

[①] The Global New Light of Myanmar, "National Defence and Security Council of the Republic of the Union of Myanmar Holds Meeting 1/2022," Feb. 2, 2022.

[②] The Global New Light of Myanmar, "Republic of the Union of Myanmar State Administration Council Martial Law Order 5/2021," May 14, 2021.

有关要员均已受宣判或面临审判。

缅军接管国家权力后成立了民族团结与实现和平中央委员会、工作委员会和协商委员会，彻底废除民盟搭建的21世纪彬龙大会机制，民族和解发生制度性洗牌，回归2015年之前的状况。利用三个委员会机制，缅军会见了签署《全国停火协议》（NCA）的少数民族武装组织16次，非NCA签署组织9次，政党7次，宗教领袖与和平谈判代表2次。[①] 2022年2月28日，缅军国防军司令部公告宣布缅军将主动停火期限延长至2022年12月31日。以上和解姿态重点针对未在缅军接管国家权力后表态反对军人执政或加入人民防卫军的民地武，包括此前曾与缅军打得不可开交的若开军（AA），也被军人摘除了"恐怖组织"的帽子。相对地，对参与到反军人行动的民地武，如克伦民族联盟（KNU）、克钦独立军（KIA）等组织则被定性为"恐怖组织"并予以剿灭。总体看来，民族和解格局从原有以"签署/未签署NCA"区分谈判重点和领域，转化为以"支持/不支持民盟"区分。

## 二 疫情政情共振，经济下行明显

无论是2020年民盟执政还是2021年军人接权后，缅甸经济均处于下行趋势，两届政府均受疫情影响，军人接权后更是出现疫情政情共振的情况。

### （一）民盟执政后期：经济放缓，总体平稳

2020年系民盟执政最后一年，其奉行更为稳健的财政货币政策，然而经济增长疲软。受疫情影响，社会贫困加剧，相对其他国家外资吸引影响不大。

**1. 经济增长低迷，通胀压力降低**

根据世界银行（以下简称"世行"）数据，缅甸2020财年经济增长率

---

① The Global New Light of Myanmar, "National Defence and Security Council of the Republic of the Union of Myanmar Holds Meeting 1/2022," Feb. 2, 2022.

为1.7%，这一数字比2019财年6.8%的增长率明显下滑。① 经济增长受到疫情的影响，但也与长周期的全球经济放缓，以及缅甸金融部门相对脆弱、抗风险能力低有关。此外，执政党忙于大选事宜，推迟了原定开展的经济改革方案，在中长期之内亟待新一波复苏战略刺激经济。2020年通胀率较2019年有所收缩，主要源于食品价格下跌和电价上调，年内食品价格通胀率从1月的9.1%逐渐下降至8月的1.8%，非食品通胀率从1月的12.9%下降至2.8%。②

2. 受疫情影响，社会贫困略增

缅甸2020年共经历了两波疫情，第一波时间是2020年3月23日至8月15日，第二波疫情为2020年8月16日至2021年6月26日。③ 在新冠肺炎疫情的影响下，国内投资和消费水平降低，企业运营及劳动力成本增大，制造业、零售业、旅游业等行业规模收缩。在众多国家转向互联网经济的大环境下，缅甸网络基础设施的限制致其很难快速实现转圜。政府采取了一系列措施应对疫情，包括预防与治疗计划，向弱势家庭提供直接财政援助，减免困难家庭电费，通过贷款、担保、税收递延和豁免向企业提供财政援助等，但贫困率增至27%，相较2019年的22.4%还是有所增加。④

3. 贸易有所增长，投资基本达标

缅甸国际贸易在2020年受新冠肺炎疫情打击较轻，情况比其他国家好，进出口贸易额比2019年增加21.8亿美元，同比增长6%，但增幅低于近几年的水平，也低于2014年以来的年平均增长率（13%）。其中，出口额增加

---

① The World Bank, "Myanmar Economic Monitor Coping with Covid-19," Dec. 2020, p. 17.
② The World Bank, "Myanmar Economic Monitor Coping with Covid-19," Dec. 2020, p. 34.
③ 根据缅军人政权领袖讲话中的界定，缅甸第一波疫情为2020年3月23日至8月15日，第二波疫情为2020年8月16日至2021年6月26日，第三波疫情为2021年6月27日至10月31日。The Global New Light of Myanmar, "The Address Delivered by Chairman of State Administration Council Prime Minister Senior General Min Aung Hlaing on Assumption of State Duties by Government of Republic of the Union of Myanmar the State Administration Council during Nine-month Period," Nov. 2, 2021.
④ The World Bank, "Myanmar Economic Monitor Coping with Covid-19," Dec. 2020, p. 14.

9.0亿美元，同比增长6%，进口额增加12.8亿美元，同比增长7%。① 由于当局采取了简化程序、吸引外资等策略，外国直接投资（FDI）在2020年明显增加。根据投资与公司管理局（DICA）统计，FDI流入量达到56.8亿美元，基本达到58%的预定目标，且同比增加32.9%，其中20.2%在房地产行业，20.4%在制造业领域。②

## （二）军人接权后：经济下行明显，社会贫困严重

军人接权后，缅甸经济受政局动荡影响一度出现"断崖式"下跌，并频现恶性通胀，贫困率激增，对外经济也受撤资和制裁打击。

1. 宏观经济下行，频现恶性通胀

据世行预测，缅甸2021年全年经济缩水18%，增长率可能只有1%。而在此之前，世行预测缅甸2021财年的增长是6.4%。③ IMF、世界银行、亚洲开发银行等国际经济机构均指出，缅甸经济呈现的震荡与缅甸政局剧变有莫大的关系。④ 对世行和其他国际经济机构的唱衰，缅甸军方予以否定。看守政权发言人称，缅当局将复苏经济视为重中之重，年内之所以受到严重打击，是由于第三波疫情较为严重，随着疫情形势好转缅甸经济将很快复苏。⑤ 军人接权后缅甸经济另一严重问题是高通胀。1美元在2月可以兑换1300缅元，到10月则可兑换3000缅元。虽然央行出台一系列措施，但严重失衡的供需关系加上非法贸易横行，美元汇率一度在黑市飙升到3200缅

---

① The World Bank, "Myanmar Economic Monitor Coping with Covid-19," Dec. 2020, p. 28.
② The Global New Light of Myanmar, "MIC Receives over $3 Bln Worth 24 FDI Proposals for Current FY," Oct. 27, 2020.
③ The World Bank, "Myanmar Economy Expected to Contract by 18 Percent in FY2021: Report," July 26, 2021, https://www.worldbank.org/en/news/press-release/2021/07/23/myanmar-economy-expected-to-contract-by-18-percent-in-fy2021-report/.
④ The Diplomat, "Myanmar Coup Forced Sharp Downturn in Business: Report," May 7, 2021, https://thediplomat.com/2021/05/myanmar-coup-forced-sharp-downturn-in-business-report/.
⑤ The Global New Light of Myanmar, "Priority Must Be Given to Creating Chances for Every Citizen to Learn the Education and Enhance the Education Qualification: Senior General," May 11, 2021.

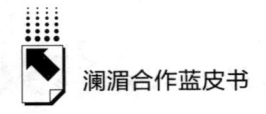

元以上。① 为了稳定汇率，缅央行多次投放美元救市，至年末共抛出3.26亿美元，2022年伊始再度抛出5000万美元。

**2. 社会经济受挫，贫困人口剧增**

据联合国开发计划署（UNDP）预测，在军人接权后的半年内缅甸有1200万人口陷入贫困，在2021年底有2500多万人口面临贫困。据世界银行统计，2020年缅甸贫困率为27%，② 2021年增至46.3%。③ 主要原因有以下两个。一是大规模的工厂停业和裁员，而工厂停业、裁员的主要原因之一是政局动荡导致工厂难以正常开工。3月中旬不明暴徒针对仰光工业区制衣厂打砸抢烧，对峙双方为泼脏水互指对方为凶手，企业利益成为"刀俎下的鱼肉"，为减少损失只得停业。二是西方认定军人"政变有罪"，为示惩罚欧盟议会一度探讨是否取消2011年以来逐步恢复的对缅贸易普惠制和"除武器外的一切"待遇，在缅投资的企业将面临高额运营成本，不少企业借缅局势不稳之机纷纷裁员。据悉仅在成衣制造业就出现高达25万人的裁员。④

**3. 面临外资撤离，西方开启制裁**

据统计，2021年共有20家外资公司撤资缅甸，其中直接关闭或停止投资的有11家，其他几家也出现项目停止、出售业务或与军企停止合作等情况。⑤ 其中，撤离公司包括原明星产品"缅甸啤酒"的外资合伙人日本麒麟公司，三大电信运营商之一的Telenor公司，泰缅边境气管道运营商合伙人法国道达尔公司和美国雪佛兰公司以及缅南沿海气田的主要开发商马来西亚

---

① Aljazeera, "Myanmar Faces Falling Currency, Dollar Crunch as Economy Worsens," Oct. 12, 2021, https://www.aljazeera.com/economy/2021/10/12/myanmar-faces-falling-currency-dollar-crunch-as-economy-worsens/.
② The World Bank, "Myanmar Economic Monitor Coping with Covid-19," Dec. 2020, p. 14.
③ Nikkei Asia, "Half of Myanmar Will Live on Less than a Dollar a Day, Says UNDP," Dec. 1, 2021, https://asia.nikkei.com/Spotlight/Myanmar-Crisis/Half-of-Myanmar-will-live-on-less-than-a-dollar-a-day-says-UNDP.
④ "As Myanmar Unions Demand Sanctions, Garment Workers Fear for Their Jobs," Dec. 13, 2021, https://www.reuters.com/article/us-myanmar-crisis-workers-idUSKBN2IS012/.
⑤ 《ISP Myanmar最新报告出炉 20家公司已停资撤缅》，缅甸"金凤凰"微信公众号，2021年12月28日，https://mp.weixin.qq.com/s/hCVcDBf4hPy7mXNRu_Rp6Q/。

国家石油公司和日本三菱公司。外资企业撤离原因主要包括营商环境恶化无法继续运营、担心缅甸军方遭国际制裁而受牵连以及所谓"退出缅甸市场以支持缅甸人民，不愿为军人提供资金"等。① 此外，西方尤其是美国公布新的制裁。2021年6月1日起，美国财政部外国资产管制处公布了新的《缅甸制裁条例》（BSR），授权对缅甸军人政权、军人领袖及其家属等实施经济制裁，封锁相关人员在美资产，管制对缅货物和服务的出口等。② 面对以上挑战，缅甸对外贸易锐减。2021年原计划出口额为162亿美元，进口额为185亿美元，进出口贸易额为347亿美元；实际出口额为153.63亿美元，进口额为146.86亿美元，进出口贸易额为300.49亿美元，贸易量下降了13.4%。不过官媒将贸易下降的主要原因归结于新冠肺炎疫情引发的全球贸易活动，而并非外资撤离或西方制裁。③

## 三 若开问题与政局动荡双压，对外交往不畅

### （一）民盟时期：对冲国际压力，加强与周边国家关系

民盟执政末期仍面临若开罗兴亚人问题带来的国际压力，缅政府致力于加强与周边国家关系对冲国际压力。尤其是中缅建交70周年，中缅关系提升为"中缅命运共同体"，民盟政府借此弘扬并推进中缅胞波情。

1. 与西方关系不稳

受制于若开罗兴亚人问题的余波，民盟政权与西方关系不稳。西方国家炒作民盟在2020年大选前"恶意取消"数名穆斯林候选人参选资格，甚至

---

① Mizzima, "Report Highlights Expansion of Foreign Oil and Gas Investments Despite Myanmar's Military Coup," https://www.mizzima.com/article/report-highlights-expansion-foreign-oil-and-gas-investments-despite-myanmars-military-coup/.
② Jd Supra, "U. S. Reimposes Economic Sanctions on Military Regime in Burma," June 7, 2021, https://www.jdsupra.com/legalnews/u-s-reimposes-economic-sanctions-on-7618718/.
③ *Mirror*, https://www.moi.gov.mm/km/26-january-22.

"剥夺"了大约60万名若开罗兴亚人的投票资格。① 即便如此，西方大体上仍支持民盟获得2020年大选连任而非军人代理政党上台，因而与缅甸仍然保持较为正向的联系。例如，美国国务卿公开表示愿意继续与缅甸政府、民间社会和青年合作，以助"实现一个和平、民主和繁荣的缅甸"。② 美欧纷纷提供人力、物资和技术援助，确保民盟政权顺利完成新冠肺炎疫情之下的选举筹备事宜，其中美国使馆捐赠了1650万美元，③ 欧盟则捐赠了3400万欧元。④

2. 保持周边友好，对冲国际压力

为了对冲若开罗兴亚人问题带来的国际压力，民盟执政时期重视与印度、日本和东盟国家的关系。2020年2月末，缅甸总统吴温敏访问印度，双方肯定了缅甸积极和不结盟外交政策与印度的"向东行动"和"邻里优先"政策之间的协同作用，并在能源、基础设施、卫生、交通和通信等多个领域签署了10份谅解备忘录。⑤ 3月中旬，缅军总司令敏昂莱在内比都接见了日本-缅甸友好协会主席渡边秀央一行，讨论进一步推动日缅之间的友谊、日本援助缅甸国内和平与发展及缅甸当前局势等问题。7月末，缅国务资政昂山素季出席日本-缅甸投资论坛（线上）并发言称，无论晴雨，日本对缅甸的支持都是一贯的、可靠的，是建立在相互之间的友谊和信任基础上的。⑥ 东盟国家为缅甸疫情救助和振兴发挥了重要的作用。6月24日，在东

---

① Bnionline, "Many Muslims Not Included in Voter Lists in Arakan State," Aug. 26, 2020, https：//www. bnionline. net/en/news/many-muslims-not-included-voter-lists-arakan-state.
② The US Government Website, "Myanmar's Independence Day," Jan. 2, 2020, https：//www. state. gov/myanmars-independence-day.
③ The Global New Light of Myanmar, "US Provides $ 16. 5 Mln in Assistance to Myanmar to Respond to COVID-19," July 12, 2020.
④ Prensa Latina, "EU Strengthens Humanitarian Support for Rohingya Refugees," Mar. 3, 2020, https：//www. plenglish. com/index. php? o = rn&id = 52913&SEO = eu-strengthens-humanitarian-support-for-rohingya-refugees.
⑤ Mizzima, "Myanmar, India Exchange 10 MoUs," Feb. 28, 2020, http：//www. mizzima. com/article/myanmar-india-exchange-10-mous.
⑥ The Global New Light of Myanmar, "Myanmar Government Announces Two New Major Infrastructure Projects during Myanmar-Japan Investment Forum," Aug. 2, 2020.

盟外交部部长非正式会议上，部长们就促进缅甸与东盟合作，通过提供疫情和人道主义援助、推动遣返进程和促进可持续发展等方式解决若开邦问题进行讨论并交换意见，缅方对东盟区域论坛和东亚经济共同体发挥更大作用表示欢迎。① 11月14日，国务资政昂山素季参与第四届区域全面经济伙伴关系（RCEP）首脑会议与第37届东盟首脑会议，高度赞赏东盟各国参与RCEP，并称缅甸将尽最大努力全面落实RCEP协议的各项规定。②

2020年1月17~18日，中国国家主席习近平对缅甸进行重要的国事访问。这是习近平主席2020年的首次出访，也是中国国家主席近20年后再次访问缅甸，且恰逢两国建交70周年，对中缅关系的发展具有承前启后、继往开来的重大特殊意义。双方宣布加快"一带一路"合作，推动中缅经济走廊从概念规划进入实质建设阶段，同时"深化两国全面战略合作伙伴关系，打造中缅命运共同体，推动中缅关系进入新时代"。③ 中缅共建命运共同体，是中方推动构建人类命运共同体理念的重要实践，丰富了中缅关系的内涵，标志着两国关系的提质升级，开启了两国世代友好的新篇章。中缅合作各方面都展现了中缅命运共同体的深刻内涵，尤其是双方关心彼此疫情及时互帮互助。2月下旬，缅方向中方捐赠了包括90000个外科口罩、90000个护目镜等在内的医疗物资；4月中旬，中方在缅方第一波疫情蔓延时不仅回赠了更多物资，还派遣了专业医疗团队支援。④ 5月下旬，中国国家主席习近平与缅甸总统吴温敏通话，双方同意加快实施中缅经济走廊相关项目，并就协调努力、维护和平、防控疫情与复工复产等达成共识。⑤

---

① The Global New Light of Myanmar, "Union Minister U Kyaw Tin Participates in Videoconferences of Informal Meeting of ASEAN Foreign Ministers, ASEAN Political-Security Community Council Meeting and ASEAN Coordinating Council Meeting," June 25, 2020.
② The Global New Light of Myanmar, "State Counsellor Participates in 4th RCEP Summit, Closing Ceremony of 37th ASEAN Summit, Related Summits via Video Conference," Nov. 16, 2020.
③ 《中华人民共和国和缅甸联邦共和国联合声明》，《人民日报》2020年1月19日，第2版。
④ The Global New Light of Myanmar, "Chinese Medical Team Arrives in Yangon," Apr. 9, 2020.
⑤ The Irrawaddy, "Nan Lwin, Xi Hopeful on Belt and Road Projects in Myanmar during Covid-19," May 21, 2020.

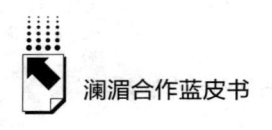

## （二）军人接权后：产生国际合法性危机

军人接权后并未得到主要国际行为体承认，各方对军人接权的定性也未达成共识。军人在一开始就面临严峻的国际合法性危机。

### 1. 与西方关系备受挑战

大部分西方国家公开谴责缅甸军人接权，且利用公开或半公开的方式支持反抗者组建的民族团结政府（NUG），因此缅甸2021年的外交基本保持了"军人线"与"抵抗线"的并行交织。军人利用外交声明、新闻发布或双边多边外交场合宣传军方才是真正的"有纪律繁荣民主"①，为了争取西方的理解还试图雇佣以色列知名公关公司狄更斯&麦迪逊负责人曼纳希替军人游说。② 参与缅甸选举监督的美国卡特中心认为国际非政府组织对民盟选举进行了有效的监督，不存在军人所说的情况。③ 白宫发言稿称，将与盟友密切合作"解决缅甸军事政变"，因为"在一个民主国家，武力永远不应该试图推翻人民的意愿"。④ 美国总统拜登在《国防授权法案》（NDAA）中强调，将促进NUG合法化，恢复缅甸民主治理并"使军政权付出代价"。⑤ 在美国带动下，欧洲国家纷纷对缅军施压，开展各种针对缅甸将军个人及其家属的制裁。英国支持缅甸流亡者发起"血腥金钱运动"以便呼吁各国企业退出缅甸市场，法国和欧盟议会均采取立法方式表明对NUG的支持，各国还纷纷允许NUG设立办事处。在两条外交线路的共振下，缅军难以谋得

---

① The Global New Light of Myanmar, "Press Statement of MOFA," Feb. 21, 2021.

② The Times of Israel, "Israeli Lobbyist Paid $2m by Myanmar Junta to Defend Coup, Get Sanctions Lifted," Mar. 10, 2021, https：//www.timesofisrael.com/israeli-lobbyist-paid-2m-by-myanmar-junta-to-defend-coup-get-sanctions-lifted/.

③ Carter Center Website, "Carter Center Issues Statement on Myanmar's Preelectoral Environment," Oct. 13, 2020.

④ White House, "Remarks by President Biden on America's Place in the World," Feb. 4, 2021, https：//www.whitehouse.gov/briefing-room/speeches-remarks/2021/02/04/remarks-by-president-biden-on-americas-place-in-the-world.

⑤ Eleven Myanmar, "The U.S. Senate Passes the Bipartisan Amendment in the National Defense Authorization Act to Support Democracy in Myanmar," Dec. 28, 2021, https：//elevenmyanmar.com/news/the-us-senate-passes-the-bipartisan-amendment-in-the-national-defense-authorization-act-to-.

与西方关系的改善,甚至影响其在联合国大会的代表任命。

2. 关注周边外交

虽然与西方关系焦灼,但敏昂莱在公开场合指明美欧"离缅甸太远",更重要的是关注周边国家尤其是邻国。[①] 其中,与印度、日本和东盟关系尤其值得关注。印度重视自身作为"民主大国"的标签,不敢站在美欧对立面,因此在外交辞令中比较谨慎,强调"印度一贯坚定支持缅甸民主转型""法治和民主进程必须得到维护"。[②] 然而,印度并没有追随西方对缅进行制裁,相反与军政权保持紧密联系,双方就两国贸易成果、直接支付系统的贸易行为,如卡拉丹江项目的水路贸易与边境贸易等进行协商。[③] 日本则只是在军人接权后发布了谴责性的外交辞令,仍保持着与缅军政权的多线交往。例如,日方承认军人任命的外交官并表明"有必要同军人保持实际联系"[④],日缅协会主席渡边秀央提议日本成为缅军政权与西方改善关系的桥梁,日本驻缅特使、日本财团会长笹川阳平会见敏昂莱,并讨论"日本对缅援助"等实际议题。东盟国家是缅甸外交的重点,东盟也被各主要大国认为是解决缅甸问题的最佳平台。2021年4月,东盟缅甸问题特别峰会上提出"五点共识",内容主要是"停止暴力、建设性对话、调解、人道主义和特使会晤",这些原则得到了国际各方一致认可。[⑤] 然而,新老东盟国家对缅军接权态度不一致,加上缅军无意接受"五点共识"中的与反对派进行对话的

---

① The Global New Light of Myanmar, "Myanmar Continues to Practise Independent, Active and Non-aligned Foreign Policy: Senior General," Feb. 19, 2021.
② First Post, "India Terms Social Media Reports about UtsRrole in Deliberations on Myanmar Coup in UNSC as 'Mischievous'," Mar. 10, 2021, https://www.firstpost.com/world/india-terms-social-media-reports-about-its-role-in-deliberations-on-myanmar-coup-in-unsc-as-mischievous-9401751.html.
③ The Global New Light of Myanmar, "U Wunna Maung Lwin, Union Minister for Foreign Affairs Receives Indian Delegation Led by Shri Harsh Vardhan Shringla, Foreign Secretary of India," Dec. 24, 2021.
④ 〔缅〕《日本政府对缅甸的争议立场》,RFA缅文网,2021年12月20日,https://www.rfa.org/burmese/program_2/japan-myanmar-coup-business-12202021175435.html/。
⑤ Mizzima, "Myanmar Junta Says No to ASEAN Envoy Visit until 'Stability' Established," May 9, 2021, https://www.mizzima.com/article/myanmar-junta-says-no-asean-envoy-visit-until-stability-established/.

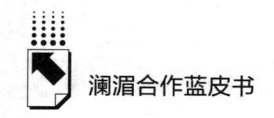

要求，东盟2021年10月举行的首脑会议和2022年2月的非正式外长会均未邀请缅甸国防军总司令敏昂莱和外长温纳貌伦出席。

中方对缅甸政局突变保持密切关注。2月中旬中国驻缅大使陈海表示，中方希望缅甸各方在宪法和法律框架下妥善处理分歧，维护政治和社会稳定。① 3月中旬，缅甸仰光工业区打砸抢烧事件中不少中资企业受牵连。中方指出，中方投资纺织制衣行业为缅方提供了40多万个就业机会，指出打砸抢烧非法及损害缅民众利益的本质。②

中缅贸易尤其是边境贸易一度受到影响，但也在逐步恢复正常。2021年11月统计，缅中最大边境贸易口岸木姐边贸额约为9500万美元，比上一年同期下降6.29亿美元，其余口岸同比下跌均超过6000万美元。③ 不过，双方都在致力于恢复边贸，振兴双边经济。缅甸中央银行宣布2021年底正式允许中缅边贸人民币结算，这将有利于双边账户清算与支付。此外，畹町、清水河等中缅边境贸易口岸逐步重开，双方采用集装箱过货和司机轮替方式实施通关。中方重新批准缅甸向中国出口甘蔗、橡胶、棉花等原料产品。中缅双方还保持密切沟通，围绕在疫情防控常态化大背景下进一步提升货物通关效率等问题进行协商。④

## 四 参与澜湄合作的进展

### （一）担任澜湄合作共同主席国，利用澜湄基金发展

2020年缅甸与常任轮值主席国中国担任澜湄合作共同主席国，任期为

---

① 《[正午国防军事] 陈海大使就当前缅甸局势接受缅甸媒体采访》，央视网，2021年2月17日，https://tv.cctv.com/2021/02/17/videhta0yginvsyfdo2qx1ni210217.shtml。
② 《中国驻缅使馆发言人就在缅中资企业遭打砸抢烧发表谈话》，新浪网，2021年3月14日，https://news.sina.com.cn/c/2021-03-14/doc-ikknscsi4546925.shtml。
③ 《中缅边贸重启助力缅甸经济复苏》，光明日报网，2021年12月16日，https://news.gmw.cn/2021-12/16/content_35383913.htm。
④ 《中缅边贸重启助力缅甸经济复苏》，光明日报网，2021年12月16日，https://news.gmw.cn/2021-12/16/content_35383913.htm。

两年。3月下旬，《澜湄合作专项资金（2020）项目资金转移协议》签署仪式在缅甸首都内比都举行，缅甸从澜沧江-湄公河合作特别基金中获得超过670万美元的资金。中国驻缅甸大使陈海在仪式上表示，澜湄合作启动以来，建立了以领导人为指导，以全面合作和广泛参与为基础的澜湄合作框架。① 缅甸外交部常秘吴梭汉表示，澜湄合作取得了丰硕成果，对于深化区域国家的合作与互信起到重要作用，通过建立"3+5+X"合作框架，有效改善了区域内人民的生活，为民众带来福祉。② 2021年8月上旬，中缅双方通过视频会议签署2021年澜湄合作专项基金缅方项目合作协议，中方将为缅甸提供超610万美元（约3956万元人民币）用于资助21个发展项目。此举是打破缅军接权后两国经济关系的重要抓手，同时该项目来自2017年民盟政府时期中方设立的澜湄专项基金，延续项目既表明中方对与民盟政府经济合同的坚持，也表明中方主动祛除政治不利因素，帮助缅甸改善经济民生的决心。③

### （二）以抗疫为抓手，加强抗疫合作

2020~2021年，缅甸积极参与澜湄合作中的抗疫合作。在澜湄基金支持的项目中，缅方支持中方提议的"改善民生、深化抗疫合作"理念。在2021年8月的澜湄合作专项基金缅方项目合作协议签约仪式上，陈海大使表示，当前缅甸国内疫情蔓延，中方急缅方之所急，援助缅甸250万剂疫苗，为缅方疫苗采购提供有力协助，专门开通中缅边境抗疫物资特殊通道，

---

① People Website, "China and Myanmar Sign Agreement on LMC Special Fund for Projects in Myanmar," Mar 30, 2020, http://en.people.cn/n3/2020/0330/c90000-9674072.html.
② 《澜湄合作专项基金项目启动4年 为缅甸民众带来了很多福祉》，"凰眼观缅"微信公众号，2020年8月17日，https://mp.weixin.qq.com/s/2aKLKoWoH8WLb2H-Lm3mrQ。
③ 《陈海大使在2021年澜湄合作专项基金缅方项目合作协议签约仪式上的讲话》，中国驻缅大使馆网站，2021年8月10日，http://mm.china-embassy.gov.cn/xwdt/202108/t20210810_8906400.htm。

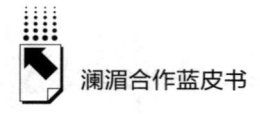

疫苗、呼吸机、制氧机、氧气瓶、口罩等物资正源源不断进入缅甸。① 在中方助力下，缅方较好应对了"第三波疫情"，维护了民众的生命安全，疫情防控初见成效。

### （三）参与机制拓展，扩大合作领域

2020年8月18日，2020年澜湄合作专项基金支持的两个新项目"澜湄地区水果深加工促进经济发展"和"利用创新技术促进澜湄国家农产品价值和生产能力交流"启动仪式在仰光举行。缅方表示，将利用农业合作机制促进产品标准达标，加强质量和安全体系，从而增强澜湄地区农产品的国际竞争力，共同促进地区社会经济发展。② 8月24日，缅总统温敏参加了澜沧江-湄公河合作第三次领导人视频会议。会上通过了将作为未来工作计划政策指导的《澜沧江—湄公河合作第三次领导人会议万象宣言》和《澜沧江—湄公河合作第三次领导人会议关于澜湄合作与"国际陆海贸易新通道"对接合作的共同主席声明》。温敏讲话称，澜湄机制未来的行动方针将优先考虑新冠肺炎疫情之后的经济复苏、加强区域互联互通、促进可持续发展、加强公共卫生合作和应对非传统安全挑战等领域。③ 2021年6月8日，缅甸外长温纳貌伦出席澜沧江-湄公河合作第六次外长会，提议加强澜湄各国在打击人口贩运、非法毒品生产和贩运、非法武器贩运和非法林产品贩运等跨国犯罪方面的合作。④

---

① 《陈海大使在2021年澜湄合作专项基金缅方项目合作协议签约仪式上的讲话》，中国驻缅大使馆网站，2021年8月10日，http：//mm.china-embassy.gov.cn/xwdt/202108/t20210810_8906400.htm。

② 《澜湄合作再创新成果  专项基金助力缅甸农产水果增值创新发展》，"凰眼观缅"微信公众号，2020年8月18日，https://mp.weixin.qq.com/s/gt-47ez-IRWvaUDb3F8BOA。

③ The Global New Light of Myanmar, "President U Win Myint Participates in 3rd Mekong-Lancang Cooperation Leaders'Video Conference Meeting; Myanmar Takes over MLC Co-chairmanship for Next 2 Years," Aug. 25, 2020, https://www.gnlm.com.mm/president-u-win-myint-participates-in-3rd-mekong-lancang-cooperation-leaders-video-conference-meeting-myanmar-takes-over-mlc-co-chairmanship-for-next-2-years/#article-title.

④ The Global New Light of Myanmar, "Union Minister U Wunna Maung Lwin Attends and Co-chairs 6th Mekong-Lancang Cooperation Foreign Ministers' Meeting," June 9, 2021.

## （四）与澜湄成员国密切合作

一是与中国的合作。2020年1月中缅共建"命运共同体"，为澜湄国家间构建更深层次的相互依赖新增合作范例。中缅在澜湄各领域合作越走越深、越走越实。在此前已支持两批共29个项目的基础上，双方将签署第三批22个项目合作协议，合作领域将进一步向医疗卫生、科教文化、能力建设等方面拓展。

二是与泰国的合作。2020年10月，泰方向缅方捐赠30万只口罩，用以表达泰方对两国公共外交合作及两国友谊的重视。① 2021年缅甸政局动荡，泰方通过首脑外交、公共外交等多层次外交迅速恢复与缅合作，并表示将积极协助缅甸解决问题。②

三是与越南的合作。2020年12月，越缅举行第九届副外长级年度政治磋商，双方同意与其他东盟国家一道，加快东盟共同体的成功建设。③ 2021年缅军接权后，越方积极采取外交手段，一方面表明缅转型不易应当珍惜，另一方面提议在联合国共同"动员国际伙伴"为缅甸寻找"合适的解决方案"。④

四是与柬埔寨的合作。2020年1月，缅国务资政昂山素季接见柬王家军总司令旺比盛，就两国全面合作、互利共赢，加强两国和两国人民之间现有的密切关系以及纪念缅甸和柬埔寨建立外交关系65周年的事项进行讨

---

① The Global New Light of Myanmar, "Myanmar Hluttaw Receives Donation of Face Masks from Thai Parliament," Nov. 4, 2020.
② Mizzima, "Thai Authorities Meet with UN Rep to Discuss Needs of Karen Refugees," May 8, 2021, https://www.mizzima.com/article/thai-authorities-meet-un-rep-discuss-needs-karen-refugees.
③ Vittnam Plus, "Vietnam-Myanmar 9th Annual Political Consultation," Dec. 28, 2020, https://en.vietnamplus.vn/Utilities/Print.aspx?contentid=193919.
④ Vietnam News, "Vietnamese PM Urges Coordination to Mobilise Int'l Support for ASEAN's Efforts on Myanmar Issue," Apr. 24, 2021, https://vietnamnews.vn/politics-laws/932353/vietnamese-pm-urges-coordination-to-mobilise-intl-support-for-aseans-efforts-on-myanmar-issue.html.

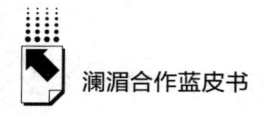

论。① 2021年10月，柬接棒东盟轮值主席国，就积极解决缅甸问题表明了独立的观点，反对将缅甸排斥在东盟首脑峰会以外，主张以大步迈进的方式帮助缅甸解决自身存在的问题。

五是与老挝的合作。2020年3月，缅国际合作部部长觉丁访问老挝，双方讨论了关于举行两国建交65周年纪念活动，并加强在各个领域的双边合作，特别是在贸易和投资、农业、能源、旅游业和两国人民之间的交流。② 2021年11月，缅外长温纳貌伦出席老挝政府同联合国开发计划署（UNDP）联合举办的第十三届高级圆桌会议，借讨论可持续发展的机会促使国际社会与缅方进行了一次难得的交流，老挝也扮演了斡旋方的重要角色。③

---

① The Global New Light of Myanmar, "State Counsellor Receives Chief of Cambodian Armed Forces," Jan. 15, 2020.
② The Global New Light of Myanmar, "Union Minister U Kyaw Tin Pays Official Visit to Lao PDR Laos Donates US $ 50000 for Humanitarian Assistance in Rakhine State," Mar. 8, 2020.
③ The Global New Light of Myanmar, "MoFA Union Minister Participates in Opening Session of 13th High-Level Roundtable Meeting Co-organized by Government of Lao PDR, UNDP," Nov. 18, 2020.

# B.11 2020~2021年泰国政治经济形势及对澜沧江-湄公河合作的参与*

邹春萌 唐志捷 封雪梅**

**摘　要：** 2020~2021年，受疫情冲击，泰国政治、经济、外交均出现新情况和新问题。在政治上，泰国受疫情和民间抗议双重影响，引发了王室危机，政治局势出现动荡。在经济上，泰国经济下滑明显，制造业和服务业受到重创，贸易发展受阻，外来投资大幅减少。在外交上，泰国不受美国等西方大国的政治干扰，与中国携手抗疫、共克时艰，同时继续保持与美国的盟友关系，注重与日本和邻国发展区域与双边合作。在澜湄合作上，这两年泰国一直积极参与澜湄合作基金项目，主动推进区域互联互通、公共卫生及农业等领域的合作。

**关键词：** 泰国　政治经济形势　澜湄合作

## 一　泰国政治：面临"抗议"与"抗疫"双重压力

2020~2021年，泰国政府的注意力集中在抗击疫情和应对政治抗议上。新冠肺炎疫情带来的经济萧条、就业压力、社会不公正现象与反国王势力对泰国王拉玛十世的负面舆情等因素相互交织影响，在反对党新未来党被解散

---

\* 本文是云南大学哲学社会科学创新团队项目（编号：CY2262420212）的阶段性成果。
\*\* 邹春萌，云南大学周边外交研究中心/国际关系研究院研究员；唐志捷，云南大学国际关系研究院硕士研究生；封雪梅，云南大学国际关系研究院硕士研究生。

后，学生们展开抗议示威活动，要求修宪、总理辞职和解散议会，泰国政坛呈现新一轮震荡之势。

## （一）爆发大规模抗议示威活动

2020~2021年，泰国反政府游行示威活动持续不断。2020年初，泰国开始爆发抗议示威活动，从最初的学生抗议逐步演化为涉及社会不平等、经济分配不公与要求王室改革等一系列重大问题的大规模群众性示威活动。

2020年2月，因新未来党遭泰国宪法法院裁决解散，学生开始组织第一波抗议示威活动，后因新冠肺炎疫情蔓延而中断。随着抗疫工作取得阶段性成功，7月18日，曼谷民主纪念碑爆发自2014年政变以来的最大规模示威活动，以青年倡议组织"自由青年"为首的示威者提出"解散国会、停止威胁异议人士和修改军方制定的宪法"三大诉求。8月10日，以泰国国立法政大学学生为主体组成的"法政与游行联合阵线"呼吁改革君主制，限制国王权力。随后泰国又爆发一连串前所未有的"反政府""反王权"示威集会，并扩展至全国20多个府，更有海外泰裔参与其中。10月15日，泰国政府宣布进入紧急状态。①

到2021年4月，泰国抗议进入"疲劳期"，抗议活动明显降温。其原因一是公众对快速传播的冠状病毒的担忧；二是政府镇压加剧使抗议活动的政治"成本"大幅增加；三是政府零谈判策略和对抗议者要求的虚假妥协相结合导致抗议活动没有取得任何实质结果。② 然而，11月11日，泰国宪法法院裁定2020年8月10日"法政与游行联合阵线"骨干成员阿侬、彩虹、麦克三人发表的要求王室改革的公开演说违反了泰国宪法精神，系"颠覆国体"之行为。该裁决在泰国引起轩然大波，街头反政府示威游行又迅速升温。

---

① 唐齐：《泰国：2020年回顾与2021年展望》，《东南亚纵横》2021年第2期。
② Janjira Sombatpoonsiri, "Thai 2021 Demonstrations: Losing Traction Online," FULCRUM, 26 Oct, 2021, https://fulcrum.sg/thai-2021-demonstrations-losing-traction-online/.

## （二）党派争斗异常激烈

2020~2021年，泰国政坛在"红黄对立"和"代际分化"的双重裂痕影响下，"保守派"与"革新派"之间的分歧急剧加大，形成了"挺巴育"与"反巴育"两大阵营对峙、中小政党居中制衡的复杂格局。[1] 随着新一轮大选即将到来，[2] 泰国政坛各力量之间的明争暗斗趋于白热化。无论是执政联盟与反对党联盟之间，还是执政联盟与反对党联盟内部本身，都加紧布局迎接大选。

2021年8月底至9月初，泰国执政联盟第一大党公民力量党秘书长塔玛纳联手部分执政联盟议员发动"议会政变"，试图将巴育拽落总理宝座。"东窗事发"之后，巴育立刻发起强势反攻，将塔玛纳及其盟友纳勒蒙逐出内阁，这一事件无疑加剧了本就山头林立的公民力量党的内部分裂，造成泰国政坛的"大地震"。

第一大反对党为泰党也动作频繁。春拉万医生出任新一届党魁，他信小女儿派通坦·西那瓦（翁英）出任该党创新与参与顾问团主席，未来她可能会成为为泰党提名的总理候选人之一，说明该党继续打"他信牌"。为吸引年青一代，远进党与反政府民间团体配合，积极推动修改甚至取缔刑法第112条（即"蔑视君主罪"）。为泰党最终也决定支持修改第112条，但这将降低下一届大选后公民力量党与为泰党联合组阁的可能性。此外，宪法有关大选方式的条款修改已进入实质操作程序，众多"一票小党"在下一届大选中基本无立足之地。

## （三）启动8年来首次府级地方选举

2020年12月20日，泰国举行除首都曼谷以外的全国76个府的地方选

---

[1] 周方冶：《泰国政治分歧及对中泰关系影响》，《当代世界》2020年第7期。
[2] 泰国国内对新一轮大选时间尚有分歧。按照2017年宪法规定，泰国总理任期只能是4年。巴育本人和亲巴育派认为他的任期应该从2019年6月当选起，且是第一届任期（连任不超过8年），所以2023年上旬才应举行大选。但反巴育派却认为巴育任期应该从2014年5月政变后拉玛九世颁诏任命其为代理总理算起，那么2022年8月巴育已经连任8年，所以2022年必须大选。

举。这是自 2012 年以来泰国首次举行府级选举，分别有 331 人和 8070 人报名参选府级行政机构主席和府级行政机构委员会委员。12 月 25 日，地方选举统计结果显示，76 个府中投票率最高的是博他伦府，高达 78.04%；其次依次为南奔府（77.86%）、那空那育府（75.79%）、沙敦府（74.29%）及清迈府（71.95%）。① 根据泰国中央选举委员会公布的非正式计票结果，地方政治家族赢得大多数行政机构的主席职务。为泰党一共参加 25 个府的自治机构领导人选举，但最终只赢得 9 府，分别是泰国北部 5 府和东北部的 4 府。东北部作为他信阵营的老根据地，也是为泰党的票仓，参选 10 府，只赢下 4 府，在泰国中部地区则几乎全军覆没。此次选举是泰国自 2019 年大选以来对民主的首次考验，反映了执政联盟公民力量党和自豪泰党对为泰党固有优势的不断侵蚀。

### （四）王室释放妥协善意

疫情冲击下的泰国经济衰退引发了王室危机，持续的抗议示威潮不仅针对巴育政府，更将矛头指向泰国君主制。虽然示威者的诉求未必能实现，但人民对王室的言论自由这一重大变化已近乎事实。王室在持续的抗议危机下开始走近人民，释放妥协善意。

2020 年 10 月 23 日是被尊为"大帝"的泰国先王拉玛五世朱拉隆功逝世纪念日，也是"废奴日"，拉玛十世哇集拉隆功国王罕见地携苏提达王后和两位公主走近人民，接受效忠王室的民众觐见朝拜。11 月 1 日，哇集拉隆功国王在玉佛寺为玉佛更换冬季袈裟仪式结束后，携王后、贵妃以及两位公主再次走进"黄衣军团"，接受他们的致敬。国王和王室成员一改往日高高在上的威严，亲近人民，这是自疫情发生以来政治生态的一大变化。在国王"妥协精神"的指引下，泰国政府也采取相应举措，积极推动在议会框架下成立"国家和解委员会"，试图通过和平谈判解决民众持续抗议示威的政治危机。然而，抗议者、反对党联盟、保皇派等冲突各方疑虑重重，反应

---

① 唐卉：《泰国：2020 年回顾与 2021 年展望》，《东南亚纵横》2021 年第 2 期。

消极，尤其是反政府示威团体拒绝参与"和解谈判"，积重难返的泰国政治危局距离和解之路似乎仍然遥不可及。

## 二 泰国经济：在疫情中艰难复苏

2020~2021年，在新冠肺炎疫情的冲击下，泰国经济明显下行。2020年，泰国GDP下降6.2%，制造业和服务业受到严重影响；进出口贸易萎缩，远不及市场预期；外国直接投资大幅下滑。2021年，泰国经济开始艰难复苏，GDP增长1.6%，制造业和服务业发展态势向好，进出口贸易缓慢回升，但国内消费低迷，旅游业增速下降，外国直接投资继续减少。

### （一）经济从衰退转向复苏

泰国银行及泰国经济社会发展委员会发布的数据显示，2020年泰国GDP负增长6.2%。其中，第一季度为-2.2%，第二季度为-12.3%，第三季度为-6.4%，第四季度为-4.2%。2021年，泰国GDP同比增长1.6%。其中，第一季度为2.4%，第二季度为7.7%，第三季度为0.2%，第四季度为1.9%。①

2020~2021年，泰国制造业和服务业受到严重打击。两行业在2020年第一季度分别同比下跌14.4%和12.3%，第二季度分别同比下跌5.3%和7.3%，第三季度分别同比下跌14.6%和12.2%。第四季度两行业开始复苏，同比增幅分别为0.7%和5.9%。2021年，泰国第一季度制造业同比增长0.7%，服务业同比下降4.2%；第二季度制造业和服务业分别同比增长16.8%和5.0%；第三季度制造业同比下降0.9%，服务业同比增长0.2%；第四季度制造业和服务业分别同比增长3.8%和1.6%。②

---

① 《泰国2021年第四季度发展报告和2022年经济发展展望》，泰国国民经济社会发展委员会，2022年2月28日，https://www.nesdc.go.th/nesdb_en/article_attach/article_file_20220228094737.pdf。
② 《泰国2021年第四季度发展报告和2022年经济发展展望》，泰国国民经济社会发展委员会，2022年2月28日，https://www.nesdc.go.th/nesdb_en/article_attach/article_file_20220228094737.pdf。

泰国支柱产业旅游业深受重创，旅游收入和游客数量出现大幅下降。2020年入境泰国的外国游客累计670万人次，同比下降99.83%；旅游总收入为4820亿泰铢，同比下降55.40%。2021年入境泰国的外国游客进一步减少，共计43万人次，同比下降93.58%；旅游总收入约为3840亿泰铢，同比下降20.33%。[1]

## （二）进出口贸易总额由降转升

据泰国商务部统计，2020年泰国进出口贸易总额为4377.90亿美元，较2019年下降9.3%。其中，出口额为2316.34亿美元，同比下降5.9%；进口额为2061.56亿美元，同比下降12.7%；贸易顺差为254.78亿美元，同比增长154.6%。2021年，泰国进出口贸易逐步回升。据泰国商务部统计，2021年泰国进出口贸易总额为5387.7亿美元，同比增长23.1%。其中，出口额为2711.7亿美元，同比上升17.1%；进口额为2676.0亿美元，同比上升29.8%；贸易顺差为35.7亿美元，同比下降了86.0%。[2] 中国、日本和美国一直是泰国前三大贸易伙伴（见表1和表2）。

表1 2020年泰国进出口贸易额分布

| 排名 | 国家/地区 | 单位：百万美元 | | | | 单位：% | | | |
|---|---|---|---|---|---|---|---|---|---|
| | | 贸易总额 | 出口额 | 进口额 | 贸易差额 | 贸易总额增长率 | 出口额增长率 | 进口额增长率 | 贸易差额增长率 |
| 1 | 中国 | 79614 | 29813 | 49801 | -19988 | 0.22 | 2.21 | -0.93 | -5.28 |
| 2 | 日本 | 50494 | 22808 | 27686 | -4878 | -12.52 | -6.99 | -16.60 | -43.75 |
| 3 | 美国 | 49189 | 34381 | 14808 | 19573 | 1.15 | 9.67 | -14.32 | 39.15 |
| 4 | 马来西亚 | 18879 | 8734 | 10145 | -1411 | -18.37 | -15.69 | -20.54 | -41.41 |
| 5 | 新加坡 | 16997 | 9512 | 7485 | 2027 | 3.29 | 7.21 | -1.29 | 57.15 |
| 6 | 越南 | 16603 | 11167 | 5436 | 5731 | -5.44 | -7.82 | -0.14 | -14.09 |
| 7 | 印度尼西亚 | 13420 | 7628 | 5792 | 1836 | -17.8 | -16.22 | -19.79 | -2.56 |
| 8 | 中国香港 | 13297 | 11292 | 2005 | 9287 | -9.51 | -3.62 | -32.69 | 6.29 |

---

[1] 《泰国2021年第四季度发展报告和2022年经济发展展望》，泰国国民经济社会发展委员会，2022年2月28日，https://www.nesdc.go.th/nesdb_en/article_attach/article_file_20220228094737.pdf。

[2] 《泰国国际贸易统计》，泰国商务部网站，2022年2月28日，http://tradereport.moc.go.th/TradeThai.aspx。

续表

| 排名 | 国家/地区 | 单位:百万美元 | | | | 单位:% | | | |
|---|---|---|---|---|---|---|---|---|---|
| | | 贸易总额 | 出口额 | 进口额 | 贸易差额 | 贸易总额增长率 | 出口额增长率 | 进口额增长率 | 贸易差额增长率 |
| 9 | 澳大利亚 | 13138 | 9831 | 3307 | 6524 | -7.38 | -3.9 | -16.38 | 3.98 |
| 10 | 中国台湾 | 12041 | 3796 | 8245 | -4449 | -0.42 | -5.44 | 2.07 | 9.48 |
| 11 | 韩国 | 11920 | 4248 | 7672 | -3424 | -10.95 | -10.15 | -11.39 | -12.88 |
| 12 | 印度 | 9796 | 5504 | 4292 | 1212 | -19.36 | -25.02 | -10.73 | -52.13 |
| 13 | 瑞士 | 9775 | 7528 | 2247 | 5281 | 9.55 | 42.12 | -38.03 | 216.16 |
| 14 | 德国 | 9286 | 4073 | 5213 | -1140 | -14.19 | -10.18 | -17.09 | -34.95 |
| 15 | 菲律宾 | 8077 | 5056 | 3021 | 2035 | -20.33 | -26.9 | -6.23 | -44.92 |

资料来源：泰国商务部，http://tradereport.moc.go.th/TradeThai.aspx。

**表2 2021年泰国进出口贸易额分布**

| 排名 | 国家/地区 | 单位:百万美元 | | | | 单位:% | | | |
|---|---|---|---|---|---|---|---|---|---|
| | | 贸易总额 | 出口额 | 进口额 | 贸易差额 | 贸易总额增长率 | 出口额增长率 | 进口额增长率 | 贸易差额增长率 |
| 1 | 中国 | 103750 | 37204 | 66546 | -29342 | 30.32 | 24.79 | 33.62 | 46.80 |
| 2 | 日本 | 60670 | 24985 | 35685 | -10700 | 20.15 | 9.54 | 28.89 | 119.35 |
| 3 | 美国 | 56192 | 41768 | 14424 | 27344 | 14.24 | 21.49 | -2.59 | 39.70 |
| 4 | 马来西亚 | 24076 | 12058 | 12018 | 40 | 27.53 | 38.06 | 18.46 | -102.83 |
| 5 | 越南 | 19478 | 12539 | 6939 | 5600 | 17.32 | 12.29 | 27.65 | -2.3 |
| 6 | 澳大利亚 | 17261 | 10902 | 6359 | 4543 | 31.38 | 10.89 | 92.29 | -30.36 |
| 7 | 印度尼西亚 | 16988 | 8861 | 8127 | 734 | 26.59 | 16.16 | 40.31 | -60.02 |
| 8 | 新加坡 | 16375 | 9010 | 7365 | 1645 | -3.66 | -5.28 | -1.60 | -18.84 |
| 9 | 韩国 | 15802 | 5883 | 9919 | -4036 | 32.57 | 38.49 | 29.29 | 17.87 |
| 10 | 中国台湾 | 15166 | 4657 | 10509 | -5852 | 25.95 | 22.68 | 27.46 | 31.54 |
| 11 | 印度 | 14940 | 8534 | 6406 | 2128 | 52.51 | 55.05 | 49.25 | 75.58 |
| 12 | 中国香港 | 14448 | 11589 | 2859 | 8730 | 8.66 | 2.63 | 42.59 | -6.00 |
| 13 | 阿联酋 | 12323 | 2782 | 9541 | -6759 | 66.18 | 29.39 | 81.20 | 116.94 |
| 14 | 德国 | 11166 | 4941 | 6225 | -1284 | 20.24 | 21.31 | 19.41 | 12.63 |
| 15 | 菲律宾 | 10883 | 7068 | 3815 | 3253 | 34.74 | 39.79 | 26.28 | 59.85 |

资料来源：泰国商务部，http://tradereport.moc.go.th/TradeThai.aspx。

2020年泰国对工业制造品和原料的进出口大量增加，对农业商品的进出口减少。2020年泰国主要出口商品是汽车部件和设备、计算机设备和组件、电气机械和组件以及珠宝、宝石、银锭和黄金，这四大类出口商品占比60.4%；主要进口商品是机械和零件、电气机械和组件、原油和化学品，这四类进口商品比重达54.1%（见表3）。

表3　2020年泰国主要进出口商品

| 商品类型 | 进口额（百万美元） | 进口比重（%） | 出口额（百万美元） | 出口比重（%） |
| --- | --- | --- | --- | --- |
| 电气机械和组件 | 16790.22 | 13.9 | 19716.00 | 15.3 |
| 机械和零件 | 18126.95 | 15.0 | 6561.01 | 5.1 |
| 珠宝、宝石、银锭和黄金 | 7493.17 | 6.2 | 18208.94 | 14.1 |
| 其他金属矿石、金属废料和产品 | 8101.14 | 6.7 | — | — |
| 计算机设备和组件 | 8575.56 | 7.1 | 18670.72 | 14.5 |
| 汽车部件和设备 | 9011.62 | 7.4 | 21356.37 | 16.5 |
| 钢和钢产品 | 10220.88 | 8.4 | — | — |
| 电路板 | 12229.71 | 10.1 | 7154.53 | 5.5 |
| 化学品 | 14418.55 | 11.9 | 6732.19 | 5.2 |
| 原油 | 16128.57 | 13.3 | — | — |
| 空调和组件 | — | — | 5252.69 | 4.1 |
| 成品油 | — | — | 5346.21 | 4.1 |
| 塑料颗粒 | — | — | 7971.12 | 6.2 |
| 橡胶制品 | — | — | 12115.57 | 9.4 |
| 合计 | 121096.37 | 100.0 | 129085.35 | 100.0 |

资料来源：泰国商务部，http://tradereport.moc.go.th/TradeThai.aspx。

2021年，泰国主要出口商品是汽车部件和设备、计算机设备和组件、橡胶制品、塑料颗粒，这四大类出口商品占比达59.6%；泰国主要进口商品是原油、机械和零件、电气机械和组件、化学品以及钢和钢产品，这五类产品的进口比重达62.3%（见表4）。

表4　2021年泰国主要进出口商品

| 商品类型 | 进口额（百万美元） | 进口比重（%） | 出口额（百万美元） | 出口比重（%） |
| --- | --- | --- | --- | --- |
| 电气机械和组件 | 19272.11 | 11.8 | — | — |
| 机械和零件 | 20952.32 | 12.9 | 7979.55 | 6.2 |
| 珠宝、宝石、银锭和黄金 | 11983.17 | 7.4 | 10044.53 | 7.8 |

续表

| 商品类型 | 进口额（百万美元） | 进口比重（%） | 出口额（百万美元） | 出口比重（%） |
|---|---|---|---|---|
| 其他金属矿石、金属废料和产品 | 12953.56 | 7.9 | — | — |
| 计算机设备和组件 | 10145.48 | 6.2 | 22038.43 | 17.1 |
| 汽车部件和设备 | 11332.67 | 7.0 | 29094.47 | 22.6 |
| 钢和钢产品 | 16416.90 | 10.1 | 6796.04 | 5.3 |
| 电路板 | 15150.21 | 9.3 | 8491.16 | 6.6 |
| 化学品 | 20636.98 | 12.7 | 9796.78 | 7.6 |
| 原油 | 24138.95 | 14.8 | — | — |
| 空调和组件 | — | — | — | — |
| 成品油 | — | — | 8832.59 | 6.9 |
| 塑料颗粒 | — | — | 11248.11 | 8.7 |
| 橡胶制品 | — | — | 14469.06 | 11.2 |
| 合计 | 162982.35 | 100.0 | 128790.72 | 100.0 |

资料来源：泰国商务部，http://tradereport.moc.go.th/TradeThai.aspx。

## （三）外商直接投资持续下滑

多年来，泰国一直是亚洲吸引外商直接投资最成功的国家之一，2020年外来投资开始下降。据泰国投资促进委员会统计，2020年外商在泰投资项目数共计907个，同比下降3%，涉及投资额2131.62亿泰铢，同比下降54%。[1] 泰国主要外资来源国或地区为日本、中国、美国、荷兰、中国香港等（见表5）。

表5　2020年泰国外资来源国或地区排名（按投资金额排名）

| 排名 | 国家或地区 | 投资项目数（个） | 同比增长（%） | 投资金额（百万泰铢） | 同比增长（%） |
|---|---|---|---|---|---|
| 1 | 日本 | 211 | -7.05 | 75946 | 3.89 |
| 2 | 中国 | 164 | -19.21 | 31465 | -87.98 |
| 3 | 美国 | 39 | 14.71 | 24555 | 100.30 |
| 4 | 荷兰 | 72 | 53.19 | 18688 | 79.21 |

[1] 《2020年1-12月外商投资报告和统计》，泰国投资促进委员会（BIO），2022年2月28日，https://www.boi.go.th/upload/content/Q4%202020_600a81a312120.pdf。

续表

| 排名 | 国家或地区 | 投资项目数（个） | 同比增长（％） | 投资金额（百万泰铢） | 同比增长（％） |
|---|---|---|---|---|---|
| 5 | 中国香港 | 76 | 13.43 | 16375 | -54.94 |
| 6 | 新加坡 | 111 | -7.50 | 16365 | 33.34 |
| 7 | 中国台湾 | 56 | -26.32 | 11655 | -41.98 |
| 8 | 瑞士 | 19 | -9.52 | 4568 | -80.83 |
| 9 | 德国 | 21 | — | 3090 | — |
| 10 | 马来西亚 | 18 | — | 2644 | — |

资料来源：泰国投资促进委员会（BOI），http://www.boi.go.th/index.php?page=index&language=zh。

2021年，泰国外来投资项目减少，但外来投资金额有所增加。据泰国投资促进委员会统计，2021年外商在泰投资项目数共计783个，同比下降14%，涉及投资额4553.33亿泰铢，同比增长114%。① 总体来看，泰国的外资主要来自亚洲国家，前十大外资来源国或地区中亚洲国家或地区占了3/5（见表6）。

表6　2021年泰国外资来源国或地区排名（按投资金额排名）

| 排名 | 国家或地区 | 投资项目数（个） | 同比增长（％） | 投资金额（百万泰铢） | 同比增长（％） |
|---|---|---|---|---|---|
| 1 | 日本 | 178 | -15.64 | 80733 | 6.30 |
| 2 | 中国 | 112 | -31.71 | 38567 | 22.57 |
| 3 | 新加坡 | 96 | -13.51 | 29669 | 81.30 |
| 4 | 美国 | 41 | 5.13 | 29519 | 20.22 |
| 5 | 中国台湾 | 39 | -30.36 | 21804 | 87.08 |
| 6 | 奥地利 | 2 | — | 14808 | — |
| 7 | 意大利 | 5 | — | 13158 | — |
| 8 | 韩国 | 28 | — | 12419 | — |
| 9 | 中国香港 | 62 | -18.42 | 12390 | -24.34 |
| 10 | 挪威 | 2 | — | 10314 | — |

资料来源：泰国投资促进委员会（BOI），http://www.boi.go.th/index.php?page=index&language=zh。

---

① 《2021年1-12月外商投资报告和统计》，泰国投资促进委员会（BOI），2022年2月28日，https://www.boi.go.th/upload/content/FDI%202021_6209cc1ce470c.pdf。

2020年泰国吸引外资的行业出现重大变化，获得外国投资额最多的行业是车辆和成套、电气和电子产品以及旅游，外国直接投资较少的行业则为自动化和机器人、飞行器。2021年，电气和电子产品、石化和化工产品、医疗、农业和食品加工、机动车和零部件、生物技术成为泰国吸引外资的主要行业，说明受疫情影响，外商看到医疗和生物技术在泰国的商机，也说明泰国开始重视医疗和生物技术行业的发展（见表7）。

表7 2020~2021年获批准的外国投资行业分布

| 行业类型 | 2020年 | | 2021年 | |
| --- | --- | --- | --- | --- |
| | 投资额（百万泰铢） | 比重（%） | 投资额（百万泰铢） | 比重（%） |
| 数字化 | 2921 | 1.8 | 7990 | 3.1 |
| 医疗 | 2671 | 1.6 | 33595 | 13.0 |
| 石化和化工产品 | 10475 | 6.4 | 38386 | 14.9 |
| 自动化和机器人 | 156 | 0.1 | 260 | 0.1 |
| 飞行器 | 244 | 0.1 | 104 | 0.04 |
| 生物技术 | 7505 | 4.6 | 20656 | 8.0 |
| 电气和电子产品 | 54289 | 33.2 | 95320 | 36.9 |
| 机动车和零部件 | 62075 | 37.9 | 22096 | 8.6 |
| 旅游 | 15190 | 9.3 | 12171 | 4.7 |
| 农业和食品加工 | 7362 | 4.5 | 27775 | 10.8 |
| 国防 | — | | | |
| 人力资源和教育 | 749 | 0.5 | — | |
| 合计 | 163637 | 100.0 | 258353 | 100.0 |

资料来源：泰国投资促进委员会（BOI），http://www.boi.go.th/index.php?page=index&language=zh。

## 三 泰国对外关系：在疫情中平稳发展

泰国一贯奉行独立自主的外交政策，维持"大国平衡"战略。2020~2021年，在新冠肺炎疫情影响下，泰国不受美国等西方大国的政治干扰，

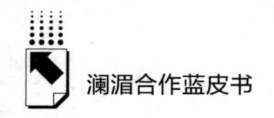

与中国携手抗疫、共克时艰,在全面加强与中国多领域、多渠道深入合作的同时,继续保持与美国的盟友关系,注重与日本和邻国发展区域与双边合作。

### (一)中泰关系进一步发展

2020年是中泰建交45周年,两国高层交往密切。1月,王毅国务委员兼外长在北京会见泰国敦外长。2月,王毅国务委员兼外长就新冠肺炎疫情同敦外长通电话,并在老挝出席特别外长会期间同敦外长会见。7月,习近平主席同巴育总理通电话,李克强总理、王毅国务委员兼外长就中泰建交45周年同巴育总理、敦外长互致电函。10月,王毅国务委员兼外长对泰国进行正式访问。2021年6月,王毅国务委员兼外长在重庆会见前来出席中国东盟特别外长会的泰国副总理兼外长敦。7月,全国人大常委会委员长栗战书同泰国国会主席兼下议院议长川·立派举行视频会晤。

两国贸易在疫情中逆势增长。据泰国商务部统计,2020年中泰双边贸易额为796.1亿美元,同比增长0.2%;2021年,中泰双边贸易额首次突破千亿美元大关,达1037.5亿美元,同比增长30.3%。① 不过,中国既是泰国最大的贸易伙伴,也是最大的贸易逆差国。在疫情影响下,中泰贸易逆差进一步扩大。2020年,泰国对华出口额为298.1亿美元,自华进口额为498.0亿美元,贸易逆差为199.9亿美元;2021年,泰国对华出口额为372亿美元,自华进口额为665.5亿美元,贸易逆差为293.5亿美元。② 泰方过大的贸易逆差并不利于中泰两国贸易的健康可持续发展。

2021年11月,泰国加入"一带一路"能源合作伙伴关系,中泰两国开始探讨在石油、电力、可再生能源、核能等领域开展合作。2020~2021年,

---

① 《泰国与主要贸易伙伴的贸易数据》,泰国商务部网站,2022年2月28日,http://tradereport.moc.go.th/Report/ReportEng.aspx?Report=TradeEnCountryTrade。
② 《泰国与各国的国际贸易》,泰国商务部网站,2022年2月28日,http://tradereport.moc.go.th/Report/Default.aspx?Report=TradeThSummary。

中泰两国相互支持，携手应对疫情挑战。当疫情突袭而至的时候，泰国率先表达对中方的慰问和支持，并提供宝贵的抗疫物资。中国对泰方的抗疫斗争同样全力以赴给予帮助，率先向泰国提供大量安全高效的新冠疫苗，并着眼缓解疫情对泰国经济的影响，积极扩大泰国贸易进口。截至2021年10月1日，中方已向泰方提供超过4000万剂疫苗。[①]

### （二）泰美关系保持稳定

2020~2021年，因新冠肺炎疫情的蔓延，美泰双方的务实合作受到一定影响，但仍保持较为紧密的联系。2020年2月25日至3月6日，一年一度的泰美"金色眼镜蛇"联合军事演习在泰国北部的彭世洛府举行。2020年4月8日，泰国总理巴育接见美国新任驻泰国大使迈克尔·乔治·德·桑博（Michael George De Sombre）时强调，希望持续推进泰美友好外交关系。6月18日，美国向泰国肃毒局捐赠交通工具和缉毒设备，以提升泰国肃毒局工作人员的工作效率。2021年5月21日，两国开展第七次泰美战略对话，主张加强长期合作关系，共同努力应对新冠肺炎疫情、经济复苏等各种挑战；强调泰美军事与安全联盟的重要性，并就当前地缘战略交换意见，探讨通过亚太经合组织和东盟等合作框架开展合作；同时讨论在应对网络安全、公共卫生安全等新兴威胁及发展稳定且可持续的供应链、气候变化和清洁能源等方面加强合作。[②] 2021年7月30日，受泰国疫情影响，"金色眼镜蛇-2021"多国人道主义救援减灾演习首次通过视频连线的方式组织参加联演。2021年12月15日，泰国马纳斯维大使会见了美国副贸易代表，以加强泰美关系经济关系，双方讨论了促进泰美关系的方式以及2022年泰国作为亚洲太平洋经济合作组织主办国期间双方的经济合作，马纳斯维大使要求美国政府支持更新普惠制（GSP），并表示泰国愿意与美国合作，加强泰美在供应链方面

---

① 《团结合作共克时艰　命运与共开辟未来》，新浪网，2021年10月1日，https://news.sina.com.cn/o/2021-10-02/doc-iktzqtyt9263251.shtml。
② 〔泰〕《第七届泰美战略对话》，泰国皇家驻华盛顿大使馆，2021年5月21日，https://thaiembdc.org/th/2021/05/21/7th_strategicdialogue/。

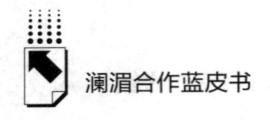

的合作。

2020年，泰美双边贸易额为491.89亿美元，同比增长1.15%，其中，泰国进口额为148.08亿美元，同比下降14.32%，出口额为343.81亿美元，同比增长9.67%，泰国贸易顺差为195.73亿美元。2021年，泰美双边贸易额为561.92亿美元，同比增长14.24%，其中，泰国进口额为144.24亿美元，同比下降2.59%，出口额为417.68亿美元，同比增长21.49%，泰国贸易顺差为273.44亿美元。2020年，美国对泰直接投资49.8亿泰铢，比2019年下降68%。2021年，美国对泰直接投资295亿泰铢，同比猛增492%。① 为了控制新冠肺炎疫情的传播，美国承诺向泰国实验室和一线医护人员提供近850万美元物资，并支持泰缅边境所有九个缅甸难民营地的应对能力和粮食安全。

## （三）泰日关系保持友好

2020~2021年，泰国与日本加强了经济和区域合作，两国关系保持友好。2020年1月7日，泰日双方举行外长会议，泰国巴穆威奈部长表示希望日泰针对东部经济走廊（EEC）建设开展合作。日本外务大臣茂木表示，日方打算通过"东盟海外贷款和投资倡议"等渠道参与基础设施合作。两位部长还就湄公河-日本合作、伊洛瓦底江-湄南河-湄公河经济合作战略（ACMECS）以及海洋塑料垃圾问题交换意见。② 2月4日，日本与泰国签署《为确保"特定技能"在留资格外国人才相关系统正常运行而建立信息合作基础框架的合作备忘录》，加强两国互利合作。2021年11月3日，日本政府宣布授予泰国的班迪特副教授和宋蓬先生公民勋章，表彰他们为增进泰日相互了解和加强双方友好关系做出的宝贵贡献。③

---

① 《2021年1-12月外商投资报告和统计》，泰国投资促进委员会（BOI），2022年2月28日，https://www.boi.go.th/upload/content/FDI%202021_6209cc1ce470c.pdf。
② 《日泰外长会》，日本外务省，2020年1月7日，https://www.mofa.go.jp/s_sa/sea1/th/page3e_001145.html。
③ 《2021年秋季授予外国人勋章》，日本驻泰国大使馆，2021年11月3日，https://www.th.emb-japan.go.jp/itpr_en/PR21_25.html。

2020年，泰日双边贸易额为504.94亿美元，同比下降12.52%，其中，泰国进口额为276.86亿美元，同比下降16.60%，出口额为228.08亿美元，同比下降6.99%，泰国逆差为48.78亿美元。2021年，泰日双边贸易额为606.70亿美元，同比增长20.15%，其中，泰国进口额为356.85亿美元，同比增长28.89%，出口额为249.85亿美元，同比增长9.54%，逆差为106.8亿美元。据泰国投资委（BOI）统计，2020年和2021年日本对泰直接投资分别为547亿泰铢和678亿泰铢，连续两年位列第一。① 在抗疫合作方面，截至2021年10月15日，日本已向泰国捐赠205万剂新冠疫苗。除疫苗捐赠外，日本还通过各种形式的合作支持泰国，总额约为2000万美元，包括为新冠肺炎患者捐赠868台制氧机，提供疫苗运输和储存所需的冷链设备。②

### （四）与邻国关系平稳发展

2020~2021年，泰国与邻国携手合作，共抗疫情，双边合作有所推进。2020年10月22日，泰国与老挝计划于2023年修建第六座泰老友谊大桥，以增进边境贸易、投资和旅游。2021年5月7日，泰国政府、私营部门和公民向老挝提供超过1600万泰铢的资金和医疗设备，支持老挝抗击新冠肺炎疫情。③ 2021年11月2~5日，泰国外交部部长兼副总理敦邀请老挝外交部部长、泰老双边合作联合委员会主席、泰老边境委员会主席沙伦赛·贡玛西参加第22届泰老双边合作联合委员会会议，双方同意加强禁毒合作，并联合制定社会经济恢复合作机制。2020年7月15日，泰国政府决定向缅甸提供总计14.58亿泰铢的援助贷款，用于仰光市电力系统的改善，帮助泰国企业参与缅甸经济建设。10月19日，泰国外交部向缅甸政府捐赠100万只口罩应对疫

---

① 《2021年1-12月外商投资报告和统计》，泰国投资促进委员会（BOI），2022年2月28日，https://www.boi.go.th/upload/content/FDI%202021_ 6209cc1ce470c.pdf。
② 《向泰国捐赠COVID-19疫苗（第四次捐赠：40万剂）》，日本驻泰国大使馆，2021年10月15日，https://www.th.emb-japan.go.jp/itpr_en/pr2021_24.html。
③ 《泰国政府、泰国私营部门和泰国公民向老挝提供超过1600万泰铢的资金和医疗设备支持预防新冠肺炎疫情》，泰国皇家驻老挝大使馆，2021年5月7日，https://vientiane.thaiembassy.org/2021/05/2718/。

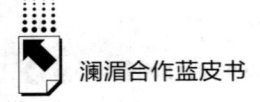

情。2021年2月24日，新上任的缅甸军政府外长吴瓦纳茂伦首次出访泰国，与泰国总理巴育、外交部官员会谈，就缅甸国内局势进行说明。2021年7月13日，泰国外交部重申将继续参与解决"缅甸"问题，向缅甸提供人道主义援助资金。① 2020年12月19日，泰国与柬埔寨就泰柬建交70周年互换贺词，重申扩大双边和多边的互利合作。2021年11月30日，泰国向柬埔寨农业总局提供柬埔寨可持续水果和蔬菜种植指南，两国农业合作取得较大成功，被联合国南南合作办公室评为支持实现可持续发展目标的示范项目之一。② 2021年12月16~18日，泰柬召开双边合作联合委员会第11次会议，双方同意进一步推动两国领导人、各部委、机构和地方当局定期互访和会晤，增进传统友好关系，加强互联互通和边界友谊，促进边境安全、非法采伐、毒品、武器和人口贩运等领域的培训和信息共享。③ 2020年1月16日，第7届泰国—马来西亚畜牧发展委员会会议在泰国巴蜀府举行，推动畜牧业和贸易发展合作。6月10日，泰国总理巴育与马来西亚新任总理穆希丁进行首次通话，强调密切合作，防止新冠肺炎疫情在边境传播。2021年3月25日，泰国驻吉隆坡大使会见马外交部部长，商讨疫情应对措施。

受疫情影响，泰国与邻国的双边贸易在2020年均出现不同程度的下滑。泰老贸易额为63亿美元，同比下降0.80%；泰缅贸易额为66亿美元，同比下降13.33%；泰柬贸易额为72亿美元，同比下降23.22%；泰马贸易额为189亿美元，同比下降18.37%。2021年，泰国与邻国贸易均有所增长，其中泰老贸易额为72亿美元，同比增长14.29%；泰缅贸易额为71亿美元，

---

① 《外交部重申：泰国仍在参与解决"缅甸"问题》，泰国头条新闻，2021年7月13日，https://www.thaiheadlines.com/97966/。

② 〔泰〕《泰国向柬埔寨GDA提供柬埔寨可持续水果和蔬菜种植指南》，泰国皇家驻金边大使馆，2021年1月11日，https://phnompenh.thaiembassy.org/th/content/manual-crops-climate2021-11？cate=5d73ac5d15e39c46f4006ed0。

③ 《泰王国副首相兼外交大臣唐·普拉穆德维奈阁下对柬埔寨王国的正式访问以及柬埔寨和泰国双边合作联合委员会第11次会议（JC会议第11次会议）的结果》，柬埔寨外交与国际合作部，2022年2月28日，https://mfaic.gov.kh/Posts/2021-12-21-Press-Release-Outcomes-of-the-Official-Visit-of-His-Excellency-Don-PRAMUDWINAI--Deputy-Prime-Minister--Minister-of-13-13-06。

同比增长7.58%；泰柬贸易额为79亿美元，同比增长9.72%；泰马贸易额为240亿美元，同比增长26.98%。① 从边境贸易来看，2021年1~7月，泰老边境贸易额为1222.1亿铢，同比增长14.07%；泰缅边境贸易额为1107.5亿铢，同比增长10.02%；泰柬边境贸易额为965.5亿铢，同比增长1.85%；泰马边境贸易额为1832.1亿铢，同比增长39.90%。②

## 四 泰国对澜湄合作的参与：进展与困难并存

2020~2021年，泰国积极参与澜湄合作并做出重要贡献。泰国总理巴育于2020年8月24日出席澜沧江-湄公河合作第三领导人线上会议，泰国外长敦分别于2020年2月20日和2021年6月8日参加澜沧江-湄公河合作第五次外长会和第六次外长会，大力支持区域可持续发展。此外，2020~2021年，泰国参与多项澜湄合作专项基金项目，在增进澜湄六国互联互通、公共卫生与农业合作方面取得新进展。

### （一）泰国对澜湄合作参与进展

#### 1. 参与多项澜湄合作专项基金项目

澜湄合作专项基金项目由中国于2016年3月在澜湄合作首次领导人会议上提出，旨在为澜湄六国的中小型合作项目提供资金支持。利用澜湄合作专项基金，中泰积极共建澜湄流域经济带，不断开展多项务实合作，2019年曾在水资源、农业和减贫两大优先方向签署合作协议，2020年和2021年则在教育和卫生健康两个领域取得新成效，有效助推澜湄合作迈上新台阶（见表8）。泰方及其他澜湄国家外长均表示，专项基金项目极大促进了澜湄国家经济社会的发展，各国将加强项目管理，不断提升项目质量，以服务各国民众。

---

① 《泰国与主要贸易伙伴的贸易数据》，泰国商务部网站，2022年2月28日，http://tradereport.moc.go.th/Report/ReportEng.aspx?Report=TradeEnCountryTrade。
② 《1-7月泰国边境和跨境贸易成长30%》，中国商务新闻网，2021年8月31日，http://www.comnews.cn/article/international/202108/20210800085051.shtml。

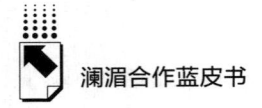

表8 2020和2021年中泰澜湄合作专项基金项目一览

| 时间 | 项目 |
| --- | --- |
| 2020年1月10日 | 泰国玛大孔院与广垦橡胶有限公司签署合作协议 |
| 2020年11月17日 | 中泰签署澜湄合作专项基金2020年度农业项目合作协议 |
| 2020年12月7日 | 中泰签署澜湄合作专项基金2020年度卫生项目合作协议 |
| 2020年12月18日 | 中泰开展"中文+职业技能"合作正式签约 |
| 2021年3月29日 | 中国建筑签署中泰铁路项目合同 |
| 2021年1月9日 | 中泰双边本币互换协议再次展期 |
| 2021年5月20日 | "春苗行动"在泰国正式实施 |
| 2021年12月21日 | 中泰签署澜湄合作专项基金2021年度职业教育项目合作协议 |

资料来源：笔者根据澜沧江-湄公河合作网站整理，http://www.lmcchina.org。

### 2.互联互通发展势态良好

泰国积极助力中老泰铁路建设，希望搭乘区域互联互通的"机遇快车"，让泰国出口到中国的商品可以选择成本更低、时间更短的铁路运输，提升泰国商品在中国市场的竞争力。2021年11月4日，泰国铁路局和海关总署高层整合两部门的工作计划，提出支持从中老铁路到泰老友谊桥（廊开—万象）的中老货物运输，促进东北部边贸重镇廊开府至万象段的铁路跨境运输，提高运输效率和通关便利化。① 2021年3月29日，中泰双方在曼谷正式签署中泰铁路项目总承包合同，加快共建中泰铁路项目。在中泰铁路建设过程中，泰国许多职业院校与中国院校在铁路、物流等专业人才培养方面开展广泛而深入的合作，通过引入中国技术和课程设置方案，为泰国提供轨道交通人才储备，同时也为泰国年轻人接触中国先进轨道技术提供机会。② 2021年11月2~5日，在第22届泰老双边合作联合委员会会议上，泰老双方修订《泰老电力买卖谅解备忘录》，泰方表示愿意为老挝向新加坡送

---

① 《泰国期待加强区域互联互通》，澜沧江-湄公河合作网站，2022年1月2日，http://www.lmcchina.org/2022-01/02/content_41871280.htm。
② 《通讯：结缘中国铁路 驶上职业快轨》，新华网，2021年11月29日，http://www.news.cn/2021-11/29/c_1128112332.htm。

电提供支持，促进泰老电力互通。① 此外，2020年泰国出席第17届东盟—印度峰会，提出将印度—缅甸—泰国三方公路项目向老挝、柬埔寨和越南延伸，促进泰缅老柬越的互联互通。②

3. 公共卫生合作进一步深化

2020年初，泰国作为中国的友好邻邦、全面战略合作伙伴，对中国抗击疫情给予大力支持和帮助。泰国哇集拉隆功国王和王后、泰国政府及社会各界向中方捐赠医疗物资。在中国疫苗研发成功后，泰国积极配合"春苗行动"在其国内工作的开展，在曼谷挽叻疫苗接种中心设立中国公民新冠疫苗接种点，泰国卫生部还指定专门医疗机构，为在泰中国公民接种科兴疫苗。2020年11月6日，泰国巴育总理与越南总理阮春福通过连线电话讨论湄公河-澜沧江合作框架下的湄公河管理问题，提出加强东盟国家间在遏制新冠肺炎疫情扩散方面的合作，提议建立东盟公共卫生疾病中心，加强区域医疗用品储备。③ 2021年2月，泰国政府向老挝提供10000套RT-PCR④检测包，并为老挝医务人员提供医疗技术和公共卫生技术培训项目，例如博考区医院和帕克松市医院发展合作项目。⑤

4. 农业合作不断推进

中国是泰国重要的水果出口市场，每年从泰国进口的水果有20多种。2020年，面对疫情冲击，泰国水果对华出口逆势增长。据泰国商业部发布的数据显示，2020年上半年，泰国水果出口中国总额为745.3亿泰铢，较去年同期增长64.89%，其中增幅较大的水果是菠萝、榴莲和龙眼。2020年

---

① 《第22届泰老双边合作联合委员会会议召开》，东盟学院，2021年11月7日，http://dongmengxueyuan.gxun.edu.cn/info/1502/17624.htm。
② 〔泰〕《总理在第十七届东盟-印度峰会上强调生产和扩散关于抗击新冠疫情医药物资的合作及促进世界经济复苏》，东盟外交部，https://asean.mfa.go.th/th/content/。
③ 〔泰〕《"泰国—越南"加强关系强调东盟框架内的合作》，泰叻报网，2020年11月6日，https://www.thairath.co.th/news/politic/1970934。
④ RT-PCR（Reverse Transcription-Polymerase Chain Reaction）是将RNA的反转录（RT）和cDNA的聚合酶链式扩增（PCR）相结合的技术。
⑤ 〔泰〕《泰国政府通过RT-PCR的方式给老挝捐赠1万剂新冠病毒试剂》，东盟外交部网站，2022年2月28日，https://asean.mfa.go.th/th/content/。

9月28日，在西部陆海新通道中国（广西、四川）—泰国水果专场洽谈会上，泰国企业提出中泰应共同打造运输路线和物流体系，推动泰国水果通过西部陆海新通道扩大对华贸易规模。此外，泰国清迈大学、素罗娜丽科技大学、远东大学、东方大学等高校及泰国地理信息与空间技术发展署等研究机构在多个领域开展务实的农业项目，积极推动澜湄合作不断走深走实。

## （二）泰国参与澜湄合作面临的困难

第一，泰国与澜湄成员国间的贸易互通受到冲击。在疫情影响下，泰国出口到澜湄成员国的农产品受到严重限制。2021年4月23日，柬埔寨因在来自泰国猪肉样本检测中发现了非洲猪瘟病毒（ASF），而宣布对自泰国进口的猪肉产品采取更严苛的食品安全监管。[①] 随后越方宣布从2021年6月30日起对泰国生猪进口实施禁令。缅甸也自2021年6月4日起对从达府和清莱两个主要口岸进口的泰国香皂、洗衣粉和牙膏等个人护理用品实施禁令。[②] 中国政府亦因泰方龙眼质量不达标宣布自2021年8月13日起暂停从泰国66家公司进口龙眼。如今泰国仍旧深陷新冠肺炎疫情泥淖，与澜湄成员国间的贸易畅通仍旧面临诸多限制。

第二，泰国参与澜湄区域数字经济合作受到影响。泰国数字经济促进局（DEPA）发布的季度调查显示，由于新冠肺炎疫情大流行和糟糕的经济形势，2021年第一季度泰国数字产业信心指数下降至46.4%，比2020年第四季度减少3.5个百分点，显示个人和企业对数字产品和服务的购买力均疲弱。[③] 泰国数字产业信心指数的疲弱将降低泰国在澜湄合作中对数字经济的参与度，在一定程度上将阻碍澜湄区域数字经济合作的发展。

第三，泰国参与澜湄区域减贫合作面临压力。新冠肺炎疫情重创泰国批

---

① 《柬埔寨限制进口泰国生猪》，中国商务部网站，2021年4月29日，http://th.mofcom.gov.cn/article/jmxw/202104/20210403056685.shtml。
② 《缅甸对泰国香皂、洗衣粉和牙膏实施禁令》，中国商务部网站，2021年6月17日，http://th.mofcom.gov.cn/article/jmxw/202106/20210603109787.shtml。
③ 《2021年泰国数字产业信心指数疲弱》，中国商务部网站，2021年4月29日，http://th.mofcom.gov.cn/article/jmxw/202104/20210403056748.shtml。

发业、零售业、制造业和服务业，相关企业大量关闭，导致劳动力市场萎缩，失业率升高。从世界银行公布的数据来看，2020年底至2021年初，泰国贫困人口从430万人增至580万人，增加了150万人，到2021年底，泰国贫困人口将增加200万人。① 贫困人口的增加将增添泰国在澜湄区域减贫方面的合作压力。

总之，2020~2021年，在"抗议"和"抗疫"的双重压力下，泰国政治、经济与社会均陷入较大困境，难以切实保证澜湄合作项目的贯彻落地。随着新冠肺炎疫情防控常态化及新一轮大选临近，泰国国内形势将会出现新的不确定性因素，届时泰国对澜湄合作相关政策的制定与执行将受到负面影响。

---

① 《新冠疫情使泰国贫困人口达到200万》，中国商务部网站，2021年9月22日，http://th.mofcom.gov.cn/article/jmxw/202109/20210903201311.shtml。

# B.12 2020~2021年越南形势及其对澜沧江-湄公河合作的参与*

毕世鸿 李根 李灵晟**

**摘 要：** 2020~2021年，越南在政治、经济、外交等方面均取得了积极进展。政治上，越南国会通过多项法律和决议，涉及推进对外经贸关系、保护人权、应对疫情、推进少数民族和山区建设等。同时，越南积极推进反腐倡廉和数字化转型工作，全面提升政府及企业工作效率。经济上，虽遭受新冠肺炎疫情打击，但越南经济仍逆势增长，批准和实施多项自贸协定，进出口增长强劲。外交上，越南进一步加强双边、多边外交合作，大力推行医疗外交，推动本国全面、深入融入国际社会。同时，越南继续加强与澜沧江-湄公河流域国家合作，积极参与澜湄合作、GMS合作等相关合作机制。

**关键词：** 越南 法制建设 数字化转型 多边外交 澜湄合作

---

\* 本文系以下课题的阶段性成果：2017年度教育部哲学社会科学研究重大课题攻关项目"'一带一路'背景下中国特色周边外交理论与实践创新研究"（编号：17JZD035）；教育部哲学社会科学实验室云南大学"一带一路"研究院建设项目；云南大学一流大学建设周边外交理论与实践创新高地项目；国家级高端智库与教育部新型智库培育建设（周边外交研究中心）项目；云南大学研究生创新人才培养项目"研究生课程教材建设质量提升计划"（编号：CZ22622202）。

\*\* 毕世鸿，云南大学"一带一路"研究院/周边外交研究中心/国际关系研究院教授；李根，云南大学国际关系研究院博士研究生；李灵晟，云南大学外国语学院硕士研究生。

## 一 法制建设取得突破

### (一)国会通过多项法律

2020年,越南第14届国会第9次及第10次会议通过17部对越南具有重大影响的法律。2021年越南第15届国会共召开两次常务会议和一次特别会议,共通过11部法律。上述法律有助于越南吸引外资,为全面融入国际社会提供保障,维护社会公平正义,保障越南公民基本权益,推进反腐倡廉工作,完善户籍制度,并有效应对新冠肺炎疫情。此外,2020年和2021年越南还分别有12项和15项法律正式生效。

### (二)政府出台多项促进经济社会发展和国防安全的决定

2020年和2021年,越南国会先后通过34项、45项决定(共计79项),以加速越南融入全球经济,保障公民安全、国防安全,提升社会公平正义。其中较为重要的是《越南—欧盟自贸协定》(EVFTA)和《越南—欧盟投资保护协定》的决议,促使越南欧盟经贸关系迈向更高阶段。《关于2021—2025年经济结构调整方案的决议》和《关于修建南北高速公路东部路段的决议》是越南在新常态下通过完善基础设施和转变发展方式来促进经济可持续发展的重要举措。《关于加入劳工组织的第104号决定》、《关于消除强迫劳动的第105号公约》和《关于继续加强实施预防和控制虐待儿童的政策和法律有效性及效率的第121号决定》,受到国际劳工组织的高度赞赏。[1]《关于成立国家医学委员会的第956号决定》,是越南在应对新冠肺炎疫情突发事件时的迅速反应。《关于试行多项政策以消除与国防生产、经济建设相结合的国防和安全用地管理和使用中的积压问题的第132号决定》,旨在

---

[1] 〔越〕《国际劳工组织欢迎越南向消除强迫劳动迈出重大一步》,越南广播之声,2021年6月8日,https://vovworld.vn/vi-VN/xa-hoi-doi-song/ilo-hoanh-nghenh-buoc-tien-xoa-bo-lao-dong-cuong-buc-tai-viet-nam-868870.vov。

解决企业用地与国防安全冲突问题。《关于加入联合国维和部队的第130号决定》是越南提升国际形象的有力举措。《关于批准2021年至2030年期间少数民族和山区社会经济发展国家目标计划投资政策的第120号决定》则体现了越南对于少数民族问题和贫困问题的重视。

## 二 反腐倡廉工作继续推进

2020~2021年,越南反腐倡廉工作继续推进,主要体现在相关法律法规的修订以及反腐工作的具体执行层面。

### (一)政策法规不断完善

2020年,针对腐败状况,越南国会批准了多项法律的设立及修改完善。其中2020年2月通过的《有关处理行政违法的若干条款的法律的修订》,对行政违法的具体行为和处理办法以及适用范围进行了规定。[①] 6月通过的《公私合营(PPP)投资法》规定,政府必须在电子采购系统上公布有关决策、投资政策和批准PPP项目的信息。[②] 这在一定程度上防止了投资过程中可能出现的贪腐行为。

2021年,越南反腐工作进入深水区,越共总书记阮富仲强调"反腐永远在路上且没有禁区",各级党委、党组织、职能机构积极按照党的"十三大"决议贯彻落实反腐倡廉工作,制定、颁布并实施了多项重要文件。越共中央《关于加强党风和政治体系建设的第21号结论》指出,要坚决预防和从严处理在政治思想、道德品质、生活方式等方面表现出"自我演变"和"自我转化"的党员干部,从思想和根源上让官员"不能腐""不敢腐"。

---

① 〔越〕《有关处理行政违法的若干条款的法律的修订》,法律新闻网,2020年11月13日,https://thuvienphapluat.vn/tintuc/vn/thoi-su-phap-luat/chinh-sach-moi/33052/da-co-toan-van-luat-xu-ly-vi-pham-hanh-chinh-sua-doi-2020。

② 〔越〕《第14届国会2020年第65号法律:公私合营(PPP)投资法》,越南政府信息门户网站,2020年12月31日,http://vanban.chinhphu.vn/portal/page/portal/chinhphu/hethongvanban?class_id=1&mode=detail&document_id=200452。

## （二）强化反腐工作，政策落实到位

2020~2021年，越南的腐败状况得到遏制，腐败案件有所减少。根据相关要求，2020年越南监察部门对政府部门、分支机构就制度、规范和标准执行情况部署了6875项行政检查和210199项专业检查，据此发现915例违规状况，纪律处分65人，刑事处分64人，追回损失超过240亿越南盾和1401公顷以上土地。① 同时，各部委、机构和地方相关部门共审查4640个机构、组织、单位的干部及公务员，处分192名违纪官员，同比增长40%。此外，2020年各级人民法院受理了436起腐败案件，涉及1175名被告，其中有8名被告被判无期徒刑或死刑。② 2021年，越南共查处腐败官员618人，有32例案件直接由越共中央政治局和书记处督办，追缴损失超过81亿越南盾和811公顷土地。③

未来，越南将着力推进廉政制度建设和完善，重点完善权力监督体系，对腐败和消极现象多发领域给予高度关注，预防和打击一切违纪违法行为，对相关人员进行严格问责与查处。同时将建立高效的资产收入监督机制，继续加强检查和审计工作，真正做到"不能腐"④。

## 三 从抗疫"优等生"到疫情防控失控

越南自2020年初首例新冠肺炎病例出现后，就迅速采取诸多措施予以有

---

① 〔越〕《反腐败取得多项积极成果》，人民报网，2020年10月26日，https：//nhandan.com.vn/tin-tuc-su-kien/phong-chong-tham-nhung-dat-duoc-nhieu-ket-qua-tich-cuc-621930/。
② 〔越〕《2020反腐败：那些值得注意的数字》，法律新闻网，2020年10月26日，hhttps：//plo.vn/phap-luat/chong-tham-nhung-nam-2020-nhung-con-so-dang-chu-y-946126.html。
③ 〔越〕《反腐工作继续深入推进》，越南监察总署官网，2022年1月21日，https：//thanhtra.gov.vn/web/guest/xem-chi-tiet-tin-tuc/-/asset_publisher//Content/cong-tac-phong-chong-tham-nhung-tieu-cuc-tiep-tuc-uoc-ay-manh-khang-inh-quyet-tam-manh-me-khong-ngung-khong-nghi-?6450947。
④ 〔越〕《反腐工作继续深入推进》，越南监察总署官网，2021年1月21日，https：//thanhtra.gov.vn/web/guest/xem-chi-tiet-tin-tuc/-/asset_publisher//Content/cong-tac-phong-chong-tham-nhung-tieu-cuc-tiep-tuc-uoc-ay-manh-khang-inh-quyet-tam-manh-me-khong-ngung-khong-nghi-?6450947。

效应对，相关部门机构紧密协调，动员全社会力量参与疫情防控，先后实行限制入境、集中隔离、社会隔离、信息追踪、动态清零、国际合作等多项举措，有效控制了疫情。① 但2021年4月越南第四波疫情暴发后，确诊人数不断攀升，原因是相关部门在取得一定成效后逐渐放松管控和限制措施，加之医疗卫生体系不完善，危机应对能力差和疫苗接种率低，2021年下半年以来抗疫日渐被动。越南政府在不得不为控制疫情实行严格的封锁隔离政策后，又因无法维持工厂正常运转、经济严重下行而取消了防控限制，提出疫情防控和经济复苏并举的目标，导致基层无所适从，患者剧增。在疫苗研制方面，越南早前预计本土疫苗将于2021年底投放市场，但仍未取得许可投入生产。②2022年春节过后，越南日均新增病例不断攀升，2月18日新增病例达42439例，是越南出现疫情以来的最高数字。③

## 四　数字化转型计划取得突破

2020年6月3日，越南总理阮春福批准《关于到2025年展望2030年国家数字化转型计划》。④ 该计划旨在发展数字政府、数字经济、数字社会，并构建具有全球竞争力的越南数字技术企业。越南政府计划通过使用国产技术平台来进行数字化转型，使越南5年内在互联网技术应用上取得突破并成为强大的技术型国家。根据该计划，越南将率先尝试新技术和新模型，从根

---

① 〔越〕《全国携手防控新冠疫情》，人民报网，2020年12月28日，https://nhandan.com.vn/tin-tuc-y-te/ca-nuoc-chung-tay-phong-chong-dich-covid-19-629738/。
② 〔越〕《越南测试了第二种COVID-19疫苗，第一阶段注射了125多人》，年轻人报网，2021年1月2日，https://tuoitre.vn/viet-nam-thu-nghiem-vac-xin-covid-19-thu-hai-hon-125-nguoi-tiem-giai-doan-dau-20210102094932232.htm。
③ 〔越〕《2月18日：我国新增病例数首次达到42439例》，越南卫生部官网，2022年2月18日，https://moh.gov.vn/tin-tong-hop/-/asset_publisher/k206Q9qkZOqn/content/ngay-18-2-lan-au-so-mac-covid-19-moi-o-nuoc-ta-len-en-42-439-ca。
④ 〔越〕《批准〈关于到2025年展望2030年国家数字化转型计划〉》，越南政府信息门户网站，2020年6月3日，http://www2.chinhphu.vn/portal/page/portal/chinhphu/noidungchuongtrinhquocgiakhac?_piref33_14737_33_14736_14736.strutsAction=ViewDetailAction.do&_piref33_14737_33_14736_14736.docid=4963&_piref33_14737_33_14736_14736.substract=。

本上全面革新政府的管理和行政、企业的生产和经营活动、人民的生活和工作方式，在全国建立安全、以人为本且普适的数字环境。① 2021 年，越南从数字政府到数字经济再到数字社会的建设都取得了一定的成效。据统计，在越南第四波疫情高峰期，越南全国共有近 20 个防疫软件，这导致中央与地方、部门与部门之间的数据管理和共享出现错乱。2021 年 9 月，越南政府对防疫软件进行了有效整合，个人信息申报、疫苗接种登记信息查询、医疗机构搜索、线上政务办理等软件得到较好运用，极大便利了民众。

在数字经济方面，截至 2021 年 11 月，越南全国共对 1.6 万家中小企业给予数字化转型支持。② 越来越多的企业意识到，数字化转型是提高效率和竞争力的重要途径。同年，越南总理范明政签署《关于批准在 2021—2025 年发展无现金支付项目的决定》，鼓励发展基于数字技术平台的电子支付。2021 年 1~9 月，越南通过银行电子支付系统交易的总量同比增长 1.88%，金额同比增长 42.58%；互联网支付渠道分别同比增长 51.0%和 29.0%；手机支付分别同比增长 76.0%和 88.3%；二维码支付渠道分别同比增长 64.0%和 128.0%。③

## 五 经济逆势增长

2020 年是越南 2016~2020 年五年经济社会发展计划的最后一年，受疫情影响，越南经济在上半年遭受重大打击，但全年仍逆势增长，取得 GDP 增长 2.91%的瞩目成绩。④ 同年越南是亚洲经济增长最快的国家之一，GDP 达 3430 亿美元，超过新加坡、马来西亚，成为仅次于印度尼西亚、泰国和

---

① 〔越〕《到 2030 年越南将成为数字国家》，先锋网，2020 年 10 月 30 日，https：//www.tienphong.vn/kinh-te/den-nam-2030-viet-nam-se-tro-thanh-quoc-gia-so-1743081.tpo。
② 〔越〕《信息技术助力防疫和企业发展》，劳动报网，2021 年 12 月 28 日，https：//laodong.vn/kinh-te/。
③ 〔越〕《大力推广无现金支付》，越南商业论坛网，2022 年 1 月 6 日，https：//vccinews.vn/news/40592/。
④ 《国际货币基金组织赞扬越南在抗击新冠肺炎疫情中的突出表现》，越通社，2021 年 1 月 13 日，https：//zh.daihoidang.vn/。

菲律宾的东南亚第四大经济体。2021年是越共"十三大"的开局之年，越南经济虽受疫情重创，但GDP仍增长2.58%。① 2021年受第四波疫情影响，最初只是北江省、胡志明市、平阳省等地因工厂突发大规模聚集感染和疫情防控升级，企业产能无法得到有效释放，但随着疫情愈演愈烈，大批工人在管控措施放开后便辞职返乡，服装制造、智能手机组装等深受外资青睐的外贸企业受损严重，越南国内乃至全球供应链断裂。再加上旅游业因国际客源减少而衰落，越南经济一度陷入低谷。但同时受欧美地区国家防疫政策的影响，越南人民办公方式改变，对电脑以及居家办公用具的需求有所增加，越南部分产业也受益于此，促使经济保持低速增长。

总体而言，2020年越南经济发展总体侧重于防控疫情，为恢复正常经济社会发展创造有利条件。2021年由于政府倡导疫情防控与发展并举，全年宏观经济仍较为稳定，经济结构改革持续深入推进。

### （一）经济在困难中前行

2020年越南GDP达3430亿美元，人均GDP为3521美元/人。② 但同年GDP增幅季度波动较大，第一、第二、第三及第四季度分别增长3.82%、0.36%、2.62%、4.48%。其中，工业和服务业在GDP中的份额由2015年的73.0%增长到2020年的75.4%，继续在经济增长中发挥主导作用。同年通货膨胀率也被控制在合理范围内，较2019年上升2.31%。

2021年越南GDP增速为2.58%（第一、第二、第三及第四季度分别增长4.72%、6.73%、6.02%、5.22%）（见图1），其中工业和建筑业增长4.05%，贡献率为63.80%；服务业增长1.22%，贡献率为22.23%。在经济结构方面，2021年第一产业的比重较2020年（14.85%）下降2.49%，第二产业比重为37.86%，

---

① 〔越〕《2021年第四季度和2021年社会经济形势报告》，越南统计总局官网，2021年12月29日，https：//www.gso.gov.vn/du-lieu-va-so-lieu-thong-ke/2021/12/bao-cao-tinh-hinh-kinh-te-xa-hoi-quy-iv-va-nam-2021/。

② 〔越〕《按购买力平价计算，越南经济规模超过1万亿美元》，越南政府电子报网，2021年1月1日，https：//baochinhphu.vn。

同比上升4.14%，第三产业受疫情影响相对严重，比重为40.95%，与2020年的41.63%相比波动不大。2021年越南CPI同比上涨1.84%，为2016年以来最低涨幅，通胀率较2020年增长0.81%，但仍处在目标范围内。①

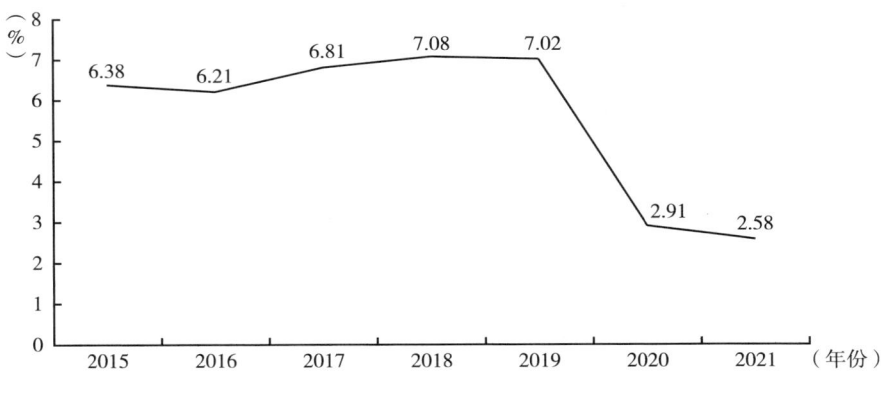

**图1　2015~2021年越南GDP增速**

资料来源：〔越〕《2021年第四季度和2021年社会经济形势报告》，越南统计总局官网，2021年12月29日，https://www.gso.gov.vn/du-lieu-va-so-lieu-thong-ke/2021/12/bao-cao-tinh-hinh-kinh-te-xa-hoi-quy-iv-va-nam-2021/。

### （二）进出口增长强劲

进出口贸易连续两年成为越南经济的亮点。在全球疫情持续、贸易需求下降的大背景下，越南进出口贸易仍逆势增长。2020年越南进出口贸易总额达5439亿美元，较2019年增长5.1%。贸易顺差创历史新高达到191亿美元，连续五年保持增长。2021年货物进出口总额为6668亿美元，同比增长22.6%，其中出口3357亿美元，同比增长19.0%，进口3311亿美元，同比增长26.5%。②

---

① 〔越〕《2021年第四季度和2021年社会经济形势报告》，越南统计总局官网，2021年12月29日，https://www.gso.gov.vn/du-lieu-va-so-lieu-thong-ke/2021/12/bao-cao-tinh-hinh-kinh-te-xa-hoi-quy-iv-va-nam-2021/。

② 〔越〕《2021年第四季度和2021年社会经济形势报告》，越南统计总局官网，2021年12月29日，https://www.gso.gov.vn/du-lieu-va-so-lieu-thong-ke/2021/12/bao-cao-tinh-hinh-kinh-te-xa-hoi-quy-iv-va-nam-2021/。

《越南—欧盟自贸协定》正式生效给越南经济带来积极信号，2021年越南对欧盟贸易顺差约为230亿美元，同比增长12.1%，这反映出越南生产能力的快速提高以及国际市场对越南的青睐。

### （三）航空业、旅游业遭受重创

2020年疫情在越南出现后，政府实行了关闭边境政策，全年赴越国际旅客人数锐减至383.73万人次，同比减少79.5%；国内旅客减少至5600万人次，同比下降34.1%。2020年底，越南中部遭遇暴雨、热带风暴等极端气候，旅游业再受重创。2020年全年旅游业总收入降至312万亿越南盾，同比下降58.7%，减少190亿美元。① 2021年，越南疫情形势严峻，越南政府多次限制国际航班入境，赴越国际游客数量为15.73万人次，同比下降95.9%。

### （四）外国投资有所减少但仍呈增长态势

受疫情影响，2020年全年越南吸引外资同比下降25%，超过285亿美元。经许可外国投资项目共2523个，资金同比减少35%。其中韩国以609个项目位居第一，中国以342个项目位居第二，日本以272个项目位居第三。② 随着全球贸易逐渐恢复，2021年越南共吸引外资311.5亿美元（见图2）。③ 2022年1月在越南注册的外国投资资本增长了4.2%。

在外国投资的众多行业中，就注册资本而言，连续两年都是加工业和制造业排名第一，其次是电力生产及流通，再次是房地产业（见图3）。一些重大项目如新加坡投资的薄辽省液化天然气电厂（LNG）项目、泰国投资

---

① 〔越〕《2020年越南旅游：在新冠肺炎疫情风暴下发挥内部实力》，人民报网，2021年1月3日，https：//nhandan.com.vn/dien-dan-dulich/du-lich-viet-nam-2020-phat-huy-noi-luc-trong-bao-covid-19-630469/。
② 〔越〕《2020年越南吸引外资超过285亿美元，较2019年下降25%》，财政网，2020年12月31日，https：//taichinhdoanhnghiep.net.vn/nam-2020-thu-hut-fdi-dat-hon-285-ty-usd-giam-25-so-voi-2019-d17925.html。
③ 〔越〕《吸引外资超过310亿美元》，越南政府电子报网，2021年12月31日，https：//baochinhphu.vn/thu-hut-fdi-vuot-moc-31-ty-usd-102306393.htm。

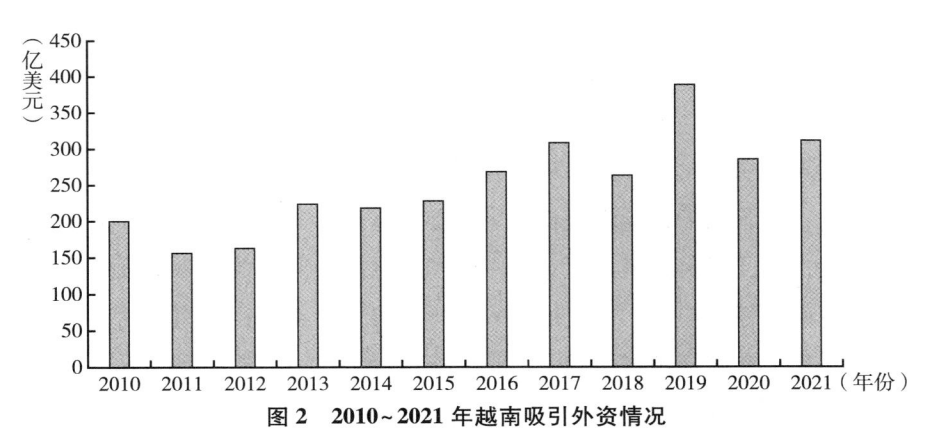

**图2 2010~2021年越南吸引外资情况**

资料来源：〔越〕《2010~2020年越南吸引FDI情况》，商业杂志，2021年4月15日，http://tapchicongthuong.vn/bai-viet/。

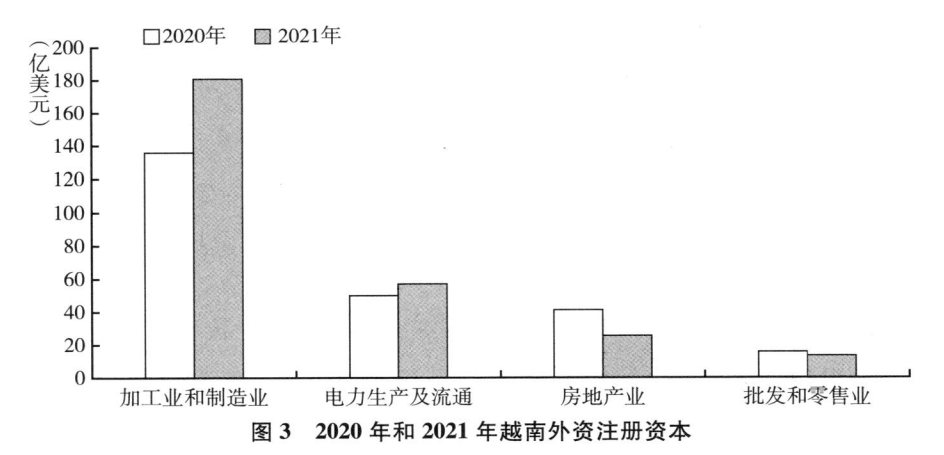

**图3 2020年和2021年越南外资注册资本**

资料来源：〔越〕《吸引外资超过310亿美元》，越南政府电子报网，2021年12月31日，https://baochinhphu.vn/thu-hut-fdi-vuot-moc-31-ty-usd-102306393.htm；〔越〕《2020年越南吸引外资情况》，越南计划投资部统计局，2020年12月28日，https://www.mpi.gov.vn/Pages/tinbai.aspx?idTin=48566&idcm=208。

的越南南方石化项目、韩国投资的河内西湖城市项目得以成功立项或增加金额。①

---

① 〔越〕《2020年越南吸引外资超过285.3亿美元》，越南投资网，2020年12月27日，https://baodautu.vn/。

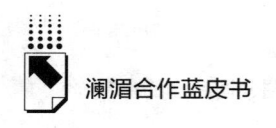

## 六 多边外交取得重大进展

2020年和2021年是越南多边外交取得重大进展之年。在新冠肺炎疫情全球大流行的背景下，越南仍积极主动参与多边外交活动，致力于促进国际团结与合作，同时努力推进同世界主要国家之间的双边关系深入发展，有效推动了越南全面、广泛、深入地融入国际社会。两年间，越南先后向世界多个国家、地区和国际组织提供了口罩等医疗物资，获得国际社会的高度赞赏。2020年，越南担任东盟轮值主席国，并连续两年担任联合国安理会非常任理事国，积极活跃于东盟和联合国等地区和国际舞台，在携手应对疫情、促进世界经济复苏、维护世界和平等方面发挥独特作用。此外，越南还与欧盟正式签署了《越南—欧盟自贸协定》与《越南—欧盟投资保护协定》，并与各成员国共同签署了《区域全面经济伙伴关系协定》（RCEP），促使区域经济一体化取得突破性进展。①

### （一）巩固大国伙伴关系，加强多领域务实合作

#### 1. 美国

2020年是越美建交25周年，两国关系持续深入发展。3月，美国航空母舰抵达越南岘港进行访问。② 9月和10月，美国军控问题代表、国务卿和国家安全顾问先后访问越南，会见越南高层领导，并讨论了南海问题和湄公河水资源问题。③ 2021年拜登政府上台后，越美关系持续升温，美国对越政策更加灵活。同年7月和8月，美国国防部部长奥斯汀和副总

---

① 〔越〕《2020年越南对外关系：体现能力与新姿态》，胡志明市党委官网，2021年1月2日，https://www.hcmcpv.org.vn/tin-tuc/doi-ngoai-viet-nam-2020-ban-linh-va-tam-the-moi-1491873250。
② 〔越〕《航空母舰访问越南以强调美国的承诺》，BBC越南语网，2020年3月11日，https://www.bbc.com/vietnamese/vietnam-51829721。
③ 〔越〕《外交部部长蓬佩奥访问越南以示对强大、繁荣和独立的越南的支持》，美国驻越南大使馆网站，2020年10月29日，https://vn.usembassy.gov/vi/ngoai-truong-pompeo-tham-viet-nam-de-the-hien-su-ung-ho-mot-nuoc-viet-nam-vung-manh-thinh-vuong-va-doc-lap/。

统哈里斯先后访问越南，双方就安全和经济合作达成诸多共识。同年6月，美国向越南捐赠了第二艘海岸警卫队巡逻舰，海上安全成为双边合作重点。

在医疗合作上，2020年3月，美国国务院宣布向抗击疫情的国家提供2.74亿美元人道主义援助金，越南在受援国家之列。5月美国宣布向东盟提供8700万美元用于抗击新冠肺炎疫情，其中1000万美元用于越南。① 2021年是越美医疗卫生合作20周年，截至同年10月美国是向越南资助新冠疫苗最多的国家，共计750万剂。

在经贸合作上，2020年越美双边贸易总额较25年前建立外交关系时增长了近170倍。② 2020年，越美双边贸易总额超过900亿美元，其中越南对美出口额为770.8亿美元，同比增长25.7%，占越南出口总额的27.3%。2021年，美国没有将贸易作为威胁越南的"大棒"，而是将越南从汇率操纵国名单中移除，双边经贸关系进一步发展。同年双边贸易总额达到1115.6亿美元，美国成为越南外贸历史上第二个达到1000亿美元大关的贸易伙伴（仅次于中国），其中越南对美出口额达到962.9亿美元，比2020年增长24.9%。③

2. 俄罗斯

2020年是越南与俄罗斯建交70周年，双边关系获得了全面、良好且深入的发展。1月30日，越俄两国领导人互致贺电，重申进一步扩大双边全面伙伴关系。④ 2021年是越俄建立全面战略伙伴关系20周年，越南国家主席阮春福对俄罗斯进行国事访问，双方发表关于2030年全面战略伙伴关系

---

① 〔越〕《美国向东盟提供8700万美元用于抗击新冠疫情》，年轻人报网，2020年5月5日，https：//tuoitre.vn/my-da-ho-tro-87-trieu-usd-cho-asean-chong-dich-covid-19-20200805191510393.htm。
② 〔越〕《25年后美越贸易总额增长近170倍》，越南海关网站，2021年7月11日，https：//haiquanonline.com.vn/thuong-mai-viet-my-tang-gan-170-lan-sau-25-nam-129816.html。
③ 〔越〕《越美贸易额首次突破1000亿美元》，工商杂志，2022年1月20日，https：//congthuong.vn/thuong-mai-viet-my-lan-dau-vuot-moc-100-ty-usd-171027.html。
④ 〔越〕《越俄两国领导人互致贺电庆祝建交70周年》，越南驻俄罗斯大使馆网站，2020年1月30日，https：vnembassy-moscow.mofa.gov.vn/vi-vn/News/EmbassyNews/Trang/。

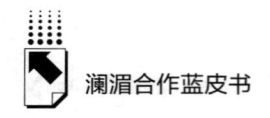

愿景的联合声明。

在经贸方面，2020年越俄双边贸易总额达48.5亿美元，2021年这一数字为55.5亿美元，同比增长14.4%，其中越南对俄出口额就达到32.0亿美元。在医疗卫生合作上，越南向俄罗斯捐赠大量口罩、消毒液等医疗用品。俄罗斯也向越南无偿提供药物、流动实验室以及数十万份新冠病毒检测试剂盒，同时在疫苗研制生产及技术转让等方面与越南达成合作。① 2021年10月，越南一家企业成功使用半成品生产了第一批Sputnik V疫苗。

3. 日本

疫情出现以来，越日两国合作势头不减，其中在经贸、国防安全以及医疗合作上均取得较大进展。在政治方面，两国基于共同战略利益，进一步深化合作。2020年日本首相菅义伟任内首访越南，双方多次强调两国关系正处于"历史最好阶段"并签署价值40亿美元的合作文件。② 2021年11月，越南总理范明政对日本进行正式访问，标志着两国战略伙伴关系进入新阶段，③ 越南表示将在经济、国防安全和人文交流领域与日本进一步合作。

在经贸领域，日本是仅次于中国、美国、韩国、欧洲和东盟的越南第六大出口市场。根据越南海关统计，2020年越日双边贸易总额为396.20亿美元。2021年贸易额达427.80亿美元，其中出口额为201.30亿美元，同比增长4.41%，进口额为226.50亿美元，同比增长11.36%（见图4）。④

---

① 〔越〕《2020年越俄关系大事件》，国际时报网，2020年12月29日，https://baoquocte.vn/cac-su-kien-noi-bat-trong-quan-he-viet-nam-nga-nam-2020-132648.html。
② 〔越〕《越日签署近40亿美元的合作文件》，越南宣教部网站，2020年10月20日，https://tuyengiao.vn/kinh-te/viet-nam-nhat-ban-trao-doi-cac-van-kien-hop-tac-tri-gia-gan-4-ty-usd-130341。
③ 〔越〕《继续加强越日关系》，越通社，2022年1月30日，https://baotintuc.vn/chinh-tri/khong-ngung-vun-dap-quan-he-viet-namnhat-ban-20220130081810730.htm。
④ 〔越〕《2021年越日贸易额到427亿美元，贸易逆差25.2亿美元》，投资报网，2022年1月19日，https://baodautu.vn/thuong-mai-viet-nam-nhat-ban-nam-2021-dat-427-ty-usd-nhap-sieu-252-ty-usd-d159562.html。

图 4　2016~2021 年越南—日本双边贸易额

资料来源：〔越〕《2020 年和 2020 年 12 月越南货物进出口》，越南海关总署，2021 年 1 月 18 日，https：//www.customs.gov.vn/Lists/。

在国防安全领域，2020 年越南批准日本海上自卫队三艘舰船停靠金兰湾，补充补给物品。[1] 日本国际协力机构向越南提供价值 3.47 亿美元的 ODA 贷款，以建造 6 艘巡逻艇。[2] 2021 年，第八次越日防务政策对话召开，双方签署《关于防务装备技术转让的协议》以及越日国防机构之间关于军事医学和网络安全领域合作的两份谅解备忘录。

在医疗卫生领域，疫情使越日医疗合作进一步得到深化，越日两国相互提供医疗技术、医疗物资及资金支持。2020 年 4 月，越南向日本捐赠价值 10 万美元的医疗物资，并同日本就新冠肺炎疫情预防等方面展开合作。[3] 9 月，日本政府向越南捐赠价值 20 亿美元的医疗援助物资，并向越南 4 家医

---

[1] 〔越〕《日本海上自卫队三艘舰船停靠金兰湾》，人民军队报网，2020 年 10 月 11 日，https：//www.qdnd.vn/doi-ngoai/doi-ngoai-quoc-phong/ba-tau-luc-luong-tu-ve-tren-bien-nhat-ban-cap-cang-quoc-te-cam-ranh-640521。

[2] 〔越〕《日本向越南海岸警卫队提供官方发展援助以建造 6 艘巡逻艇》，劳动报网，2020 年 7 月 28 日，https：//laodong.vn/the-gioi/nhat-ban-cap-oda-cho-canh-sat-bien-viet-nam-dong-6-tau-tuan-tra-823082.ldo。

[3] 〔越〕《越南向日本和美国捐赠口罩和医疗用品》，年轻人报网，2020 年 4 月 16 日，https：//tuoitre.vn/viet-nam-trao-tang-khau-trang-vat-tu-y-te-cho-nhat-ban-va-my-20200416192718058.htm。

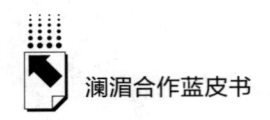

院提供医疗设备和技术援助。① 2021年，两国多个医学机构签订技术交流和人才培养协议，日本多次向越南提供新冠疫苗和医疗设备。

4. 印度

近年来，越印战略合作进展不断。2020年8月，两国外长在召开越印经贸与科技联合委员会第17次会议时一致认为，国防安全合作是双边关系的重要支柱，经贸投资合作是双边关系的核心领域。② 11月两国国防部部长通电话时，印度表示将助力越南海军实现现代化。12月两国总理在越南—印度线上峰会发表《越南与印度致力于和平、繁荣和人民的共同愿景声明》，并签署7份合作文件。③ 2021年，范明政与莫迪总理通电话，双方就在多个领域开展合作达成共识。同年，越南国会主席王庭慧应邀访问印度，印度为越南儿童提供20万剂疫苗并与越南签署价值数十亿美元的合同和合作备忘录，为2022年庆祝越印建交50周年做了铺垫。

在经贸领域，目前印度是越南十大重要贸易伙伴之一，越南是印度在东盟的第四大贸易伙伴。据越南海关总署统计，2020年越印双边贸易总额为112.00亿美元，2021年达120.84亿美元，同比增长7.89%。其中，2021年越南出口额为57.15亿美元，同比增长20.00%，进口额为63.69亿美元，同比增长58.60%，贸易逆差为6.54亿美元，较2020年同期大幅减少。④ 在投资方面，截至2020年底，印度共在越南投资250个项目。2021年印度对越直接投资313个项目，注册资本为9.1亿美元。

---

① 〔越〕《越南和日本继续促进医疗卫生合作》，越通社，2020年10月9日，https：//ictvietnam.vn/viet-nam-va-nhat-ban-tiep-tuc-thuc-day-hop-tac-ve-y-te-20200908153220297.htm。

② 〔越〕《越印联合委员会第17次会议：力争在最早的时间内实现两国双边贸易额达150亿美元的目标》，人民报网，2020年8月25日，https：//cn.nhandan.com.vn/friendshipbridge/item/。

③ 〔越〕《继续深化越印关系》，人民报网，2020年12月21日，https：//nhandan.com.vn/tin-tuc-su-kien/tiep-tuc-dua-quan-he-viet-nam-an-do-di-vao-chieu-sau-628959/。

④ 〔越〕《前11个月越南与印度双边贸易额突破120亿美元》，越南工贸部网站，2021年12月24日，https：//moit.gov.vn/tin-tuc/thi-truong-nuoc-ngoai/thi-truong-chau-a-chau-phi/thuong-mai-song-phuong-viet-nam-an-do-vuot-12-ty-usd-trong-11-thang.html。

## （二）大力推进多边主义外交

### 1. 东盟

2020年是越南担任东盟轮值主席国之年，也是越南加入东盟25周年。加强同东盟的关系、提升东盟影响力、维护东盟中心地位成为越南外交的重点。在越南的推动下，2020年东盟在加强区域合作、应对疫情等方面均取得了令人瞩目的成效。在加强区域合作方面，越南于9月8日成功举办东盟议会联盟大会，并担任大会主席，与参会各国一道就建设东盟共同体、促进东盟在维护地区和平安全方面的中心作用进行了讨论。[①] 同年，越南还成功举办第7届东盟防长扩大会议、第14届东盟防长会议、第11届中国—东盟防长非正式会晤、第14届东盟打击跨国犯罪部长级会议等多项会议，全面加强东盟各国之间的战略合作。[②] 2021年，范明政出席东盟14项主要活动，其中包括第38届和第39届东盟峰会，东盟与合作伙伴韩国、中国、美国、日本、澳大利亚、印度、俄罗斯峰会，东盟+中日韩和第16届东亚峰会。系列峰会就东盟抗击疫情和经济复苏达成了诸多合作共识。

### 2. 欧盟

2020年是越南与欧盟建立外交关系30周年，也是越南与欧盟签署合作框架协议20周年。2020~2021年，双方在政治外交、经贸合作、科学技术、国防安全合作等方面均取得长足发展。在经贸合作方面，得益于《越南—欧盟自贸协定》的生效，双边贸易逆势上涨，越南也迅速成为全球供应链中的受益国之一。截至2020年底，欧盟已成为越南继美国之后

---

① ASEAN Inter-Parliamentary Assembly, "Viet Nam's 2020 AIPA Chairmanship and the 41st AIPA General Assembly," Sept. 9, 2020, https://aipasecretariat.org/viet-nams-2020-aipa-chairmanship-and-the-41st-aipa-general-assembly/.

② 〔越〕《2020东盟主席国之年取得全面圆满成功，是多边外交政策的新高峰》，人民报网，2020年12月12日，https://nhandan.com.vn/tin-tuc-su-kien/nam-chu-tich-asean-2020-thanh-cong-toan-dien-vang-doi-mot-dinh-cao-thang-loi-moi-cua-duong-loi-doi-ngoai-da-phuong--627874/.

的第二大出口市场，越欧双边贸易总额达553.9亿美元，其中越南出口额为400.5亿美元。① 2021年越欧双边贸易总额达636.0亿美元，同比增长14.8%，其中越南出口258.0亿美元。同年，双方在河内共同举办"2021遇见欧洲：后疫情时代的越欧关系"系列活动，就经贸和投资合作深入交换意见。

在国防安全合作方面，越南已成为欧盟的全面合作伙伴。2020年是越南与欧盟签署《越欧关于设立欧盟危机管理活动协定》的第一年，越南国防部同欧盟就建立国防政策对话、国防训练、参加联合国维和行动、应对非传统安全挑战等方面达成协议并开展合作。欧盟也将越南确定为欧盟"加强亚洲及与亚洲的国防安全合作战略"的试验国。② 2021年，双方举行维和经验政策交流会，就提高越南维和行动能力和人员培训达成共识，维和行动成为越欧防务合作的亮点。2月，越南国防部与欧盟就双方未来的防务合作举行线上会议，其中就加强亚太海上安全合作达成一致。③

### 3. 韩国

2022年是越韩建交30周年，过去两年越韩战略合作伙伴关系建设取得了许多成就。在政治上，两国高层往来频繁。2020年，韩国外长和国会议长访问越南。2021年，阮富仲、范明政分别与韩国总统和总理通电话，王廷惠则于12月出访韩国。在经贸上，目前韩国是越南第三大贸易伙伴，第四大出口市场和第二大进口市场，还是第二大ODA来源国和越南第二大劳动力接收市场。2020年，越韩双边贸易总额达660.1亿美元，韩国在越注

---

① 〔越〕《2020年越南货物进出口》，越南海关总署网站，2021年1月18日，https://www.customs.gov.vn/Lists/ThongKeHaiQuan/。
② 〔越〕《继续深化越南欧盟国防合作》，越南监察总署网站，2020年11月6日，https://thanhtra.com.vn/chinh-tri/doi-ngoai/tiep-tuc-lam-sau-sac-hop-tac-quoc-phong-viet-nam-va-lien-minh-chau-au-166742.html。
③ 〔越〕《越欧军事防务合作越走越近》，卫星通信社，2021年2月25日，https://vn.sputniknews.com/20210225/viet-nam-ngay-cang-xich-gan-chau-au-ve-hop-tac-quan-su-quoc-phong-10130688.html。

册项目有8900个，总注册投资额约为704.0亿美元。① 2021年前11个月，越韩贸易额达703.0亿美元，计划投资部预测年底这一数字约为775.0亿美元，② 双方还签署至2023年突破1000亿美元大关的行动计划，同时韩国在越南有9203个有效项目，总注册资本为741.4亿美元，连续两年在越南对外投资中排名第一。

在防务合作上，继2020年两国国防部副部长举行线上会议后，2021年两国国防部部长举行第九届越韩防务政策对话会，就重点加强国防工业和海上安全合作达成共识。同年，越南公安部部长率团参与世警会暨第四届越韩警察副部长级合作会议，双方决定就加强预防和打击跨国犯罪加强合作。

## 七 不断深化澜湄合作

### （一）中越关系

2020年是中越建交70周年，中越全面友好合作关系继续保持良好的发展态势。双方通过灵活多样方式保持各层级交往，推动两国全面战略合作不断迈上新台阶。1月，两国总书记与总理互致贺电。8月，两国外长共同出席中越陆地边界划界20周年纪念活动。9月，两国领导人互通电话就加强政治互信进行交流。2021年，中越关系进一步发展。在政治上，深化互信，强化党际交流合作成为主旋律。2月，习近平总书记致电祝贺越共"十三大"顺利召开及阮富仲连任越共总书记，双方强调友好合作一直是两党关系的主流。③ 6

---

① 〔越〕《越南韩国深化全面战略伙伴关系》，越南监察总署网站，2020年11月17日，https：//dangcongsan.vn/kinh-te/viet-nam-va-han-quoc-danh-dau-quan-he-doi-tac-chien-luoc-toan-dien-568091.html。
② 〔越〕《越韩贸易破70亿大关》，投资报网，2021年12月12日，https：//www.google.com/url？sa＝t&source＝web&rct＝j&url＝https：//amp.baodautu.vn/。
③ 〔越〕《越共中央总书记、国家主席阮富仲与中共中央总书记、国家主席习近平通电话》，2021年2月9日，越通社，https：//www.vietnamplus.vn/tong-bi-thu-chu-tich-nuoc-dien-dam-tong-bi-thu-chu-tich-trung-quoc/694338.vnp。

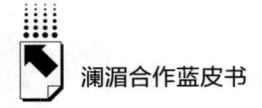

月25日,在中越两党举行了中越高端政党论坛后,越通社中文版首次以正面的语调报道了中方关于中越命运共同体的阐述,展示了中越关系积极的一面。① 9月和10月,两国相关机构部门相继举行了题为"中国共产党百年发展暨中越两党治党治国经验交流"和"新形势下中越两党外交思想与政策"研讨会。

在经济上,尽管受到疫情影响,但中越经济往来一直保持良好发展势头。据越南海关统计,2020年中越双边贸易总额达1330.9亿美元,同比增长13.82%。越南对中国出口额达489.0亿美元。② 2021年中越双边贸易总额仍达近1660亿美元,同比增长24.73%。中国继续成为越南最大贸易伙伴、最大货物供应市场和越南第二大出口市场（仅次于美国）。

在合作应对疫情上,两年间中国多次向越南捐赠医疗物资,并向越南分享抗疫经验。2021年中国军队先后两次向越南军队提供新冠疫苗。越南方面,在2020年疫情下,越南政府向中方提供了一批价值50万美元的防疫医疗物资和设备。此外,中越两国边境省份联防联控机制有序运转,为保障两国人民生命健康、阻遏疫情跨境传播发挥了积极作用。

### （二）越缅关系

2020年,越南与缅甸继续深化全面合作伙伴关系。5月两国领导人互致贺电庆祝建交45周年。③ 12月两国举行第九次外交部副部长级政治磋商,双方一致同意继续落实全面合作伙伴关系行动计划（2019~2024年）。2021年1月,阮富仲和阮春福就缅甸独立73周年分别向缅甸总统温敏和国务资

---

① 〔越〕《"百年历史,面向未来"越中党政关系高端论坛举行》,越通社中文网,2021年6月25日,https://zh.vietnamplus.vn/"百年历史,面向未来"越中党政关系高端论坛举行/141467.vnp。

② 〔越〕《2020年越南对中国出口额达489亿美元》,越通社中文网,2021年1月19日,https://zh.vietnamplus.vn/2020年越南对中国出口额达489亿美元/134060.vnp。

③ 〔越〕《越南国家领导人致电缅甸领导祝贺两国建交45周年》,越南政府新闻网,2020年5月29日,http://cn.news.chinhphu.vn/Home/越南国家领导人致电缅甸领导-祝贺两国建交45周年/20205/29024.vgp。

政昂山素季致贺电。同年2月以来，虽受缅甸变局影响，但越缅关系仍继续向前发展。6月，越南驻联合国代表团首席代表邓廷贵出席联合国安理会闭门会议，对缅甸局势表示关切，表明越南将努力支持缅甸度过困难时期。①

在经济方面，越南目前是缅甸的第九大贸易伙伴和第七大投资来源国。2020年越缅双边贸易总额达8.524亿美元，其中，出口额为6.333亿美元，进口额为2.191亿美元。② 2020年前10个月双边贸易总额达7.24亿美元，2021年这一数字为6.39亿美元，下降12%。③

### （三）越泰关系

2020年，越泰战略伙伴关系在各个领域不断深入发展。1月，两国举行第13次打击和预防毒品合作双方会议。9月，两国外长就包括疫情防控合作在内的双边关系和双方共同关心的国际和地区问题交换意见。11月，阮春福与泰国总理巴育举行电话会谈，双方再次强调进一步深化双边合作关系，并在东盟框架内密切配合与合作。④ 2021年是越泰建交45周年。在政治方面，两国通过政治磋商小组（PCG）、混合合作委员会（JCBC）和联合内阁会议（JCR）等现有双边机制加强高层定期互访和磋商。8月，两国总理就越泰建交45周年互致贺电。同月，两国共同举行"泰国和越南未来前景展望"研讨会。

在经济方面，两国在经贸和投资领域的关系呈现良好发展势头。泰国目前是越南投资金额最多的10个国家和地区之一，是越南在东盟最大的贸易伙伴。2020年越南与泰国的双边贸易总额达到160亿美元，2021年为187

---

① 〔越〕《越南与联合国安理会：越南将与东盟一道为缅甸渡过难关提供支持》，越通社中文网，2021年6月19日，https://zh.vietnamplus.vn/越南与联合国安理会：越南将与东盟一道为缅甸渡过难关提供支持/141147.vnp。
② 〔越〕《东盟：越南重要的经贸伙伴》，工商杂志，2021年4月8日，https://www.tapchicongthuong.vn/bai-viet/asean-doi-tac-kinh-te-thuong-mai-quan-trong-cua-viet-nam-80143.htm。
③ 〔越〕《缅甸市场出口咨询》，投资促进局官网，2021年11月30日，http://www.vietrade.gov.vn/tin-tuc/7951/tu-van-xuat-khau-sang-thi-truong-myanmar.html。
④ 〔越〕《越南与泰国承诺加强合作》，越通社中文网，2020年11月7日，https://zh.vietnamplus.vn/越南与泰国承诺加强合作/129646.vnp。

亿美元，同比增长近17%。① 在外商直接投资方面，截至2021年底，泰国是越南第8大外商投资伙伴，有效项目645个，注册资本总额超过130亿美元。②

### （四）越老关系

2020年，越老两国继续努力深化全面合作关系。在政治上，双方高层互访频繁。11月，范平明出席第七次越老部长磋商会议，并会见老挝国家主席、总理和国会主席。12月，老挝政府总理西苏里访问越南并出席越老政府间联合委员会第43次会议，双方联合推出多项旨在推动两国关系继续走向深入的有力措施。③ 在防务合作上，12月，越南防长吴春历大将与老挝防长占沙蒙·占雅拉大将举行会谈，双方签署越南国防部与老挝国防部的2021年合作计划。④ 2021年是2021~2025年阶段越老双边合作战略和协定的第一年。在政治上，两国保持高层互访，增强互信。1月，阮富仲向通伦·西苏里致贺电，祝贺其当选老挝人民革命党中央委员会总书记。8月，越南国家主席阮春福对老挝进行友好访问。2022年是越老友好团结年，是两国建交60周年和越老友好合作条约签署45周年，对两国关系意义重大，两国将进一步深化在各领域的互访交流与合作。

在经贸合作上，两国完成多个重要合作项目，如永昂港口、侬康机场、老挝国会大厦等工程。2020年越南电力集团与老挝电力项目投资商签署购

---

① 〔越〕《尽管发生疫情，越南-泰国贸易额仍达到187亿美元》，工商杂志，2022年1月25日，https：//tapchicongthuong.vn/bai-viet/thuong-mai-viet-nam-thai-lan-dat-187-ty-usd-bat-chap-dich-benh-covid-19-86770.htm。

② 〔越〕《泰国企业在越南投资超过130亿美元》，工商杂志，2022年1月20日，https：//congthuong.vn/doanh-nghiep-thai-lan-dau-tu-vao-viet-nam-tren-13-ty-usd-171024.html。

③ 〔越〕《老挝政府总理圆满结束对越南的访问，并出席越老政府间联合委员会第43次会议后启程回国》，越通社中文网，2020年12月7日，https：//zh.vietnamplus.vn/老挝政府总理圆满结束对越南的访问并出席越老政府间联合委员会第43次会议后启程回国/132092.vnp。

④ 〔越〕《越南与老挝国防部签署2021年合作计划》，越通社中文网，2020年12月4日，https：//zh.vietnamplus.vn/越南与老挝国防部签署2021年合作计划/132023.vnp。

电谅解备忘录,此举标志着越南与老挝在能源合作取得重大进展。① 2020 年越老双边贸易总额为 10.3 亿美元,2021 年达 13.0 亿美元,同比增长 26.2%。2021 年越南对老新签项目 5 个、增资项目 4 个,投资总额超过 1.128 亿美元,同比增长 27%。②

在应对疫情上,2021 年 5 月,越南向老挝捐赠 200 万只医疗口罩、200 台呼吸机和 1 万公斤消毒化学品。同时,越南国防部还派遣 4 名防疫专家,协助老挝迅速展开军医培训工作。

### (五)越柬关系

两年来,越柬传统友好合作关系一直保持积极发展势头。政治上,双方领导层互动频繁。2020 年 7 月,阮富仲与柬埔寨首相洪森通电话,就越柬关系发展情况交换意见。8 月,越南国会主席阮氏金银会见柬埔寨王国国会主席韩桑林。12 月,两国举行划界文件交换仪式,标志越南与柬埔寨陆地边界勘界立碑工作正式完成。2021 年 1 月,范平明外长出访柬埔寨,两国就边境划界和南海问题进一步交换意见。12 月,阮春福对柬埔寨进行友好访问,双方强调将继续加强全方位合作。在防务问题上,2020 年两国国防部部长在会晤时表示将定期进行各级代表团互访,有效维持各项合作机制。2021 年,越南国防部与柬埔寨内政部就打击违法犯罪和边境疫情经济合作交换了意见。

经济上,虽受疫情影响,但两国合作势头不减。2020 年,越柬双边贸易总额为 53.27 亿美元,2021 年约为 93.00 亿美元,同比增长 75%,其中柬埔寨对越出口额为 42.82 亿美元,同比增长 337%。③ 在投资方面,截至

---

① 〔越〕《越南电力集团与老挝签署多项购电谅解备忘录》,越通社中文网,2020 年 12 月 7 日,https://zh.vietnamplus.vn/越南电力集团与老挝签署多项购电谅解备忘录/132111.vnp。
② 〔越〕《2021 年越老双边贸易额增长超过 30%》,越通社中文网,2022 年 1 月 9 日,https://zh.vietnamplus.vn/2021年越老双边贸易额增长超过30%/156522.vnp。
③ 〔越〕《越柬货物进出口成交额大幅增长》,人民报网,2021 年 12 月 18 日,https://nhandan.vn/tin-tuc-the-gioi/kim-ngach-xuat-nhap-khau-hang-hoa-viet-nam-campuchia-tang-manh-678872/。

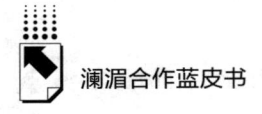

2021年底，越南在柬投资项目共188个，注册金额达28.5亿美元，是越南第三大对外投资目的地（仅次于俄罗斯和老挝）和东盟在柬最大投资国。

### （六）积极参与相关次区域合作机制

**1. 积极主动参与澜湄合作机制**

如何利用好澜湄合作机制发展经济，控制疫情和加强水资源管理，一直是越南关注的重点。2020年，范平明在第五次澜沧江-湄公河合作外长会上表示，各国要加强水文信息及数据共享，同时也要加强疾病防控合作，最大限度地减少疫情对区域供应链的破坏。[①] 同年，阮春福出席澜沧江-湄公河合作第三次领导人会议，提出地区合作应重点集中在疫情防控经验分享和疫苗获取，加强企业合作确保供应链安全和开展湄公河水资源管理利用上。[②] 2021年，越南外长裴青山在第六次澜沧江-湄公河合作部长级会议上提出了四条建议。一是加强疫情信息和经验分享；二是促进跨境货物流通；三是促进湄公河水资源管理和可持续利用方面的合作；四是促进澜湄合作机制与其他区域和次区域合作机制之间协调发展。[③]

**2. 积极推动GMS合作**

两年来越南一直积极主动参与并推动GMS框架内的各项合作。2020年，越南计划与投资部副部长陈国富出席第24届GMS部长级会议，并建议各成员国要加强区域内软硬基础设施建设力度，尤其是交通和能源等领域的互联互通。[④] 2021年，范明政在第七届GMS领导人会议上提出六项建议。

---

① 〔越〕《澜湄合作：增强经济活力》，越南政府电子报网，2020年2月20日，http://baochinhphu.vn/Hoat-dong-cua-lanh-dao-Dang-Nha-nuoc/Hop-tac-MekongLan-Thuong-Tang-kha-nang-chong-chiu-cua-cac-nen-kinh-te/388083.vgp。

② 〔越〕《湄公河—澜沧江合作第三次领导人会议召开》，人民军队报网，2020年8月24日，https://cn.qdnd.vn/cid-6123/7183/nid-576482.html。

③ 〔越〕《第六届澜湄合作外长会议》，人民公安网，2021年6月8日，https://cand.com.vn/Su-kien-Binh-luan-thoi-su/Hoi-nghi-Bo-truong-Ngoai-giao-Me-Cong-Lan-Cang-Lan-Thuong-lan-thu-6-i616117/。

④ 〔越〕《为GMS的整合包容可持续繁荣铺平道路》，越南投资与计划部网站，2020年11月4日，http://www.mpi.gov.vn/Pages/tinbai.aspx?idTin=48128。

一是在疫情合作上，各方应通过多边和双边机制加强疫苗共享，促进疫苗技术转让；二是协调简化通关流程和手续，开通边境口岸"绿色通道"，确保区域供应链稳定性；三是在同步构建基础设施体系方面有所突破，特别是在交通和能源方面，提高区域互联互通性和竞争力；四是继续推动数字化转型，促进数字基础设施发展，加强电子商务合作；五是重点提升应对气候变化能力，降低灾害风险，加强区域河流管理和可持续开发合作，加强GMS与东盟其他区域机制的协调，鼓励其他发展伙伴和工商界参与；六是提议每年组织一次有GMS成员和发展伙伴参与的GMS发展高层论坛。[①] 同年10月，越南派代表出席了澜湄旅游城市合作联盟大会暨澜湄市长文化旅游论坛。

**3. 主动参与其他次区域合作机制**

2020年9月，第一届湄公河—美国伙伴关系部长级会议召开，范平明在会上表示，未来各方合作的优先方向如下：一是发展高质量的基础设施；二是湄公河水资源管理；三是合作应对自然灾害和流行病；四是广泛动员各部门、行业、企业等多方力量的参与。此次会议宣布在"湄公河下游倡议"机制建设取得成功的基础上，将合作升级至"湄公河—美国伙伴关系"，同时美国宣布将对湄公河地区合作项目投资1.536亿美元，其中5500万美元用于预防跨境犯罪，180万美元用于支持湄公河委员会进行水资源数据共享，以及开展自然灾害管理项目和组织利益相关者对话。[②] 2021年，裴青山在第二届湄公河—美国伙伴关系部长会议上提出四点倡议：一是促进疫情合作，加快疫苗技术转让；二是提升湄公河流域应对和适应气候变化的能力；三是加强在基建、能源等领域的合作；四是建立湄美高层领导计划加强对话合作。

---

① 〔越〕《总理就湄公河次区域合作提出6项建议》，平定省报网，2021年9月9日，https://baobinhdinh.vn/viewer.aspx?macm=1&macmp=1&mabb=217636。
② 〔越〕《第一次湄公河—美国伙伴关系部长级会议》，越南太原市广播之声，2020年9月11日，https://thainguyentv.vn/hoi-nghi-bo-truong-quan-he-doi-tac-mekong-my-lan-thu-nhat-81076.html。

2020年，第十届湄公河—韩国外长会议在线上举行。会议批准《2021~2025年行动计划》，商定将在文化旅游、人力资源开发、农业农村开发、基础设施、信息技术、环境保护、非传统安全七个领域进行优先合作。阮春福在会上提出三点建议：一是通过加强经验和技术交流发展智慧农业；二是通过奖学金计划和专家交流发展高素质人力资源；三是加强应对气候变化和自然资源管理的合作。[①] 同年，第二届湄公河—韩国峰会召开，各方一致同意将湄公河与韩国合作升级为战略伙伴关系，加大在七个领域的合作力度，提升区域供应链柔韧性。2021年是湄公河—韩国交流年和纪念湄公河韩国合作机制成立10周年。在湄公河—韩国合作第十一次部长级会议上，裴青山指出未来湄公河与韩国合作的重点是支持各成员国度过当下的困难时期，一是在疫苗获取方面进行经验分享和转让技术支持湄公河国家；二是在数字化转型和发展数字经济方面开展合作，特别是要举办"湄公河—韩国数字与绿色论坛"，建设湄公河—韩国中小企业门户网站；三是加强湄公河水资源管理和可持续利用的合作；四是加强教育、培训和优质人力资源培养方面的合作。此外韩国还宣布将为湄公河—韩国合作基金（MKCF）投资400万美元。[②]

---

① 〔越〕《第十届湄公河韩国外长会议》，人民报网，2020年9月29日，https：//nhandan.com.vn/chinhtri/hoi-nghi-bo-truong-ngoai-giao-me-cong-han-quoc-lan-thu-10-618470/。

② 〔越〕《第十一届湄公河韩国外长会议》，越通社，2021年9月8日，https：//www.vietnamplus.vn/hoi-nghi-bo-truong-hop-tac-mekonghan-quoc-lan-thu-11/739414.vnp。

**权威报告·连续出版·独家资源**

# 皮书数据库
## ANNUAL REPORT(YEARBOOK) DATABASE

### 分析解读当下中国发展变迁的高端智库平台

**所获荣誉**

- 2020年，入选全国新闻出版深度融合发展创新案例
- 2019年，入选国家新闻出版署数字出版精品遴选推荐计划
- 2016年，入选"十三五"国家重点电子出版物出版规划骨干工程
- 2013年，荣获"中国出版政府奖·网络出版物奖"提名奖
- 连续多年荣获中国数字出版博览会"数字出版·优秀品牌"奖

皮书数据库　"社科数托邦"微信公众号

**成为用户**

登录网址www.pishu.com.cn访问皮书数据库网站或下载皮书数据库APP，通过手机号码验证或邮箱验证即可成为皮书数据库用户。

**用户福利**

- 已注册用户购书后可免费获赠100元皮书数据库充值卡。刮开充值卡涂层获取充值密码，登录并进入"会员中心"—"在线充值"—"充值卡充值"，充值成功即可购买和查看数据库内容。
- 用户福利最终解释权归社会科学文献出版社所有。

数据库服务热线：400-008-6695
数据库服务QQ：2475522410
数据库服务邮箱：database@ssap.cn
图书销售热线：010-59367070/7028
图书服务QQ：1265056568
图书服务邮箱：duzhe@ssap.cn

社会科学文献出版社 皮书系列
卡号：628457675277
密码：

# 基本子库 SUB DATABASE

## 中国社会发展数据库（下设12个专题子库）

紧扣人口、政治、外交、法律、教育、医疗卫生、资源环境等12个社会发展领域的前沿和热点，全面整合专业著作、智库报告、学术资讯、调研数据等类型资源，帮助用户追踪中国社会发展动态、研究社会发展战略与政策、了解社会热点问题、分析社会发展趋势。

## 中国经济发展数据库（下设12专题子库）

内容涵盖宏观经济、产业经济、工业经济、农业经济、财政金融、房地产经济、城市经济、商业贸易等12个重点经济领域，为把握经济运行态势、洞察经济发展规律、研判经济发展趋势、进行经济调控决策提供参考和依据。

## 中国行业发展数据库（下设17个专题子库）

以中国国民经济行业分类为依据，覆盖金融业、旅游业、交通运输业、能源矿产业、制造业等100多个行业，跟踪分析国民经济相关行业市场运行状况和政策导向，汇集行业发展前沿资讯，为投资、从业及各种经济决策提供理论支撑和实践指导。

## 中国区域发展数据库（下设4个专题子库）

对中国特定区域内的经济、社会、文化等领域现状与发展情况进行深度分析和预测，涉及省级行政区、城市群、城市、农村等不同维度，研究层级至县及县以下行政区，为学者研究地方经济社会宏观态势、经验模式、发展案例提供支撑，为地方政府决策提供参考。

## 中国文化传媒数据库（下设18个专题子库）

内容覆盖文化产业、新闻传播、电影娱乐、文学艺术、群众文化、图书情报等18个重点研究领域，聚焦文化传媒领域发展前沿、热点话题、行业实践，服务用户的教学科研、文化投资、企业规划等需要。

## 世界经济与国际关系数据库（下设6个专题子库）

整合世界经济、国际政治、世界文化与科技、全球性问题、国际组织与国际法、区域研究6大领域研究成果，对世界经济形势、国际形势进行连续性深度分析，对年度热点问题进行专题解读，为研判全球发展趋势提供事实和数据支持。

# 法律声明

"皮书系列"(含蓝皮书、绿皮书、黄皮书)之品牌由社会科学文献出版社最早使用并持续至今,现已被中国图书行业所熟知。"皮书系列"的相关商标已在国家商标管理部门商标局注册,包括但不限于LOGO( )、皮书、Pishu、经济蓝皮书、社会蓝皮书等。"皮书系列"图书的注册商标专用权及封面设计、版式设计的著作权均为社会科学文献出版社所有。未经社会科学文献出版社书面授权许可,任何使用与"皮书系列"图书注册商标、封面设计、版式设计相同或者近似的文字、图形或其组合的行为均系侵权行为。

经作者授权,本书的专有出版权及信息网络传播权等为社会科学文献出版社享有。未经社会科学文献出版社书面授权许可,任何就本书内容的复制、发行或以数字形式进行网络传播的行为均系侵权行为。

社会科学文献出版社将通过法律途径追究上述侵权行为的法律责任,维护自身合法权益。

欢迎社会各界人士对侵犯社会科学文献出版社上述权利的侵权行为进行举报。电话:010-59367121,电子邮箱:fawubu@ssap.cn。

社会科学文献出版社